数智时代高校劳动教育的哲学反思与实践创新

马蕾 著

DIGITAL-AGE
LABOR
EDUCATION:
Theory and Practice

上海社会科学院出版社

序　言

知识的获取、利用、创新与积累是人类社会持续进步与发展的条件，当前，我国新质生产力的发展有赖于知识创新能力的不断提升，具备先进的知识生产能力的人才是国家与社会发展的源泉。在自然经济时期，知识的积累主要依靠实践经验和有限的科学途径，通过古代教育体制进行传递，其积累与创新相对缓慢；而在工业经济时代，现代科技手段与实验室研究使知识量呈指数级增长，并通过现代教育系统实现知识的高效传承与创新。数智时代，人工智能、5G等技术进一步拓展了知识创新的领域，加速知识传播与应用进程，显著提升知识创新效率。知识创新主体突破科学家、工程师等专业人士范畴，普通劳动者借助互联网和数字平台参与知识创造，从而提升社会整体的知识创新能力，推动社会生产力快速发展，带来新质生产力的"跃升"。

在此过程中，生产力发展不再依赖单一要素，而是取决于各要素有机结合的综合效应，尤其体现在两个方面：其一，劳动者的素质及复杂劳动状况。数智时代，掌握数字技术的高素质劳动者能显著提升劳动生产率，成为驱动新质生产力发展的关键力量。马克思在《资本论》中阐释道："比较复杂的劳动只是自乘的或不如说多倍的简单劳动，因此，少量的复杂劳动等于多量的简单劳动。"高素质劳动者通过科技劳动、管理劳动、数字劳动等现代复杂劳动形式持续提升生产率，促进生产力要素的有机整合，创造更大的社会财富。其二，生产力各要素的结合质量。劳动者、劳动材料、劳动对象等实物要素与科技、管理、信息、数据等非物质要素的结合方式，决定着生产力的要素结构与技术形态。其中，科技、管理、信息、数据等非物质要素具有渗透效应，能够改变实体要素的结合方式与技术结构，产生显著的乘数效应。在此背景下，若国民数字素养未能同步提升，数字经济发展的人力资本供给质量、数字产品与服务消费规模将受制约，数字技术与基础设施的经济社会发展潜力亦会受限。然而，当前劳动力供给侧主要存在两方面问题：第一，高级数智化技术专业人才短缺，顶尖数字技能人才供需失衡；第二，兼具数字技术与产业经验的交叉型人才匮乏，跨界人才培养滞后于需求增长。

劳动教育是与科技进步同向同行的重要领域。事实上，社会文化、社会变革与生产发展都会影响人们对教育的整体态度，进而作用于劳动教育制度的变迁。从农业社会向工业社会再向数字信息社会的演进中，人类智力文明发展与文化变革力量必然对劳动教育产生质的革新。步入数智时代通过教育数智化转型适应信息文明发展要求，实现向智慧文明的转型，已成为教育改革的内在需求。随着经济社会发展水平的提升与智能化时代的来临，劳动教育面临新发展格局与传统教育内涵的深度变革。因此，顺应智能时代发展要求，向智慧文明迈进是现代劳动教育转型的内在逻辑，从理论、现实与实践三个维度系统考察现代劳动教育体系建构，形成规律性认识，合理展望发展趋势，在新技术革命与产业变革中探索"重构劳动教育体系"的实施路径是当前教育改革的重要面向。

高等院校作为科技力量集聚地、青年创新人才培养主阵地和区域创新发展引擎，承担着特殊使命。大学生作为国家未来的建设者，其健康成长关乎中华民族伟大复兴的实现。大学阶段是学生综合素质养成的关键期，高校劳动教育需要主动对接新质生产力发展要求，将数智时代的劳动观教育贯穿人才培养的全过程，引导大学生形成正确认知、自觉意识和奉献精神，培养具有担当精神的社会主义劳动者。

党的二十大报告明确指出："坚持面向世界科技前沿、面向经济主战场、面向国家重大需求、面向人民生命健康，加快实现高水平科技自立自强。"数字劳动能力与职业素养已成为核心人才培养要素，直接影响了国家未来人才竞争力。数智化劳动教育应着重培养学生在数字化职业场景中的专业能力与职业道德，提升综合职业素质，强化校企协同育人机制，促进产教深度融合。同时要加强价值引领，引导学生正确认识国家发展与个人成长的辩证关系，通过强化数智时代的劳动精神、职业伦理与道德教育，培育具备"责任、担当、奉献、公正、敬业"职业品格的新时代人才。

  本书立足数智时代劳动教育的元理论、本体论、价值论与实践论,系统探讨教育创新发展的理论框架,并以行业院校劳动教育改革为例,实证研究数智时代劳动教育实践创新的路径。

前　言

科技不断推进人类社会的进步。第一次科技革命引领人类进入蒸汽时代，第二次科技革命引领人类进入电气时代，第三次科技革命引领人类进入信息时代。当前，以人工智能、虚拟现实、大数据、云计算、量子通信等为代表的新兴技术蓬勃兴起，推动生产方式、生活方式、思维方式发生深刻变革，第四次科技革命正引领人类进入智能时代，其发展速度呈指数级增长。如果说科学技术是第一生产力，那么在数智时代，技术已成为推动社会发展的直接动力。马克思将技术进步划分为两类：渐进型技术进步与跃迁型技术进步。渐进型技术进步是指在继承原有技术基础上进行的量变式改进，即在基本原理不变的前提下，通过应用推广中的持续优化实现技术完善；跃迁型技术进步则是基于技术原理变革引发的要素质变。与前三次科技革命相比，第四次科技革命以人工智能为标志，正推动传统要素向现实生产力转化，对人类社会发展和人的存在状态产生革命性影响。劳动手段的智能化、自动化程度显著提升，使人们逐步摆脱重复性脑力劳动。[①] 虚拟劳动、创造性劳动、管理劳动、情感劳动等新型劳动形态不断涌现，突破传统"脑力劳动与体力劳动""物质劳动与非物质劳动"的二元划分。从我国经济发展转型视角看，数字技术催生产业融合、数智化转型、平台经济等新形态，数智经济已成为培育新动能的战略引擎。《国民经济和社会发展第十四个五年规划和2035年远景目标纲要》专章部署"加快数字化发展　建设数字中国"，提出"促进数字技术与实体经济深度融合"等战略举措，标志着

---

① Andrew Beck et al, "Systematic Analysis of Breast Cancer Morphology Uncovers Stromal Features Associated with Survival", *Science Translational Medicine* (2011).

数字经济进入应用创新驱动阶段。在劳动领域中，数智技术正逐步影响着传统的劳动要素和劳动行为，劳动表现为传统的劳动形态同现代技术相结合，传统的劳动工具同先进的工具相结合，传统的人力性劳动行为与现代技术的协同，以及传统的弹性工时与技术支撑的弹性工时并存等一种混合状态。要实现数字技术与数字基础设施建设对经济社会发展的驱动作用，必定需要通过提高国民的数智化素养来提升数字经济发展的人力资本供给质量、数字产品和服务消费规模。

目前，有些研究者对数智时代的教育究竟是"数智化教育"还是"促进数字技能发展的教育"这一问题尚未形成清晰界定。诚然，数智化技术的发展为实施智慧教育创造了条件，然而将数字技术背景中的教育仅仅局限在"数字智力"范畴，未免过于狭隘。就劳动教育而言，数智时代的劳动教育既不等同于数智化学科知识的培养，也不等同于一般意义上的数字技术训练。劳动教育既是人的全面发展的构成要素，也是促进身心发展的重要环节。如今，数智技术快速变革引发的产业转型正深刻冲击劳动领域，迫使我们重新审视新质生产力发展语境下劳动教育的未来走向。在数智时代，技术泛化与劳动边界消弭导致技术、劳动、人的"和谐关系"成为突出问题。以人工智能为代表的数智化劳动普及，既为劳动教育带来机遇，也面临挑战：既要探索契合中国"文明诉求"的教育改革路径，又要构建科技劳动连接"人与劳动"的社会主义"文明发展链"。正如理查德·赖利所言："为了解决我们还不知道问题是什么的问题，我们正在培养学生为还不存在的工作做好准备，也正在培养学生使用还没有发明出来的技术。"[①] 作为最具生产力的教育形态，劳动教育紧密关联社会生产力发展，亟须培养学生的数智化实践能力。

随着我国高等教育大众化进程进入深水区，大学生就业形势日趋严峻，容易陷入"慢就业""懒就业"的困境。在高等教育普及化与就业市场转型期叠加背景下，高校毕业生就业难问题的成因，除社会结构性因素外，更主要的是劳动者自身就业能力与市场需求间存在的偏差。当前大学生在专业学习过程中侧重理论知识积累，缺乏劳动教育实践指导和正确就业观念引领，导致就业过程中产生认知困惑与实践迷茫。数智时代背景下，数字技术对学习者主体地位的

[①] ［美］查尔斯·菲德尔、玛雅·比亚利克、伯尼·特里林编：《四个维度的教育：学习者迈向成功的必备要素》，罗德红译，华东师范大学出版社2017年版，第13页。

消解、对劳动教育本质属性的冲击、对劳动教育时空特性的重构等,都对劳动教育的创新发展构成严峻挑战。随着人工智能等前沿技术的深度应用,就业市场出现机器替代人工的普遍现象。但需要明确的是,分析思维、创造力和灵活性将成为核心需求技能,数据智能、内容创作和云计算领域将催生新型职业形态。新型教育培养机制需要着重培养学生的创新精神、创造能力和创业意识,以适应未来就业市场的多元化需求。

总之,马克思主义劳动观、数字技术的内在教育意蕴,以及劳动教育的基本理念为促进数智时代学校劳动教育制度的变革提供了理论逻辑支撑。劳动教育亟待数智化转型,以更好地培养出适应数字经济与数字产业发展所需要的高素质、高技能人才,为高端产业服务,适应"数字革命"对教育的时代要求。

目录

序言 / 1

前言 / 1

第一章　劳动的基础理论 / 1
第一节　劳动的基本概念 / 1
第二节　马克思对形而上学劳动范畴的历史超越 / 5
第三节　劳动相关理论的当代发展 / 15

第二章　技术发展视域中的劳动新发展 / 18
第一节　对"机器悖论"的历史破解 / 19
第二节　数智时代劳动形态演变 / 26
第三节　数智时代人类劳动新特征 / 33

第三章　马克思劳动理论指导下的劳动教育 / 39
第一节　劳动教育的历史演变 / 39
第二节　马克思主义劳动教育观 / 45
第三节　数智时代劳动教育创新 / 50

第四章　数智时代劳动教育的理论重构 / 53
第一节　数智时代劳动教育新要求 / 53
第二节　科学劳动是数智时代劳动教育的重要特征 / 57
第三节　数智时代劳动教育新发展 / 60

目 录 Ⅱ

第五章 数智时代劳动教育的价值新逻辑 / 74
第一节 挖掘劳动精神的道德意义 / 75
第二节 以追求劳动幸福为价值遵循 / 76
第三节 凸显工匠精神新价值 / 84
第四节 积极培育数智时代劳动教育中的劳动精神 / 91

第六章 数智时代劳动教育的实践新逻辑 / 103
第一节 高校劳动教育数智化转型存在的问题 / 104
第二节 数智时代劳动教育实践新要求 / 106
第三节 数智时代劳动教育实践新原则 / 113
第四节 数智时代高校劳动教育新实践 / 129

第七章 人工智能时代劳动教育的未来向度 / 143
第一节 人工智能时代劳动教育的发展图景 / 144
第二节 人工智能时代劳动教育的机遇与挑战 / 149
第三节 元宇宙视域下劳动教育的形态重构 / 152

第八章 数智时代高校劳动教育的创新实践
——以某所行业性院校为例 / 166
第一节 劳动教育数智化发展背景 / 166
第二节 劳动教育的数智化发展要求 / 174
第三节 劳动教育的数智化转型内容 / 185
第四节 构建特色劳动教育课程体系 / 192
第五节 搭建数智资源整合下的劳动教育场域 / 212

后记 / 218

第一章　劳动的基础理论

作为劳动教育的本体论根基,"劳动"概念需要厘清两个核心命题:其一,作为教育原点的"劳动"与作为教育载体的"劳动"存在本质差异;其二,教育场域中"劳动"的概念内涵与实践外延具有异质性特征。这种学理辨析构成了发展马克思主义劳动教育观的理论前提。

第一节　劳动的基本概念

马克思的劳动观既包括了劳动创造人、劳动创造历史的历史唯物主义,也包括了劳动创造了价值、人是劳动的主体和分配社会财富的政治经济理论。在马克思主义视域下,劳动既是生产活动的一部分,也涉及社会财富分配、交换与消费的社会制度安排。

一、马克思之前劳动范畴的发展

人们对劳动的认知具有显著的历史阶段性特征。生产力发展水平直接影响人们对社会劳动价值观念的形成:前工业化时代,受制于低下的生产力水平,劳动普遍被视为卑贱的体力活动。从语源学考证,多数欧洲语言中与"劳动"相关的词汇均承载着"痛苦""不幸"等负面语义;基督教教义更将劳动视为神的惩戒手段。这种文化认知折射出劳动者在前工业社会中的低下地位与负面体验。新教改革带来劳动观的嬗变。马丁·路德承袭早期基督教劳动观,赋予劳动"天职"的神学内涵,认为劳动是上帝向人保证的唯一的生存方式,上帝并不是要人们以苦修的禁欲主义超越世俗道德，而是要个人完成在现实里的所处地位赋予他的责任和义务。那就是，人的劳动是神圣的，人应该为自己的信仰而劳动。

古典政治经济学构建起了劳动价值理论体系。约翰·洛克首次提出劳动财产权理论，威廉·配第"土地为母，劳动为父"的论断开创劳动价值理论先河。作为古典经济学的开启者，亚当·斯密在《国富论》中系统阐述劳动价值学说："一国国民每年的劳动，本来就是供给他们每年消费的一切生活必需品和便利品的源泉。"① 确立劳动作为价值尺度的普适性原则。大卫·李嘉图进一步深化劳动价值理论，他指出：人的劳动能力是劳动者战胜自然阻力的一种表现形式，劳动者通过劳动获得发展。在肯定劳动是唯一的财富来源的同时，李嘉图也指出了产品的价值取决于生产过程中所消耗的劳动力。"不仅是直接投在商品内的劳动，劳动又需要各种器械援助。投在这等器械内的劳动，亦须包括在内。"② 因此，劳动是一切价值的基础。

黑格尔将劳动问题提升至哲学本体论的高度。在《耶拿手稿》中他将劳动视为人的本性，并用观念来对其加以哲学规范；在《精神现象学》中，他将劳动看作保存自我意识和实现自我自觉的途径，"在劳动中获得一种特殊的、自我的感觉和'自己固有的意向'"，人通过劳动来征服自然，进而在此基础上形成了人和人的社会关系，劳动成为达到自我意识的手段和方式；在《法哲学原理》中，他把劳动作为市民社会"需要体系"的第一个环节，指出"通过个人的劳动以及通过其他一切人的劳动与需要的满足，使需要得到中介，个人得到满足——即需要的体系"③。黑格尔曾指出，在劳动过程中自然因果关系发挥着本体论意义上的决定性功能：自然界事物与自然力在不发生内在改变的情况下，会通过劳动者的实践转化为新质态的存在——劳动过程既遵循自然法则，又通过目的论设定赋予其新功能。然而这种转化始终发生于本体论不可扬弃的领域，自然在本体论层面的唯一变化，是其被设定的存在成为目的论媒介的组成部分。由此，从因果关系与目的论的辩证关系中，黑格尔得出劳动对象与过程统一且

---

① [英]亚当·斯密：《国民财富的性质和原因的研究（上卷）》，郭大力、王亚南译，商务印书馆1972年版，第1页。
② [英]李嘉图：《经济学及赋税之原理》，郭大力、王亚南译，上海三联书店2008年版，第1页。
③ [德]黑格尔：《法哲学原理》，范扬、张企泰译，商务印书馆1961年版，第203页。

同质的结论。换言之，自然与劳动的手段与目的的相互作用，最终产生具有同质性的生成物。

正如马克思指出的：黑格尔"把劳动看作人的本质，看作人的自我确证的本质"①。黑格尔把劳动看作人的实践活动的重要形式，同时又将实践拉回到人的一种精神层面的活动，导致黑格尔的劳动范畴仍停留于抽象层面而未触及劳动的现实性。

二、马克思的"劳动"范畴

概念是思维的载体，马克思学说中的每一种基本观念都有与近代传统哲学本质不同的遵循。每一个概念的形成背景、特征、实践运用的语境以及观念的历史演变，都值得我们深思与探讨。马克思的劳动理论作为历史唯物主义大厦的存在论基础，蕴含着丰富而深邃的思想内涵。马克思、恩格斯等马克思主义经典作家从劳动的角度对资本主义社会中的劳动异化进行了深刻分析，并将劳动视为人的生存方式和最根本的实践。马克思指出："正是在改造对象世界中，人才真正地证明自己是类存在物。这种生产是人的能动的类生活。通过这种生产，自然界才表现为他的作品和他的现实。因此，劳动的对象是人的类生活的对象化。"② 马克思以人的对象性活动为视角对劳动进行研究，指出人在有意识改造自然物的同时，也在将本质力量客观化于对象之中——这是人的自我表现、实现或创造过程，是人本身的创造性活动。劳动构成了人与人之间社会关系层次的生成过程。

从人与自然的维度看，劳动是人与自然间的物质转化过程；作为人的社会实践，劳动并非孤立个体的活动，亦非脱离社会的存在，而是通过劳动本身产生人际社会交往关系。若未建立特定社会联系，个体便无法改造自然以满足存在需求。由此可见，人与人之间的社会关系既非与生俱来，亦非外部强加，而是根植于劳动实践本身。

马克思强调："一切生产都是个人在一定社会形式中并借这种社会形式而进行的对自然的占有。"③ 因此，人与自然、人与人之间的关系，实为同一生产过

---

① 《马克思恩格斯全集》第三卷，人民出版社 2002 年版，第 320 页。
② 《马克思恩格斯全集》第三卷，人民出版社 2002 年版，第 274 页。
③ 《马克思恩格斯全集》第三十卷，人民出版社 1995 年版，第 28 页。

程中不可分割的两个维度，二者共同构成独立于具体社会形式之外的本质关联。

马克思首先肯定了黑格尔辩证法在劳动哲学范畴界定中的积极意义，认为其《现象学》的核心成果——通过"推动原则和创造原则的否定性"的辩证法，将人的本质规定为劳动。在马克思看来，任何历史时期的个体劳动都内在包含双重维度：既具有被动谋生性与外在强制性，又蕴含自我实现性与自由自主性。在马克思的理论预设中，随着历史的进步劳动的被动谋生性与外在强制性将渐次消减，而自由自觉的劳动特性持续增强，直至后者成为劳动的本质规定。同时，马克思认为，劳动不仅呈现为人与自然间的物质转化过程，更是人际互动的社会交往过程。由于个体劳动具有天然的社会属性，因此，任何独立劳动都内在包含普遍性维度：独立的个体劳动实为整体劳动的组成部分，特殊的劳动形态必具普遍性特征，具体的劳动实践皆含抽象性内核。即便是鲁滨孙式劳动表面具有独立性，其深层仍蕴含社会关系基质；反之，看似同一的集体劳动，实则建立在个体最小自治与自由意志的集合基础之上。马克思进一步强调："人确实显示出自己的全部类力量——这只有通过人的全部活动、只有作为历史的结果才有可能——并将这些力量当作对象来对待，而这首先又只有通过异化的形式才有可能。"① 质言之，异化劳动实为人的"类本质"力量异化形态。劳动作为人类的根本生存方式，始终面临自由与必然的辩证矛盾。在资本主义制度下，这种矛盾激化为劳动本质的深度异化。对异化劳动的批判与人的自由本质关怀，深植于马克思思想体系的核心。马克思对德国古典哲学中的生存论劳动观进行了扬弃，将其与国民经济现实相结合，批判资本主义条件下的劳动异化关系。他指出，在资本主义生产方式中，劳动的历史性特征形成特殊的社会中介形态：劳动既是人的本质活动，又异化为支配性的社会控制形式，构成资本主义世界的抽象统治机制。

从早期"异化劳动"概念出发，马克思以劳动为理论基点切入社会历史领域，揭示资本剥削的秘密。通过展开异化劳动概念与人的本质分析，马克思实现了哲学范畴向政治经济学批判的范式转换。其以异化劳动为核心的批判体系并非抽象哲学思辨，而是突破资本主义意识形态桎梏的概念实践历程，最终构建出"前一般劳动→异化劳动→自由自觉类劳动"的辩证法体系，指明通过共

---

① 《马克思恩格斯全集》第三卷，人民出版社 2002 年版，第 320 页。

产主义实现劳动解放的实践路径。

马克思理论遵循从抽象批判到现实超越的逻辑推进路径，其理论建构始终围绕人类总体发展的社会历史逻辑展开。正如阿克塞尔·霍耐特所指出的，在马克思理论体系中，劳动概念具有核心地位："劳动不仅指向人类从自然背景中建构自己的世界并社会地再生产自己本身的社会实践方面，而且涉及对传统统治形式的改变以释放和推动社会自由的扩展。"[①] 该理论以"现实的人"的劳动为逻辑起点，在彻底颠覆近代理性形而上学的基础上，通过哲学、政治经济学与科学社会主义的三重维度，系统阐释了劳动对人的本质规定性。由此揭示资本主义发展阶段的内在矛盾与人的现实解放路径，为构建自由全面发展的共产主义社会提供现实方案。可见，对劳动的现实批判与对人的自由本质的深层关怀，始终贯穿于马克思的历史发展研究之中。在这个意义上，"劳动"在马克思主义理论体系中具有本源性意义。

第二节　马克思对形而上学劳动范畴的历史超越

一、在社会现实层面实现了对黑格尔劳动理论的超越

马克思劳动概念的形成与黑格尔哲学存在深刻关联。黑格尔的观念主体异化论作为阐释自然、社会与人类历史的辩证发展核心概念，在其哲学体系中占据关键地位。黑格尔将劳动作为解析社会现实的核心基点进行哲学阐释时，正值资产阶级启蒙运动与资本主义经济蓬勃发展时期。在此背景下，人的普遍性与政治属性被抽象化，导致人异化为政治与经济相分离的动物，形成"普遍理性"失落与"伦理总体性"瓦解的现代性困境。面对这一危机，人们不得不思考：如何在保留"主体性"原则带来的自由理性意识的同时，恢复人的共同性与普遍性？

黑格尔在《精神现象学》中从自我意识出发，通过劳动展开自我意识运动

---

① Axel Honneth, *The Fragmented World of the Social: Essays in Social and Political Philosophy*, New York: State University of New York Press, 1995, p. 16.

以确证精神的自为存在。其构建的绝对理念建立了现象与本质的辩证关系，扬弃了现象界与本体界、经验与超验的对立。在此过程中，理性与现实的外在对立得以和解，现象矛盾在本质理念中获得统一。值得注意的是，黑格尔将劳动视为人的"本质性"活动，首次将劳动概念引入思维意识领域，并使其在绝对观念的发展转化中发挥中介作用。正如马克思所指出的："黑格尔把人的自我产生看作一个过程，把对象化看作非对象化，看作外化和这种外化的扬弃；可见，他抓住了劳动的本质，把对象性的人、现实的因而是真正的人理解为他自己的劳动的结果。"①

尽管黑格尔在分析人的劳动过程中，借用"主奴辩证法"论证了劳动的属人本质，但其理论中的劳动异化表现为"服役意识—劳动—自为存在"的递进式跃升。黑格尔对现实劳动的异化性质视而不见，致使人的感性对象性活动消融于绝对精神的思辨运动中。其辩证法始终在抽象精神世界循环：起点与终点均为观念层面的精神性存在。黑格尔以形而上学思维对"具体存在"进行唯心主义"改装"，即便强调概念辩证运动需经由现实事物中介，仍预设现象与本质的鸿沟，导致辩证法无法触及现实社会生活。他将自然异化视为精神的本体论特征，劳动概念湮没于意识内在性，形成观念层面的异化——这种异化的扬弃途径仅是思想回归"绝对观念"的抽象活动。

黑格尔以脱离事物本身的逻辑为前提，其形而上学异化理论阻碍了对资产阶级"否定"辩证法的发现。在绝对理念支配下，属人世界被简化为抽象物质实在，人的活动与周遭世界相分离。黑格尔哲学仅将经济状况描述为虚幻的"自为存在"图像，回避社会现实制度批判。黑格尔虽然试图以精神活动弥合主客观鸿沟，但努力止步于抽象层次，他通过劳动揭示社会矛盾的现实意义因此被遮蔽。马克思指出："黑格尔的哲学以'最抽象'形式表达了人类'最现实'的生存状态——以物的依赖性为基础的人的独立性"②，这种状态源于资本主义社会固有矛盾：看似具体的"自然""人"与"社会"，实质受资产阶级"抽象存在"统治。异化劳动概念由此沦为形而上的哲学范畴。

当然，黑格尔哲学为绝对精神设定了弥合人与自然分裂的历史任务。通过

---

① 《马克思恩格斯全集》第三卷，人民出版社 2002 年版，第 320 页。
② 《马克思恩格斯全集》第三十卷，人民出版社 1995 年版，第 107 页。

"异化—扬弃"的辩证过程,当绝对精神完成自身发展并实现人在世界中的"居家"时,精神异化终将被克服。马克思在批判黑格尔的过程中,将理论基点转向人的现实劳动(实践),揭示出劳动作为现实关系性范畴的本质。不同于黑格尔从绝对精神出发的思辨路径,马克思立足劳动实践的具体历史形式,在批判过程中实现研究思路的转向:从理性知识转向物质生产,从精神观念转向社会存在,从本体论转向存在论。由此,劳动才真正落实于人类历史的物质基础层面,被赋予社会革命意义。

因此,当马克思立足于现实个人劳动的辩证法分析人类社会运行机制时,便彻底超越了黑格尔精神生产辩证法的思辨唯心主义性质,以"自由自觉的活动"替代了黑格尔的"无人身的理性"自我运动。人通过劳动改造对象世界并历史地生成整个自然界,在此过程中同步生成社会主体及其所处的社会关系。马克思批判黑格尔哲学的主客二分框架,引入实践(劳动)整体主义视角下的主体—客体辩证关系,指出这种关系的每次变化都发生于劳动过程中,生成于人改造自然及由此产生的社会关系的新历史境域。

马克思从人的历史存在前提出发,追溯不同发展阶段的人类劳动形式,在此基础上定义"人""实体""唯一者""人的本质""自我意识"等概念范畴。他指出这些抽象范畴的本质,源于人类持续发展的生产力、资本与社会交往关系。

可见,"黑格尔用异化解释矛盾,而马克思则用辩证法的矛盾解释异化"①。马克思将人的主观性成分纳入异化环节,既规避了黑格尔式的主观精神统摄,又使异化理论指向现实社会形态变革,为政治经济学批判奠定哲学基础。在此语境下,"异化劳动"概念不再是被预设的先验本性,而是实践唯物主义对传统形而上学框架的革命性改造。

二、从法哲学批判转向国民经济学批判

在对黑格尔的哲学批判中,马克思既尖锐批判了黑格尔的"历史屈从于逻辑",又自觉地实现了以历史的辩证逻辑展现"现实的社会"的哲学批判任务。

---

① [法]亨利·列斐伏尔:《日常生活批判》,叶齐茂、倪晓晖译,社会科学文献出版社2018年版,第80页。

可以说，对黑格尔法哲学的批判使马克思突破抽象思辨哲学，转向关注现实社会实践。关于如何通过劳动实现人的类本质，马克思强调："理论的对立本身的解决，只有通过实践方式，只有借助于人的实践力量，才是可能的。"① 马克思从哲学逻辑层面逐步推进至社会历史层面——要真正实现劳动者劳动形式、过程与成果的三者统一，使其能够自主开展劳动，就必须聚焦资本主义社会的现实：劳动物化的具体形式直接指向人类历史生存模式，这必然引发对资本主义政治经济体制的激烈批判。可见，马克思开展的劳动批判并非抽象哲学体系，亦非简单叠加人本主义逻辑与科学逻辑，而是突破形而上学意识形态桎梏的实践历程。其对黑格尔劳动概念的考察，揭示"前一般劳动"作为包含潜在对立面的正题；而从劳动异化的人学性质发展到市民社会"异化劳动"的政治经济学形态，则构成对立面显化的反题。如果说马克思早期劳动理论仍带有思辨哲学意蕴，政治经济学批判尚处隐性维度，那么在此阶段，马克思则通过"异化劳动"分析将人的历史实践本质与哲学思辨相融合。

从亚当·斯密开始，政治经济学家们就认识到劳动是财富的源泉和基础。斯密认为，所有财富都来自劳动，人们对劳动的认同很大程度上建立在对劳动的物质性和实用性价值的肯定之上。加之资本主义文化价值体系的功利主义取向，劳动遂成为追求物质财富的首要方式。他们所指认的劳动仅是作为财富生产手段的抽象劳动一般。马克思不满于对劳动的这种脱离社会现实的经济学界定。在《1844年经济学哲学手稿》（简称《手稿》）中，马克思从黑格尔哲学中汲取对象化与异化的哲学概念，在哲学话语统摄下完成初步的异化劳动概念架构。他并非从既存意识形态出发进行抽象论述，而是通过剖析资本主义社会中"工人"与"资本家"的现实社会条件，揭示"资本"的本质与奥秘。马克思、恩格斯曾指出："只有当生产资料和生活资料的占有者在市场上找到出卖自己劳动力的自由工人的时候，资本才产生。"这意味着资本主义的产生需要两个前提：一是大量物质材料掌握在资本家手中；二是市场缺乏自由劳动者。在此条件下，资本家对劳动者形成绝对控制，劳动者为生存必须依附于生产资料，沦为资本主义的附庸。从劳动者视角看，获取物质生活资料的唯一途径是依靠自身劳动能力。但在生产资料私有制下，资本主义机械化大生产将人的劳动异化

---

① 《马克思恩格斯全集》第三卷，人民出版社2002年版，第306页。

至极端，使劳动者在劳动中感受痛苦与悲哀，甚至像躲避瘟疫般逃避劳动。机械的广泛应用虽减少了劳动需求，却使劳动者在资本支配下逐步丧失斗争优势。机器与资本的共谋不仅消解劳动意义，更加剧生存压力。马克思认为，国民经济学家虽对劳动与资本的统一性作出种种"合理"证明，但现实却是私有财产支配权使人沦为抽象的"劳动人"存在。"劳动"的"异化"与"颠倒"正是资本主义社会罪恶的根源。

马克思在《手稿》中揭露与批判了在"劳动异化"与资本主义私有制的基础上，将"人"复归为"真正的人"，构成其内在逻辑主旨。在"异化劳动和私有财产"的论述中，马克思指出工人的绝对贫困"从现代劳动本身的本质中产生"，人的本质异化是劳动异化的必然结果。他不仅追问工人贫困的"发生学"根源，更注意到国民经济学家将劳动视为抽象存在，仅关注劳动带来的利润增长，却无视劳动对劳动者本身的意义。"私有财产是外化劳动即工人对自然界和对自身的外在关系的产物、结果和必然后果。"① 马克思提出"异化"概念，认为其根源在于人与劳动的分离，人在异化劳动中必然表现为自身异化与"类"的异化。基于此推论，马克思在后继对"劳动异化"的积极扬弃探讨中，才构建出共产主义的"人学"论证体系。他在《手稿》中阐明："这种共产主义，作为完成了的自然主义＝人道主义，而作为完成了的人道主义＝自然主义。"② 由此，《手稿》阶段马克思对劳动范畴的探讨，既关照工人阶级的生存境遇与制度性压迫，又为思想向历史唯物主义发展奠定基础。

当然，该阶段马克思也受到费尔巴哈的影响，将"激情、热情是人强烈追求自己的对象的本质力量"③ 纳入理论视野。但马克思劳动概念中的"人"并非费尔巴哈所谓的先验类本质，而是现代社会中的具体实践"人"。人首先是自然存在物，因而是类存在物。在私有财产与共产主义的相关论述中，马克思更强调人的社会存在属性。马克思这一阶段的劳动范畴的独特性在于：立足历史发展视野，将劳动作为根本要素纳入人与自然的统一关系。

近年来，学界对异化概念在马克思主义体系中的地位存在三种代表性观点：其一，异化是贯穿马克思主义的主线。俞吾金指出："马克思异化概念发展中存

---

① 《马克思恩格斯全集》第三卷，人民出版社2002年版，第227页。
② 《马克思恩格斯全集》第三卷，人民出版社2002年版，第297页。
③ 《马克思恩格斯全集》第三卷，人民出版社2002年版，第326页。

在着'视角转换'问题,异化是其理论思考的基本概念。"① 其二,异化是早期不成熟观点。段忠桥认为:"异化(劳动)概念尚未达到历史唯物主义高度,成熟时期的马克思已放弃该概念。"② 其三,异化是思想过渡学说。张奎良提出:"马克思超越传统异化理解,将其置于广阔历史维度,成为解读历史的重要维度。"③ 那么,"异化劳动"概念究竟是否只是马克思早期人道主义思想的典型观点？还是基于抽象人本主义逻辑与现实分析科学逻辑的复调式统一？对此需从哲学逻辑与社会历史双重维度展开分析。马尔库塞指出:"对于马克思来说,感性成了其哲学基础的核心。'感性'是用以解释人的本质的本体论概念。"④马尔库塞将马克思哲学解读为以"劳动"为基础的"感性本体论",认为异化劳动的本体论意义使马克思选择资本主义异化现象作为批判基点。这种理解实际上消解了马克思哲学的本体论特质——马克思哲学绝非抽象的"劳动本体论"。

马克思的历史辩证法内蕴于劳动辩证法之中,存在双重逻辑线索:表层呈现从先验主体出发的主体辩证法,反映应然的人本主义异化观；深层则隐藏着立足现实物质生产的实然逻辑。尽管此时马克思的论证仍依托于尚未系统化的经济范畴,但已呈现哲学论证与经济学论证的双重模式。这标志着异化劳动概念成为其理论视角转向现实社会经济生活的关键节点。这种现实辩证法具有"已经—尚未"的特殊形态——劳动在自在层面已是历史主体,但在自为层面尚未成为真正的历史主体。

马克思在扬弃黑格尔"绝对精神"异化观与费尔巴哈"人本学"异化观的基础上,将对社会的"副本"批判转向"原本"批判。通过诉诸"劳动"这一基本实践方式,马克思实现了从法哲学批判向国民经济学批判的转变。他发现国民经济学预设了遮蔽社会现实的"虚构原始状态",资本通过抽象社会权力规定劳动的先验形式。此时劳动不再是人与世界关系的起点,而是沦为资本价值

---

① 俞吾金:《从"道德评价优先"到"历史评价优先"——马克思异化理论发展中的视角转换》,《中国社会科学》2003年第2期。
② 段忠桥:《马克思的异化概念与历史唯物主义——与俞吾金教授商榷》,《江海学刊》2009年第3期。
③ 张奎良:《作为"历史之谜"的异化及其评价尺度——与俞吾金先生切磋》,《中国社会科学》2003年第4期。
④ [美]马尔库塞:《历史唯物主义的基础》,载复旦大学哲学系现代西方哲学研究室编译《西方学者论〈1844年经济学哲学手稿〉》,复旦大学出版社1983年版,第110—111页。

增殖的工具性存在。因此，对国民经济学前提的批判（即异化劳动揭露）成为马克思理论的原点。

可见，马克思既未借用异化劳动设定人本主义理想劳动范式，亦未采用主观论哲学的异在本质说。他从根本上拒斥劳动的异在本质与先在性，将人的存在与"存在"本质历史地统一。质言之，马克思以物质生产劳动为出发点，通过"异化劳动"的现实矛盾构建"社会存在"辩证法，批判"理性"背后的资本抽象统治。异化劳动范畴在此超越传统哲学与国民经济学范畴，使人的存在成为不断生成的"生成"过程：劳动既是主体自我生成的过程，也是工人苦难的根源与政治解放的源泉。劳动异化在此成为介入社会现实问题思考的独特方式，构成对资本主义历史与现状的深层批判路径。尤其在《1844年经济学哲学手稿》中，马克思通过异化范畴完成共产主义的历史唯物主义论证，揭示异化劳动矛盾发展的必然产物是革命扬弃——消除私有制。异化与异化的扬弃实为实践辩证法发展进程中同一路径的不同阶段。

马克思将抽象劳动理论与人类历史发展相贯通，通过生存论视域下的异化劳动分析，发现这一概念本身即蕴含现实解决维度。由此，劳动异化实现从观念层面向现实层面的范式翻转。马克思既未进行伦理价值悬设的理论推演，亦未抱持人道主义的浪漫主义幻想。

特别值得注意的是，马克思在该阶段将私有化的"物"与人的"劳动"相联系，开创从人类发展史维度解构资本私有的分析路径。他明确反对青年黑格尔派从道德评价视角解构异化现象，强调群众决不会将自己的异化后果仅视为观念幻影或自我意识的外化，更不会试图通过纯粹内在的唯灵论活动消除物质异化。① 这种批判立场源于马克思异化劳动概念蕴含的内在现实历史逻辑——相较于青年黑格尔派对黑格尔"主观论"的片面继承，马克思始终立足现实社会关系展开分析。正因如此，马克思将研究视域转向政治经济学领域。在《资本论》中，他认为劳动通过抽象劳动与具体劳动的经济学术语获得双重表征：既实现对国民经济学的理论批判，又为政治经济学领域开辟现实革命道路。

---

① 《马克思恩格斯文集》第1卷，人民出版社2009年版，第288页。

三、 历史唯物主义劳动范畴的最终确立

马克思从《1844 年经济学哲学手稿》开始，将劳动视为现实的对象性活动，并通过异化劳动概念突破劳动范畴的意识内在性，劳动范畴进而与现实的市民社会经济生活相关联。但该阶段成熟的社会经济形态理论尚未形成，劳动异化更多被视作一般劳动者活动的异化在数量层面的集中体现。由于对资本的产生机制、运行规律等原理尚未清晰揭示，马克思在面对资本现实批判时未能明确区分财产形式的异化、劳动异化本身及其派生的经济意识、政治意识、宗教意识等异化形态，导致劳动异化与剥削、压迫等概念相互糅合。

然而，异化劳动概念无疑具有重大历史意义，异化劳动概念既揭示资本主义生产条件下劳动被迫依附资本逻辑的必然趋势——这种异化使劳动沦为戕害劳动者实现自身本质力量对象化的桎梏；又蕴含着通过批判扬弃异化劳动实现人的全面发展的承诺，构建起具有积极意义的发展范式。后期，为深入解析异化劳动的现实形态，马克思将研究视域转向大工业生产的资本运行机制，通过对剩余价值生产过程的解剖，实现对异化劳动的现实扬弃。至《资本论》阶段，"劳动"表面作为政治经济学范畴，实则是对早期异化劳动概念在资本主义经济运行中的深化分析。马克思在政治经济学领域展开异化劳动的哲学内涵研究，既完成对早期"人本学"向度的超越，又实现对旧哲学异化劳动与国民经济学的双重扬弃。若说前一阶段是马克思通过揭露"前一般劳动"的异化形式（即异化劳动）以确立劳动辩证法的反题，那么《资本论》阶段则通过深度解剖资本主义经济，最终在对异化劳动的现实扬弃中达成历史合题。此时的劳动概念已超越单纯的哲学范畴或经济学范畴，成为劳动过程中否定性的现实力量。马克思在现实经济运行中确立劳动的否定性意义，使其彻底走出旧哲学抽象辩证法的意识内在性，确立历史唯物主义在政治经济学领域的现实内涵。劳动最终引导马克思在"人"与"世界"的张力间，探寻到具有社会历史意义的开放性实践——共产主义运动。

在经济运行中，工人劳动是如何外化、异化的？这种异化又怎么以人的发展的本质为依据？1844 年后，马克思将"异化劳动"作为其理论的基本概念，深入资本主义运行内部，在政治经济学中寻求这些问题的答案，并把扬弃异化

的政治经济学方案作为研究的重心，提供了政治经济学范畴的"劳动异化"所有重要的概念和方法。"当马克思在经济对象中找到异化概念时，就把本来属于哲学的异化概念具体化了。"①

《手稿》中对劳动异化的分析是与资本利润形成过程及私有财产经济功能分析紧密结合的，这构成了马克思在《资本论》中分析抽象劳动与具体劳动、形成剩余价值理论的思想来源。再比如关于消除异化的问题，马克思明确指出："要使这种异化成为一种'不堪忍受'的力量，即成为革命所要反对的力量，就必须让它把人类的大多数变成完全'没有财产的人'。"② 这一论断与《资本论》中无产阶级解放路径具有内在一致性。可见，《资本论》的核心原理与概念均可溯源至"自发分工"引发的"异化劳动"与"私有财产"这对范畴。作为兼具哲学意义与价值批判的理论工具，异化概念在马克思思想发展中呈现双重转化：其哲学内涵虽在经济科学中隐去具体形态，却作为政治经济学的哲学基础得以保留。③ 马克思通过对雇佣劳动的深入研究，揭示了资本主义制度的内在矛盾，实现了对人的本质存在的历史性确证。

可见，在《资本论》中，劳动获得新的扬弃形态——通过政治经济学"话语"系统，马克思剖析商品、流通、资本等形式下劳动的物化本质及其社会属性转变，揭露了剩余价值生产机制与拜物教现象，从而凸显无产阶级与资产阶级的根本对立。这种批判逻辑最终指向共产主义构想：马克思明确指出"劳动已经不仅仅是谋生的手段，而且本身成了生活的第一需要"④。

所以，倘若将《资本论》置于实证经济学的解释框架下，将历史唯物主义简单地理解为"经济决定论"，忽视其内在关联机制，就会割裂历史唯物主义与《资本论》的理论统一性。究其根源，"经济决定论"的问题在于马克思对"异化劳动"所蕴含的"主观价值"与"真实历史动因"的辩证统一性缺乏系统阐释。阿尔都塞曾用"知识论的断裂"质疑马克思理论发展的连续性，其误判在于：将马克思"异化"概念简单等同于黑格尔的"抽象辩证法"演

---

① ［法］亨利·列斐伏尔：《日常生活批判》，叶齐茂、倪晓晖译，社会科学文献出版社2018年版，第77页。
② 《马克思恩格斯文集》第1卷，人民出版社2009年版，第538页。
③ ［法］亨利·列斐伏尔：《日常生活批判》，叶齐茂、倪晓晖译，社会科学文献出版社2018年版，第90页。
④ 《马克思恩格斯文集》第3卷，人民出版社2009年版，第435页。

绎——即从"人的类本质未异化→类本质异化→类本质复归"的线性逻辑。在阿尔都塞的解读中,这种"类本质"被简化为费尔巴哈式的抽象人性论,异化劳动则被窄化为对现存劳动关系的道德批判,成为某种纯粹否定性的哲学范畴。

实际上,从异化劳动的出场学语境可见,劳动绝非单纯的思辨哲学范畴。所谓"人的类本质"并非超验的绝对理念,而是需要在现实社会历史运动中不断发展的具体形态。异化劳动所内含的否定性力量,驱使无产阶级在变革生产关系的实践中寻求统一性,通过社会生产方式的革命性变革实现异化的扬弃。

回溯马克思理论发展的不同阶段,对劳动的剖析始终是其解析社会形态与人性本质的核心路径。他通过揭露劳动异化的历史前提——即前资本主义阶段人的类本质未异化状态,与共产主义阶段类本质必然复归的辩证统一,构建起劳动解放的理论框架。这种理论突破体现在:马克思将"经济""人""劳动"等范畴从资产阶级政治经济学与旧哲学的抽象桎梏中解放出来,赋予其历史唯物主义视域下的现实内涵——这里的"人"既非黑格尔式的抽象精神主体,亦非费尔巴哈式的人本学存在,更区别于亚当·斯密、大卫·李嘉图等古典经济学家的物化认知;这里的"劳动"既非形而上学本体论概念,亦非资本主义经济体系中的物化劳动,而是处于具体历史实践中的现实活动。马克思并非在既有社会关系中寻求劳动解放的方案。在《资本论》中,马克思最终完成了从政治经济学范畴的"劳动"向历史唯物主义范畴的劳动解放的理论跃升。作为"现实的劳动实践过程中的人的现实本质的实现的具体中介",劳动概念具有双重维度:既连接人的应然本质,又关联现实活动;既承载主体能动性,又蕴含社会历史内涵。这种双重性使劳动成为解码人类社会历史发展的基础枢纽,其内蕴的现实推动力既暴露资本主义雇佣劳动的制度性异化,又孕育着革命变革的潜在可能。

所以,马克思在"实然"的唯物论与"应然"的观念论之间,通过实践辩证法开拓出思想张力空间与革命运动空间。在此空间内,马克思以历史性社会生产关系为基点展开理论探索,使劳动概念不断深化,其批判性与革命性内涵日益彰显。因此说,马克思的劳动概念不仅是对资本主义经济体系中资本对劳动无情掠夺现象的指证,更是涵盖哲学与经济学双重向度的历史性解放范畴。

第三节　劳动相关理论的当代发展

20世纪60年代以来，伴随西方社会结构与劳动方式的转型，学界逐渐形成多元劳动话语体系，并建构起具有完整理论框架的劳动理论新范式。这些理论通过与经典劳动理论的"对话"与"回应"，展现出独特的理论创新性。

格奥尔格·卢卡奇尝试通过劳动的结构分析，构建社会存在的本体论基础。他认为，这种本体论体现为主体与客体互动的辩证关系："价值范畴的中心地位是一个本体论的事实……在作为社会的价值论的范畴中立刻展示出社会存在的根本基础，即劳动。"① 卢卡奇特别指出，黑格尔虽然正确揭示了劳动过程的双重性——既包含"目的论设定对自然活动的利用"，又涉及"人类活动对自然活动的转化"——但未能实现自然本体论基础的彻底变革。

哈贝马斯为突破"生活世界殖民化"困境，从实践哲学视角重构劳动理论。他提出："构成现代性原则的不是自我意识，而是劳动"，强调"解放的实践必须从劳动自身产生"②。哈贝马斯在肯定工具性劳动基础地位的同时，着重论证交往理性对劳动范畴的突破：语言交往形成的"生活世界"构成独立于工具行为的意义空间，这种交往理性不仅制约劳动过程，更通过主体间性重构劳动的社会属性。

美国学界对劳动理论的研究呈现多元化发展态势。汉娜·阿伦特在《人的条件》中提出，人类基本活动可归结为劳动、工作与行动三种活动，分别对应着作为人的三种基本条件。其中"劳动是相对于人体的生理过程而言的，每个人的自然成长、新陈代谢及其最终的死亡，都受到劳动的制约，劳动控制着人的整个生命历程，可以说，劳动即是人的生命本身"。她认为，劳动对人会产生毕生的影响，人的发展也受到劳动的制约。安德烈·高兹作为存在主义马克思主义代表，在批判和继承马克思劳动观基础上，提出非物质劳动观的概念。其

---

① ［匈］卢卡奇：《关于社会存在的本体论（上卷）》，白锡堃等译，重庆出版社1996年版，第642页。
② ［德］于尔根·哈贝马斯：《现代性的哲学话语》，曹卫东等译，译林出版社2004年版，第73—75页。

《劳工战略》《艰难的社会主义》等著作指出，劳动解放应与人类情感体验、个性发展相结合，通过重构劳动与休闲的关系实现人的全面发展。这种观点突破传统劳动观对物质生产的局限，将社会生产总体过程纳入分析框架。让·鲍德里亚则在批判现代社会的基础上，构建了符号化劳动理论和象征交往理论；彼得·德鲁克、丹尼尔·贝尔等人建构了以知识为社会运行中轴的知识劳动理论和知识社会理论。此外还有乌尔里希·贝克的"劳动社会的终结"、齐格蒙特·鲍曼的"游戏"劳动等进一步拓展了劳动研究的理论维度。

现代西方社会学者从不同的社会理论角度出发阐释不同的劳动观念与劳动理论，将对劳动的讨论置于社会结构与社会运作的动态体系中来审视，力图从整体上揭示社会发展的普遍规律，从而构建出一套宏观的社会发展动力与方向理论。可以说，劳动概念已经成为当代西方社会理论界用以解读当代社会世界的核心范畴之一。

随着技术持续发展，技术与劳动的关系日益成为学界关注焦点。美国学者马尔库塞指出，劳动的本质并非单纯经济范畴问题，而是与人类发展进程交互作用的创造性活动："真正形式的劳动是人类的真正自我实现的手段；自然力的有意识地运用，将满足人的需要和享受"[①]。他强调："劳动就其最根本、最广义学说，是建筑于人类作为一种历史的存在方式之基础上的，即建筑在人类自己此在，通过认知——中介上的生产和再生产实践的发生创造"[②]，并将持续性、经常性与负担性视为劳动的本质特性。

技术体系代表生产力的进步，但技术体系中蕴含着对社会的支配权力——控制自然和控制人类的权力。在发达工业社会中，技术体系成为最有效率的使人类屈服于劳动工具的方式。[③] 在非异化的劳动模式中，劳动者能够尝试新技术，并将自身的想象力和创造力对象化到劳动中。然而，在资本逻辑主导的异化劳动过程中，个体的独特性和自由却受到压制和破坏。要使劳动力得到解放，就需要彻底推翻资本主义的劳动组织形式——既包括支离破碎的流水线生产模

---

① [美]马尔库塞：《理性和革命——黑格尔和社会理论的兴起》，程志民等译，重庆出版社 1993 年版，第 152 页。
② Herbert Marcuse, Richard Wolin, John Abromeit, *Heideggerian Marxism*, Lincoln and London: University of Nebraska Press, 2005, p. 125.
③ 《马尔库塞文集（第五卷）·哲学、精神分析与解放》，黄晓伟、高海青译，人民出版社 2019 年版，第 192 页。

式，也包含以营利为目的、抑制人的潜力发展的制度性因素。因此马尔库塞主张重建技术系统，将其从统制工具转变为解放要素，以实现人的自由发展。

当代劳动理论不同程度揭示了在西方现代社会，资本逻辑主导的劳动价值理念已异化为劳动功利主义取向。劳动被简化为单纯谋生手段，单向度追逐物化成果，具有显著的非科学性与物欲满足的迷惑性。劳动实践中自我价值实现与全面发展的维度却被遮蔽了。但需要明确的是，对于劳动观正确性的甄别标准应在于：是否符合人类社会历史发展规律，能否代表最广大人民群众的根本利益。

这无疑指示我们，若试图以劳动为原点构建"能够产生一切，而一切又复归于其中"的本体论原则，并将这一原则视为普遍的、无往不胜的构成性原则，这实质上是泛劳动主义或劳动至上主义的体现，更深远地说，是重蹈黑格尔主义乃至整个西方传统形而上学本质主义、逻各斯中心主义的覆辙。反之，若因此否定劳动在人类实践体系中的基础地位，简单用交往、语言、权力、文化、知识等范畴取代劳动的构成性原则，则不过是以其他形式的一元论与决定论替代劳动决定论。

回归马克思主义视域，劳动绝非单纯的经济学、人类学、社会学或生物学等的概念。马克思立足历史唯物论高度，即社会历史发展进程与人的历史生存方式，把握劳动的深层内涵。正如卢卡奇所指出的，对马克思而言，劳动兼具经济学与哲学双重属性。正确的理论路径应当是：在坚持劳动优先地位的基础上，构建人类活动各领域相互作用的总体性实践辩证法。唯有澄明劳动的真实意涵，方能理解马克思在坚持科学性与具体性统一基础上形成的劳动观——这是马克思主义关于劳动的认知体系与观念系统的核心要义。

第二章　技术发展视域中的
劳动新发展

马克思将人与自然的互动及社会生产关系引发的割裂，归纳为内在本质生成与外在异化表现两条分析路径。内在本质生成表明：无论是生产过程中人的行为，还是劳动产物，其意义都体现为类活动或类精神——即人的真实、自觉的社会存在，因为人的本质在于人与人之间的真实社会联系。因此，人在主动实现自身本质时，既创造着社会关系，也建构着社会本质。外在"异化"表现为：当私人财产彼此分离、劳动与劳动者相割裂、劳动沦为直接谋生手段时，人陷入与自身本质的异化状态。这种异化呈现为讽刺性图景：劳动异化为苦难，工人在异己力量支配下生产商品，以贫困作为劳动成果，通过非本质性联系维系人际关系。

在马克思的劳动范畴里，技术运用过程并非单纯工具性意义的认定，其发展过程中形成的规范性意义同样重要——随着科技价值维度日益凸显，技术的设计理念、创造过程与使用经验须以多数人利益为基础形成共识，使技术成为构建美好生活的有效方式与社会正义的衡量标尺。

当代数字技术劳动已成为主要的劳动形态，在构建现代劳动关系与社会关系中具有不可替代的作用。这种新型劳动形态不仅改变了人际交往模式，更推动了人类思维方式的转型，对人类存在与发展产生新的本体论意义。倘若将数字技术置于全球历史发展进程中考量，可发现生产体系中的技术"自治逻辑"日益强化，甚至衍生出技术的"反主体性"效应。罗伯特·J. 霍尔顿（Robert J. Holton）与罗斯·博伊德（Ross Boyd）通过人与人工智能共存关系中的"距离"概念，揭示了这种张力本质——他们指出，人机关系既非单纯的社会决定论,亦非技术决定论,而是体现为"距离"这一隐喻性术语描述的复杂互动:既包含机器监视引发的认知距离,也涉及算法黑箱导致认识论距离,更涵盖资本权力通过技术遮蔽民主透明度的政治距离。① 将这种"距离"置于马克思劳动历史观中审视更具启示性。就技术价值规范而言,其以"结果正义"的福利目标为表象,实则通过形而上学方式将正义抽象化,遮蔽劳动正义的实质内涵。由此不难理解,资本主义学者如何通过悬置资本的历史起源,将资本统治与私有制默认为既定存在,从而掩盖技术运作的历史性特征。当他们过度夸大技术进步的规范性价值时,往往忽视对劳动正义这一价值维度的现实考察——即技术发展过程中"应然"规范表达与"实然"事实逻辑之间的深层张力。这种割裂可能使技术演进陷入价值理念与客观规律的冲突困境。这种理论盲点导致他们囿于技术现象学层面,仅能对技术本质进行"为价值增值辩护"的思维限定。

第一节 对"机器悖论"的历史破解

马克思在其时代对资本主义生产体系中的现代技术的反自然属性进行了深刻的剖析:在畜力作为动力的发展阶段,机械动作仍然隐藏在畜力随意运动的表象之下;但在磨坊里,情况则完全不同——牲畜被蒙住双眼在原地作圆周运动,这种违背自然规律的机械性循环运动,正是资本主义时代特有的生产方式。马克思从抽象劳动切入揭示的资本主义生产机制本质,给予我们深刻的理论指导。尤其在数字技术体系中,劳动者在运用智能技术开展生产实践时,需要充分调动主观能动性,作出符合劳动效益、伦理规范与技术效能的生产决策,积极探索破解"机器悖论"的历史性答案。

倘若我们以辩证唯物论观点审视当前及未来数字技术对人类劳动形态的影响便可知,数字技术在对人的本质、价值与主体性认知方面开辟了新维度,这些认知恰是数智时代探索劳动解放命题的前提。劳动呈现辩证的双重属性:既是人的身心对象化根本路径,对人的发展具有促进作用;同时劳动者在劳动过程

---

① Ross Boyd & Robert J. Holton, "Technology, innovation, employment and power: Does robotics and artificial intelligence really mean social transformation?", *Journal of Sociology*, Vol. 54, No. 3 (2018), pp. 331 – 345.

中必然伴随体力或脑力的消耗,其强度远超休息娱乐的愉悦性,特别是当劳动强度超出生理心理承载阈值时,疲劳、痛苦与厌恶性必然相伴而生。当劳动异化为维持生存的强制性活动而非自由自觉的创造性实践时,便蜕变为束缚人的异化劳动。数智时代的"技术普遍主义"极易形成认知共识——将世界视作可开发资源库,将人类降维成可量化的人力资源。机械论与座架系统理论仍构成现代技术体系的核心驱动范式。在人工智能系统中,人被简化为"刺激—响应"链条中的信息客体,算法不仅机械解构人类行为,更深度渗透生活世界,将复杂的人类活动数据化、变量化。技术本为人实现自由全面发展的创造物,却呈现显著悖论性:其一,它确实解放了人类劳动,促进交往实践,突破自然限制;其二,算法操控的世界充斥权力异化与监管失序。在数字帝国主义体系中,人沦为数字空间的附属物,数据与其生产者产生本体性疏离,数据异化为支配肉身的他者存在,成为数字资本剥削的新型媒介。资本通过垄断互联网基础设施(购物平台、娱乐系统、搜索工具等),将人类时间异化为数字齿轮的耗散过程,使人们如同服从自然法则的动物般从事数字化劳动。

资本主义制度框架内的技术进步(包括设备改良、工具革新与科学应用)始终具有双重面相:既推动社会形态演进与人类文明进步,又加剧劳动异化进程。生产过程中智力劳动与体力劳动的分离,实质是资本对劳动支配权的知识化重构。由此衍生的根本矛盾在于:科学作为"异己的、敌对的统治性权力"显现,其物化载体——劳动工具——异化为奴役性装置。物质生产过程表现为人对技术的工具性应用,技术作为"生产力"在塑造资本主义社会形态与推动人类文明发展的历史功绩背后,潜藏着异化为"破坏性力量"的辩证法则,既制造生存困境又催生文化悖论。然而,技术乐观主义者在技术的"破坏性力量"中窥见变革契机,其理论依据源自大卫·哈维的洞见:"就资本长远的未来而言,全球资本体制确实似乎走到了吸收劳动力的'最后阶段'。"[①] 智能技术确实使劳动者从机械性劳动中解放,但需警惕技术乌托邦主义的认知误区:唯有突破私有制桎梏的技术革命,才可能成为破解现代性困境的批判性力量。这种技术演进将实现双重转向:既促使技术本质回归马克思所言"类本质"活动范畴,又使其作为人类实践中介的文化价值——即促进人的全面发展——得以充分

---

① [美]大卫·哈维:《资本社会的17个矛盾》,许瑞宋译,中信出版社2016年版,第111—114页。

彰显。

这样看来，凯文·凯利（Kevin Kelly）提出的"人机协同"范式具有一定的理论合理性：计算机替代的劳动力将通过产业升级获得更具创造性的工作形态。埃里克·布林约尔弗森与安德鲁·麦卡菲的技术互补性理论则更具辩证性：在逻辑运算等符号处理层面，人工智能具有显著优势；但在需要具身认知的情感交互、直觉判断及创造性实践领域，人类劳动仍具有不可替代性。在计算机世界里，对人类而言越复杂的任务实际上越简单，而对人类而言越简单的任务实际上越复杂。布莱恩约弗森和麦卡菲进一步提出，"数智化工具不仅仅把工作从经济中解放出来，它们还为那些参与其中的人们提供了新的机会"①。这体现于劳动趣味的提升与工作场域的人性化改造。② 伊德认为"不存在纯粹的技术本身，技术是一种关系性存在，技术体现其与人和实践的相关性"③；在人类向更高一级进化的过程中，技术可以使人实现从"能人"向"智人"的进化。在安东尼奥·奈格里（Antonio Negri）与迈克尔·哈特（Michael Hardt）看来，劳动者在数字经济的联动体中也随之形成了自由意志的联合体，使生产越来越具有了生命政治的特征。如今在数字经济的集成生产体制中，劳动甚至是在充满着多重情感和人际的功能性关系的共同体中完成的，数字技术下人的劳动已在通往一种生产公共性的通道上。正如刘易斯·芒福德指出的："我们超越机器的能力取决于我们同化机器的能力。"④ 数字技术为人的劳动对象化的确认形式向着更加高级的方向发展提供了条件。

然而事实上，这些技术乐观主义只是分析了机器大生产直接引发的劳动过程影响，而对其产生的后续社会效应并未给出明确态度。机器体系和机器体系的资本主义运用完全是两回事，"决不能从机器体系是固定资本的使用价值的最适合的形式这一点得出结论说，从属于资本的社会关系，对于机器体系的应用来说，是最适合的和最好的社会生产关系"⑤。任何向共产主义机器转化的技术转移，最终都要依赖劳动对资本斗争的历史进程。马克思并不是单纯基于直接

---

① ［美］埃里克·布莱恩约弗森、安德鲁·麦卡菲：《第二次机器革命》，蒋永军译，中信出版社2014年版，第179页。
② 刘思源：《技术革命推动的劳动关系演化研究》，天津财经大学2019年博士学位论文，第3页。
③ 曹继东：《伊德技术哲学解析》，东北大学出版社2013年版，第24页。
④ ［美］刘易斯·芒福德：《技术与文明》，陈允明等译，中国建筑工业出版社2009年版，第320页。
⑤ 《马克思恩格斯全集》第三十一卷，人民出版社1998年版，第94页。

的劳动过程展开分析的，而是从资本有机构成和抽象劳动入手，对劳动的本质进行系统分析。技术在劳动中的本质体现了理性与实践的深层次结合。必须区分技术对人的培养和技术的资本主义应用对人的损害。技术的应用是人的本质力量对象化的体现，只是以剩余价值而非产品使用价值为目的的资本主义生产，才催生了附属于技术的人。

首先，对技术与劳动关系的理解，应当从技术决定论那种技术对劳动的单向外在决定性因素，转向劳动与技术之间的内在双向视界。技术的发展首先突出体现在劳动工具、劳动资料的革新上，以及由此带来的劳动分工的变化和社会组织形式的变化。因此，可以从两个维度开展技术与劳动之间关系的探讨：一是生产工具维度，二是生产关系维度。

从生产工具维度而言，劳动过程作为经济的"心脏"与整个社会生产体系和资本运动密切相连。对劳动过程中技术的分析，不能脱离资本主义制度下的社会生产机制。在资本主义生产方式造成的劳资矛盾之下，资本积累的逻辑迫使资本不断革新劳动过程，不断利用技术实现对劳动的控制和劳动要素的合理利用。具体来说，在工场手工业时期，社会生产体系虽然仍以手工业为基础，但技术的发展使劳动与手工工具的关系逐步被劳动与机器的关系取代。机器最早用于提高劳动强度，表现为机器使用过程中将特定技能工作指派给少数专业工人。技术含量较低的工作被进一步细分给不同技能水平的工人，最终工匠被机器操作工取代，社会分工呈现大部分工人去技能化、少数员工高技能化的趋势，导致技能化工作任务碎片化与工人技能分化。20世纪初泰勒制和福特制便是由此形成。在生产自动化阶段，劳动趋于丰富化，原本严格分散的手工操作得以重新集中化。在生产体系中，工人全面参与监督、质量控制、维护、组织和规划等工作。然而，这种新型生产组织形式并不意味着工人获得了劳动自由权与控制权。个别劳动者或劳动群体仅是总体劳动者的一部分，必须完全服从资本总体控制，确保资本最快速流动。

进入数智时代后，数字信息技术开启人类信息交流新纪元，从根本上改变了人类与外部世界的联系方式，这种变化同时体现在技术与劳动力的结合方式上。技术作为数字劳动资料延伸人的"自然肢体"。人类劳动形式可分为三类：单纯数字劳动、实体与数字结合劳动、智能化劳动，具有虚拟性、融合性、跨时空性及开源共享性等特征。相应地，数智化劳动者按生产价值链地位可分为专业人员、应用人员、管理人员三类。或者说,数字技术已成为促进"人—劳动"复合形态形成的关键要素。

从生产关系维度而言,社会生产劳动对数字技术的需求促进了数字技术在生产各领域的应用,甚至在人类生活世界的进程中重塑了人类的观念形态与社会构造。一是数字技术使劳动生产过程的主观力与物质尺度联系更为密切,在生产领域形成核心要素。数字技术下的劳动生产性与一般劳动过程的规定性存在本质差异,呈现出独特的特征属性。作为劳动的技术形态,数字技术表现为数据要素与劳动要素的优化配置手段、劳动者劳动要素形态的转换机制,为构建数字技术与社会生产劳动的同构性关系创造前提条件。从要素特征上看,数据具有重复使用、趋近零的再生产边际成本、强规模经济与网络效应等特点。数据作为全新生产要素直接参与生产活动,改变了传统价值创造过程。通过适配算法与充足算力,可对采集数据进行计算分析,提取与生产消费行为相关的数据要素,及时将消费者个性化市场信息反馈至生产流程,实现定制化生产服务。数据要素贯穿经济活动全流程,成为关键生产力。大数据自动采集分析技术、机器学习与人工智能等技术进一步强化市场协作性与资源匹配效能。数字技术对劳动要素的作用方式,取决于数字技术作用下各要素融合状态形成的整体性进程。这意味着部分劳动的生产性既脱离物质内容载体,也突破传统生产过程的框架边界。二是当技术理性逻辑成为主宰人类生存方式的绝对权力意志时,构成人类生存基础的劳动本质力量面临严重危机。这种危机的根源在于技术权力意志与资本的共谋关系——所有生活世界的合理性都必须建立在技术理性基础之上,实质上反映了资产阶级试图通过超越自然规律与既有生产力水平,实现以市场价格体系取代一切价值标准的意识形态意图。其深层症结在于:技术理性主导下,人们对劳动范畴的本体论承诺过度执着,却忽视了对劳动本质基础的哲学追问,这种认知偏差必然导致知识主义与集权主义的耦合。

随着人工智能技术的不断发展,各国都在积极制定人工智能发展战略,以期在全球竞争中取得领先地位。中国特色社会主义制度的最大优势在于能够集中力量办大事。国家应充分发挥组织协调作用,将优势资源集中于发展关乎国家安全、人民生命健康和社会经济发展的核心技术上。在人工智能领域,我国制定了涵盖科技研发、应用推广、产业发展、人才培养、伦理法规等多维度的政策体系,构建起多层次的人工智能发展系统。

其次，从政治经济学视角对技术与劳动关系进行考察，探究技术在劳动过程中的深刻内涵、内在发生机制及未来走向。

人类早期的劳动形态以满足物质需求与获取生活资料为核心目标，随着认知的演进，人们逐渐意识到劳动工具或生产资料的制造与运用，能够更高效地获取优质的生活资料。由此，物质资料生产分化为两类：生产资料的生产与生活资料的生产。这意味着，人类要获得更优质的生活资料，必须将更多精力投入到生产资料——即劳动工具的改良与创新之中。奥地利经济学家庞巴维克在《资本实证论》中重点阐述的"迂回生产方式"，正是突破直接获取自然资源的原始生产模式。这种看似迂回的生产方式，通过技术介入劳动过程，使人类劳动生产力获得质的飞跃，进而实现生活资料的指数级增长。

当然，劳动在创造使用价值的同时，也在持续积累扬弃技术异化的力量。马克思通过深入研究发现，在近代哲学提供的思想胚胎内成长起来的国民经济学中，劳动作为纯粹的经济学范畴，仅仅是维持生存的手段。劳动各环节的割裂与对立根源于人的本质异化，即人与自身、人与人之间的分裂与对立。在数智时代，消除"异化"仍是一项艰巨任务。从工业文明大规模生产引发的劳动异化，到信息化文明中异化劳动的消解，必然经历中间过渡阶段。在新型文明体系中，劳动异化的构成要素已丧失绝对对立性，呈现为走向消亡的矛盾运动。劳动结构的演变终将克服异化，实现从对立到差异的回归与质的统一，完成劳动的历史复归。

如今，在数字经济集成生产体制中，劳动者通过知识共享提升智力水平，通过情感共享强化人际联系。劳动者的智慧、信息、情感、心理特征及知识技能等，因数智化形式转换而形成更紧密的结合体。同时，随着技术进步与其理性逻辑的相互推动，劳动的有机构成也逐步改变。劳动工具的属性取决于使用方式，当劳动本质特征发生转变时，其工具属性必然随之改变。技术进步的理性逻辑体现为：将技术力量贯穿于现代社会生产劳动的全过程，持续塑造劳动的主体思维，形成新型劳动关系与社会关系。

当前，技术虽使劳动从资本关系中得到解放，但仅限于摆脱经济必然性强制，尚未完全超越自然必然性。或者说，劳动仍局限于物质生产领域，无论生产效率或组织形式如何变革，都未真正实现劳动目的本身。这需要我们理性审视劳动过程及其生活方式与生活世界正义关系的本质。唯有当劳动从维持社会生产的手段升华为构建生活世界的目的时，即劳动在充满多重情感与人际功能的共同体中完成，呈现生产公共性特征时，劳动的真实价值才能彻底显现。在此过程中，人类主体性力量与需求随之发展：这些力量最初作为满足物质需求的外在手段而产生，最终演变为追求自我实现的主体性需求。这是崭新的人性财富，构成人类历史发展的新生长点与动力机制，正日益深刻地影响着人类生活。

事实上，关于工具与人的"手段—目的"之争始终是一条无止境的悖论。正如伊德（Ihde）所言："技术是它们在使用中所是的东西，是它们在与使用者相联系的过程中所是的东西……没有离开关系和相关情境的所谓的'单一'技术或工具之类的任何事物。"① 工具总是相对于目的才成为工具，制造或使用工具的活动始终与设定目的的活动相互依存。技术成果必然具有物理属性与社会功能双重维度：物理属性体现自然规律的客观制约，社会功能则反映人的主观目的性投射。因此，技术使用始终表现为主体的对象化过程，同时技术又必须依托物质载体，物化为人工技术形态。技术自身在使用过程中呈现双重性质：一方面，其物质属性体现为具体生产结构中自然法则的客观显现，这种法则不受人类意志操控；另一方面，其功能属性表现为特定主体在既定活动环境中，通过主体性与计划性实现预定目标，并与人类意图形成紧密关联。作为具有"心智"的自由主体，"心智"构成人与机器的本质分界线。无论是人工智能的认识论基础，还是其应用于生产生活的实践逻辑，都渗透着对科技理性的崇拜倾向。当前人工智能的实现机制与人类对其使用依赖度的持续提升，正推动着人的自我超越与能力跃升，促使人的主体需求与主体力量不断发展。习近平总书记指出："发展数字经济意义重大，是把握新一轮科技革命和产业变革新机遇的战略选择。"② 在社会主义社会的生产模式下，技术与机器系统将突破资本关系的桎梏，成为新型社会生产的积极推动力。这使得"劳动"由"手段"向"目的"的转化具备客观社会的历史条件。"自由王国只是在必要性和外在目的规定要做的劳动终止的地方才开始，因而按照事物的本性来说，它存在于真正物质生产领域的彼岸。"③ 马克思肯定了机器大生产的一般人类学意义，揭示出技术从外在手

---

① Don Ihde, *Instrumental Realism: The Interface between Philosophy of Science and Philosophy of Technology*, Bloomington, Indiana: Indiana University Press, 1991, p. 73.
② 习近平：《不断做强做优做大我国数字经济》，《求是》2022 年第 2 期。
③ 《马克思恩格斯全集》第四十六卷，人民出版社 2003 年版，第 928 页。

段向人的本质力量直接体现的转化过程。在后资本主义社会阶段，劳动将从自然必然性中彻底解放，那些"必要性和外在目的规定要做的劳动"终将消亡。

第二节　数智时代劳动形态演变

"一种历史生产形式的矛盾的发展，是这种形式瓦解和新形式形成的唯一的历史道路。"① 机器的最初形态是简单固定的机械结构，用于替代人类双手操纵工具，自动化技术将这些机械结构与制造体系相联结，形成"自动的"生产线。随着技术进步，生产体系呈现出更显著的柔性与智能化特征，缩短了生产流程中不同部门、工种间的生产资料转化周期，提升了生产灵活性。那么，面对科技革命引发的复杂工作流程，究竟是促使人的技能同步提升，还是导致劳动技能降至生产流程基准以下？当前，技术持续自动化与智能化强化了资本对劳动流程的极致管控，甚至通过"去技能化"方式造成人与技术关系的割裂。面对技术与资本张力之下技术发展与人的自由背离的危险，如何将劳动与资本逻辑的对立分离状态自觉转化为多元融合的积极效应，充分释放劳动者在智能劳动形态中特有的细致、直觉、智慧与想象力等优势，充实劳动内涵？这无疑是数智时代的核心命题。

一、数智时代的人的劳动

智能化的劳动是否仍属于传统意义的劳动实践活动？其与人类既往的劳动实践存在哪些本质差异？这实质上涉及如何界定劳动生产中技术属性的根本问题。

"数字技术"作为历史生成性概念，其内涵在实践过程中持续丰富深化。随着数字生产要素成为独立的社会生产基础，在数智化技术支撑下，新型产业生态与商业模式催生了多元职业类型与劳动形态。相较于传统经济形态，数智时代的劳动呈现三种主要形式：第一种是纯粹数字劳动。此类劳动以数字产品为核心产出，具体表现为：运用数智化技术（数据模型、算法等）对程序化劳动资料

---

① 《马克思恩格斯全集》第四十二卷，人民出版社 2016 年版，第 506 页。

进行系统整合，通过数据集合构建与分析，最终生成基于信息技术的数字产品。典型形态包括电子游戏、流媒体内容等纯数智化产品。第二种是虚实融合型劳动。其本质是将实体劳动与数字劳动相结合，通过虚拟机器与实体设备等生产工具，协同作用于实体原材料与数据资源，在虚实共生的生产空间中实现虚拟数据产品与实体产品的双重产出。数智化生产要素通常依托虚拟化运作协调线下实体生产要素，具体流程表现为：数字劳动力通过控制数智化虚拟机器（程序），向现场劳动者与实体设备发送指令，形成生产协同。这种模式将传统实体经济与数智时代虚拟经济有机结合，最终产出具有数字属性的虚拟产品或实体承载的物理产品。第三种是智能化劳动形态。即人工智能程序完全主导数据采集、处理与生产流程，劳动方式呈现自上而下的数字劳动继承性。尽管"数字劳动者"已成为实质意义上的生产者，但其生产过程具有完全虚拟化特征。具体而言，数字生产要素突破地理空间与物理配置限制，可将劳动工具（程序）与对象（数据）直接上传至云端。通过分布式网络架构协调特定群体间的信息流动，数字劳动工具实现全天候跨地域的数据要素加工，劳动过程中劳动资料组合突破实体边界，劳动关系呈现虚拟化形态，劳动者时空约束实现根本性突破。远程劳动者可即时接收指令，完成任务后立即通过网络反馈结果。

数字技术不仅引发了传统劳动方式的革命性变革，更催生了新型劳动组织形态。以平台经济为例，数字平台作为数据生产基础设施，当其转型为新型经济组织方式时，可使数智化劳动工具与对象通过信息采集、录入及传输实现自动化与即时性运作，由此劳动内涵获得无限拓展，外延实现空间突破。再以无人驾驶服务为例，其采用按时长计费的模式，但算法训练成本较低的特性意味着：在新增驾驶员时，无须像传统人工培训那样进行大规模个体训练。平台模式下，每位驾驶员仅作为系统节点存在，新成员加入不会显著增加算法训练成本。由此可见，平台模式下技术边际成本趋近于零，而收益则因网络效应持续递增。

二、数智时代对人的劳动的反思

随着数字科技在生产力结构中比重的持续提升，信息与知识逐渐取代土地与资本，成为核心经济与社会资源。与此相应，技术哲学议题日益成为学界关注焦点。实用主义技术观聚焦于技术生产性功能的生成机制，将技术实用性分析视为管控劳动问题的关键路径。梅塞勒（Mesthene）指出："技术为人类的选择与行动创造了新的可能性，但也使得对这些可能性的处置处于一种不确立的状态。技术产生什么影响、服务于什么目的，这些都不是技术本身所固有的，而取决于人用技术来做什么。"① 人文主义技术哲学则侧重技术社会效应，关注其对人的发展与社会形态的影响。海德格尔在《关于技术的追问》一文中提出，"技术不仅仅是手段，技术是一种展现的方式"。马尔库塞指出，现代工业社会中技术具有双重属性：既作为生产力的支配力量，又作为政治意识形态载体。哈贝马斯揭示了技术与科学在现代社会中是支配自然的新型生产力形态。

当前数字资本通过构建数字平台枢纽，形成了新型数字劳动体系，在此过程中技术确实获得了规训生活世界的意识形态霸权。这些技术哲学传统虽呈现不同理论进路，却普遍忽视了劳动对技术存在的本体论意义，导致技术黑箱的形成。那么，人工智能发展带来的技术"人化"增强，能否消解技术的"物化"特质，进而揭示技术黑箱的本质？

我们说，从原始工具的发明到智能技术的演进，人工智能本质上是科学技术发展到特定阶段的产物，体现着人类实践能力的外化形态。人与工具关系的基础性特征始终未变：人类通过自身尺度制造适配的器具，将"自在之物"转化为"为我之物"，由此获得主体性实现的满足感。人工智能的突破性在于：它不仅重构了人际交往模式，满足人类多元化需求，更因其拟人化特征模糊了主客界限。人类始终具有将生命体人格化的认知倾向，在智能体上投射情感意向与主体意识。人工智能超越传统技术形态的核心标志在于其服务方式已突破工具主义的中立性。当人工智能对人类行为的理解超越主体认知边界——从捕捉细微动作到生成精准分析，继而实施针对性反馈时——人机关系便突破了传统主客二元对立。此时，人类以什么样的理念和态度来看待人与人工智能的关系，这无疑会影响人类的交往方式和未来的人机共存模式。

马克思在《资本论》中从经济学与哲学的双重视角提出器官延长说，认为任何技术本质上都是人体器官的延长。这意味着人类与动物界一样，最初正是通过天然器官从自然界获取生存资料，这些器官构成了最原始的劳动工具。为

---

① Emmanul G. Mesthene, *Technological Change: Its Impaction on Man and Society*, New York: New American Library, 1970, p60.

突破生理局限，人类开始使用石块、棍棒等原始材料延伸器官机能，以此缓解身体疼痛。与马克思同时代的德国技术哲学家恩斯特·卡普，基于实践观察对技术本质展开系统性研究，提出与马克思器官延长说相呼应的器官投影理论。他认为人体器官既是原始劳动工具，又存在效率低下与功能受限的固有缺陷，因此人类将器官的形态、结构与功能投射于外部载体，从而衍生出各类技术工具。在卡普的理论框架中，所有的科技创新本质上都是对人体器官的模仿——或仿其形制，或拟其构造，抑或拟态其机能。马克思指出："变得空虚了的单个机器工人的局部技巧，在科学面前，在巨大的自然力面前，在社会的群众性劳动面前，作为微不足道的附属品而消失了。"① 机械化和自动化的发展，不可避免地导致了劳动"去技能化"。但这里的"去技能化"无疑更多是在"从属资本、被控制和去垄断"的意义上而言的。② 同理，在资本逻辑支配下，人们往往将其视为科技产物而忽视其社会效益，进而模糊了人工智能所反映的生产关系维度。"把人工智能仅仅理解为一种物的做法，则是用物和物的关系掩盖了人与人的关系。"③

人工智能替代人类劳动的本质与历史上的技术革命并无二致。既然技术本质始终是人体器官的延伸与投射，其终极指向必然包含劳动替代。人类对传统技术早已习以为常，但对人工智能的震惊反应实则源于特殊认知机制：手与脑作为人体器官具有本质差异，其中人脑并非客观物质实体，而是承载人类意识形态的专属载体。技术哲学揭示，功利主义视域下技术的本质就是器官的体外延伸与功能模拟，其演化路径始终指向器官替代。如果说传统技术仅实现局部劳动替代，那么人工智能则代表着更复杂、更先进的大脑功能延伸——这种技术革命必将导致劳动形态的根本变革，其发展趋向是以全面替代方式取代人类体力劳动。但同时我们又会发现：劳动过程伴随技术革命日趋复杂，人类技能却呈现逆向演进趋势，反而降格至劳动过程的底层环节。

虽然技术进步与迭代演进仍将持续激发对高技能工作的需求，这种需求不仅源于哈里·布雷弗曼提出的"过度教育"与"社会化控制"机制，更深层植根于资本逐利的本质——这种逐利性驱动着资本对劳动过程控制权的持续强化，

---

① 《马克思恩格斯全集》第四十二卷，人民出版社 2016 年版，第 438 页。
② ［美］哈里·布雷弗曼：《劳动与垄断资本》，方生等译，商务印书馆 1978 年版，第 297—298 页。
③ 庄忠正：《人工智能的人学反思——马克思机器观的一种考察》，《东南学术》2019 年第 2 期。

迫使劳动阶层陷入技能提升—去技能化—再技能化的循环困境。由此形成的悖论在于：技能要求的不断提高非但未否定劳动去技能化，反而印证其深化进程。技能升级与去技能化的矛盾运动，正是劳动在实现人类本质的历史必然趋势中的辩证发展。随着人类技术应用能力的提升，技术的属人对象化特征日益凸显，其"物"的单纯属性逐步弱化。技术发展在某种程度上确实弱化了对劳动过程的控制强度。鉴于工人兼具资本客体与创造性主体的二重性，不能简单认定劳动者被动丧失劳动过程控制权。实证研究表明，技术进步往往伴随工人技能水平的同步提升。①

当然，人工智能在解放人类体力与脑力劳动的同时，科技合理性却在被不断泛化和僭越，甚至在人类价值序列中被抬升至本体论高度，这对人类探寻生命意义的理性能力构成新挑战。智能时代虽高扬技术合理性，但其作为以人为对象的生产劳动本质上仍受制于物的尺度。历史地看，劳动不仅作为经济要素创造利润，更会不断地呈现对象化的属人特征。因而，技术应用不应局限于职业培训，创造性劳动实为比机械劳动更完整的人类实践。这种创造性劳动能带来积极情绪体验，促使人类主动探索生命意义，拓展劳动意义的可能性，从而对技术单向度发展不断发起挑战。当劳动摆脱资本逐利性桎梏，技术将突破功利主义枷锁，回归其本质——作为人类发明创新的具体体现。劳动实质上是人类把握经验世界、与世界互动并赋予意义的过程，不断革新着技术"座驾"的语义化方式。差异仅在于创新程度的层级。在此背景下，理性主义认知传统将向能动者与世界互动的感知学习范式发生根本性转变。

当人工智能挑战人类主体地位时，实质上也在不断开启人机关系的哲学反思空间。马克思指出，人的劳动是有意识、有目的的活动。这需要深入解析人类思维的独特性：人类本质是通过劳动过程物化为物质劳动形态，而人工智能作为人类自我对象化的产物，本质上仍是人类存在方式的现实表征。这种属人属性决定了技术应用必然伴随双重效应——既导致劳动者对既有存在状态的否定性反思，又推动其认知框架的迭代升级。

因此，尽管通用人工智能展现出类人智能特征，但"都无法撼动人类的主

---

① Krusell, P. & L. E. Ohanianet al, "Capital-skillcomplementarity and inequality: amacroeconomic analysis", *Econometrica*, 2000, 68（5）, pp. 1029 – 1053.

体地位，都无法否认人工的人工智能，是属人的这一本质"。① 人类本质是现实关系的动态集合，是生命意义主动建构的实践过程，其根本取决于生产力发展水平与生产关系的丰富程度。技术作为生产力变革的驱动机制，同步重构着社会交往关系网络：生产领域的技术介入将引发物质交往形态转型，并产生链式反应，最终渗透至精神交往层面。可见，作为"物的存在"的技术演化遵循确定性发展规律，其本质与存在状态具有自在同一性。数字技术标志着对象化水平的质变飞跃，其突破传统工具中介属性，使人际互动、人机协同、虚实交融成为新型交往形态。技术的"具身性"特征凸显心智与身体的交互关系。简而言之，心智并非独立于身体的存在，而是意识生成的具身场域；身体则通过感知活动实现世界浸入，形成身心世界三位一体的交织结构。

唐·伊德指出，马克思与海德格尔在技术哲学转向中具有奠基地位。马克思以实践为核心的社会生产方式分析，构成了技术哲学的重要思想渊源。其商品分析方法表明，技术本质具有实践性与生成性双重维度——这种技术观不仅关涉技术本体，更揭示了技术实践的辩证本质。马克思强调人的解放是整体生存境界的提升，其终极指向在于破除生活世界的异化枷锁及人际关系的非理性压迫。在自由王国中，人类交往将超越功利桎梏，升华为自主平等的精神互动，"个人在精神上的现实丰富性完全取决于他的现实关系的丰富性"②。马克思指出，机器的资本主义应用并非最好的方式，而是共产主义的应用才是最适合的生产关系。因此，审视技术对劳动的影响必须突破资本逻辑的历史局限，着重考察技术发展的社会生产条件。数字技术特别是人工智能的未来发展，亟须共产主义理论范式的指引。人工智能的应用前景在于："它能发挥人工智能的文明作用，把人工从非神圣的异化中拯救出来，实现人的自由个性的发展。"③

技术的本质属性并非单纯体现为劳动生产率的提升工具，而在于其在人类劳动历史演进中的动态实现过程。技术作为人与客体互动的实践中介，具有双重联结维度：既承载人的本质力量对象化过程，又关联现实实践活动的具体展

---

① 庄忠正：《人工智能的人学反思——马克思机器观的一种考察》，《东南学术》2019年第2期。
② 《马克思恩格斯文集》第1卷，人民出版社2009年版，第541页。
③ 庄忠正：《人工智能的人学反思——马克思机器观的一种考察》，《东南学术》2019年第2期。

开。这种中介属性使技术生成的劳动关系既彰显主体能动性，又蕴含丰富的社会历史意涵，为辩证法的否定性环节注入真正的历史进步性。马克思提出的"异化"与"外化"经济哲学范式，不仅具有经济维度的内涵，更深刻揭示了劳动、资本与私有财产之间的辩证关系对个体及类存在的双重影响。资本主义语境下，技术作为与人类自由发展相悖的外在力量，在实践中必然转化为劳动内在矛盾，进而催生出新的生产力形态，形成历史发展的辩证动力。因此，智能社会对数字技术的认知不应拘泥于"技术—主体"的二元对立，而应将其置于新型社会关系中考察，即在既定生产力条件下劳动主体与资本的对抗性关系中，辩证审视数字技术发展趋向。

如果说工业革命以机械化方式"解放"人类体力，那么数智时代的智能革命则旨在"解放"人类脑力。在此背景下，对数字技术的认知与应用应秉持技术理性与价值理性相统一的原则，警惕对技术理性的盲目崇拜。人类将技术应用于劳动过程，本质上是"工具理性"与"价值理性"的辩证统一：价值理性作为"主体所拥有的对其自身本性以及对社会生活意义的判断能力，特别是对人类生存合理性的建构能力"，包含双重维度，一是理想理性指向"人对未来生存状态的一种选择能力"，体现对更优生存境界的追求；二是批判理性，即"人对现实生存状态的一种超越能力"，以理想理性为尺度，对现实的不合理状态进行批判。①

在价值理性与技术理性的辩证统一中，技术作为劳动的本质性要素，既承载着人类自由选择工具的能动性，又通过工具自由实现目的自由的超越性——这种双重自由使劳动摆脱机械重复的桎梏，升华为自由自觉的创造性实践。由此，技术不再局限于工具范畴，而是成为事实与价值的统一体。马克思深刻指出："只有当现实的个人把抽象的公民复归于自身，并且作为个人，在自己的经验生活、自己的个体劳动、自己的个体关系中间，成为类存在物的时候，只有当人认识到自身'固有的力量'是社会力量，并把这种力量组织起来因而不再把社会力量以政治力量的形式同自身分离的时候，只有到了那个时候，人的解放才能完成。"② 到那时，人成为真正意义的劳动主体，劳动才真正符合人类自

---

① 庄忠正：《人工智能的人学反思——马克思机器观的一种考察》，《东南学术》2019年第2期。
② 《马克思恩格斯全集》第三卷，人民出版社2002年版，第189页。

身全面发展的诉求。

第三节　数智时代人类劳动新特征

一、数智劳动体现出人的劳动的新特征

"（劳动者）不仅使自然物发生形式变化，同时，他还在自然物中实现自己的目的。"[①] 劳动的根本目的在于改造自然与实现人的自由发展。在"主体客体化—客体主体化"的辩证结构中，唯有主客体对象化方式与人类本质形成适配关系，劳动才能呈现为生命实践的成效统一体——这种实践中介使鲜活的生命力得以历史性彰显。"自由王国只是在必要性和外在目的规定要做的劳动终止的地方才开始。"[②] 马克思同时强调："这个自由王国只有建立在必然王国的基础上，才能繁荣起来。"[③] 人类为满足物质需求而展开的自然斗争，推动生产力发展并不断优化生产方式。但受制于外部需求、自然规律与既定目标，人始终无法完全超越客观限制。唯有通过劳动促使人的能力获得自由全面发展，方能真正迈入自由王国时代。技术的价值彰显不囿于工具效能提升，而体现于其实践应用过程。这种应用既引发劳动者技能转型，又重构劳动力结构形态。随着必要劳动时间缩减，自由时间的增量积累为人的发展开辟新可能。

在现有算法技术框架下，数字生产要素正被纳入生产函数体系。多媒体数据（声、图、影、动画等）经信息处理流程，转化为具备网络化节点特征的数据结构。这类高知识密度、强外部性的数据渗透经济社会各领域，形成正向反馈机制，驱动企业构建智能生产线、智能车间及智慧工厂。通过智能制造体系互联，跨企业/行业的生产节点实现价值协同，持续创造新价值并释放生产力效应。面对数字技术的经济驱动效应，学界提出关键质疑：技术赋能是否导致劳动的人文本质弱化？

首先，大数据与算法的协同作用实现对生产过程的动态全息解析。这种数

[①] 《马克思恩格斯全集》第四十二卷，人民出版社 2016 年版，第 168 页。
[②] 《马克思恩格斯全集》第四十六卷，人民出版社 2003 年版，第 928 页。
[③] 《马克思恩格斯全集》第四十六卷，人民出版社 2003 年版，第 929 页。

据驱动的发生学考察，能够揭示劳动过程中主体与客体构成的有机性、关系性及过程性特征，推动劳动形态向可视化、体验化、交互化演进。由此形成的全维度信息流，为生产系统效益优化提供实证支撑。

其次，智能科技的深度应用催生新型社会互动模式，其技术中介角色在维系社会运行、保障生产生活秩序、提升工作学习效能等方面具有基础性作用。数字技术的双向演进（深度强化与广度拓展）持续提升要素融合度，更引发人机互动的本体论转换——技术的人化进程显现为技术超越工具效用维度，成为人类类本质对象化活动的有机组成。"人—机"关系趋向共生性重构：技术摆脱单纯工具属性，转而成为人的创造性实践载体。通过技术中介，人类既实现自我认知与本质力量的多维展现，又完成生活世界的"类"化重构。

劳动过程中的非物质性、情感性、愉悦性和创造性，使人的劳动从对自然的改造中解脱出来，转向对审美和愉悦的关注。这种劳动形态既满足人对现实生存的感性需要，又引领人不断超越的价值追求。数智时代的劳动作为人类新的能动实践形式，劳动范畴得到极大扩展，人在劳动中获得了更高级别的自然认知与改造能力，并在劳动中持续生成新的价值、道德等文化元素，人的本质力量得以不断丰富与发展，劳动正日益成为人类运用知识"追求解放与丰富生活"的实践。

党的十八大以来，习近平在多项重要讲话中深刻阐述了劳动对人类文明发展的重要意义。"劳动是推动人类社会进步的不竭的动力"，这一论断中的"不竭"应置于辩证唯物主义语境中理解。一方面，人类对劳动的原始依赖性源于"被动"力量驱动。劳动作为人类从猿群向文明社会跃迁的核心动力，构成了族群存续的决定性因素：为满足基本生存需求，人类通过采集、狩猎等原始劳动获取食物；当安全需求成为主要矛盾时，劳动工具改良推动生存空间拓展。这种绝对依赖性促使人类辨识到区别于动物界的本质属性——主观能动性。主观能动性的深化认知，使人类与本能驱动、被动适应的动物自然性形成本质分野。

另一方面，劳动升级过程展现出持续的"主动"动能。人类从被动依赖劳动到主动创造劳动的演进，构成了文明进步的永续动力。劳动分工与合作催生的社会组织结构优化，使人们在享受生产力发展成果的同时，持续提升对物质文化与美好生活的需求层级。正如习近平总书记指出的，"劳动是人类的本质活动,劳动光荣、创造伟大是对人类文明进步规律的重要诠释"。① 这种劳动与文明的辩证关系既揭示了社会发展规律,也印证了共产主义社会的历史必然性——劳动全面解放进程与人的自由全面发展具有内在统一性。

二、数智劳动成为劳动的新形态

在马克思看来,生产是由三大因素构成的,即劳动者、劳动资料和劳动对象。生产工具是区分不同经济时期的基础,也是对数智化时代劳动进行分析的逻辑起点。马克思指出,生产方式的变革,在工场手工业中以劳动力为起点,在大工业中以劳动资料为起点。随着科技的发展,机器的大量应用推动了生产力的发展,使人类摆脱了繁重的体力劳动,而劳动者的智力因素对生产活动的影响也日益显著。科学和技术作为劳动资料,以一种潜在的力量直接渗入生产力的各个因素之中,从而使生产力的总体发展水平得到全面的提升。

人类进入新的信息化和数智化时代后,劳动向信息化、数智化、共享化的方向发展。数据信息及其传输作为生产力的决定因素之一,能够渗透到工业、农业生产和服务业劳动力中,形成"互联网+"。虽然它和其他技术手段一起被应用于各个生产活动中,数据信息及其传输等技术手段决定了生产力水平。平台企业利用网络外部性来扩大网络用户规模,增加利润,进而达到规模经济效益,实现利润最大化。

技术也使劳动者的劳动方式发生持续变化。第一次工业革命以后工厂制得以建立,雇佣制逐渐成为劳动关系的主要组织形式。随着第二次工业革命的到来,雇佣制的工作方式越来越占主导地位,在重工业如电力、化学工业等中催生了大型甚至超大型组织,组织内部的科层结构更加严密,雇佣与被雇佣的关系进一步深化,逐步分解雇佣工作使工作性质发生深刻和根本性的变化。

进入数智时代后,在产业数智化、数字产业化和数字治理等新的社会发展场景下,随着数字技术、网络技术和移动技术的不断推进,生产空间平台化,生产要素资本化,生产工具智能化,劳动者的工作方式也在发生巨大变化。作为劳动主体,人既可以利用零碎时间参与生产及其他经济活动,又可以自由更

---

① 习近平:《在庆祝"五一"国际劳动节暨表彰全国劳动模范和先进工作者大会上的讲话》,《人民日报》2015年4月29日第2版。

换工作场所。平台化、"微创客"、远距离办公、人机协同等新的工作形态。使劳动者有了更多的选择空间。人力资源跨区域、跨行业、跨所有制流动使工作时间弹性化程度提高，工作与生活的界限被打破。从某种意义上说，数智时代的每一个人都是数智化劳工，他们在一个完全由通用数据构成的接口上交流、交换信息。数字技术条件下的劳动作为现代社会新型劳动形态，以无所不在的代码、数字的形式出现，创造非物质性产品，表现为智力、语言的劳动和感情的劳动，呈现出更丰富多彩的产品价值形态，如工具价值、审美价值、符号价值、人文价值等。在数智化的时代，人的智能因素日益增多，情感和个性化的因素也越来越发挥出重要的价值。然而，我们也应该承认，这些劳动在创造价值的同时，也成为创造剩余价值的源泉。在大数据及其系统中，每一个个体都是一串字符，个人和他们的交往行为被大数据分析为一种真实的存在。"技术完整的生命只有经过使用者的使用，经过使用者把自己生活世界的质料'填入'制造者所提供的'框架'之后才能实现。"[1] 可见，如何从自在的共同体转为自觉的共同体，单纯依靠技术的力量显然远远不够。实际上，对技术的认识过程也是人类自我认识的过程。

过去，工人是被迫出卖劳动力的，这种客观情形与他的情感态度、价值倾向、心理偏好等诸种主观要素没有必然联系，而是由资本主义社会中"一般地使用那些构成生产关系的权力所导致的"[2]。正是在资本主义生产方式的基础上，大规模机器应用给无产者带来了否定性的结果。如今，数智化技术推动共享经济中各参与主体形成一种自发的、快速聚合的柔性社区。在生产过程中，各参与方形成了分工和合作机制，他们能够根据自己的闲置资源余缺情况，按照共享消费和绿色消费的理念，自发地进行分工和合作。工业社会劳动时间的线性、可量化性与劳动空间的封闭、分隔、标准化被数智时代劳动的超前时间、创造性的爆发时间以及均质化的无限空间所取代。因此，非物质劳动与数字劳动不仅使劳动的时空意义与体验发生了改变，而且将信息由一地转移至另一地的时间缩短至最低限度，产生了新劳动的"加速"。数字技术这种高度关联和渗透性的特征使其正推动社会化大生产的协作劳动进一步实现，因为数智化技术的灵

---

[1] 舒红跃：《技术与生活世界》，中国社会科学出版社 2006 年版，第 47 页。
[2] ［英］柯亨：《马克思与诺齐克之间 GA 柯亨文选》，吕增奎编，江苏人民出版社 2007 年版，第 52 页。

活多元的应用价值的呈现需要依靠劳动者以自主化和联动性的方式进行。劳动者在利用数字技术的同时，数智化也正在通过技术的人性化进行自我实现的边界拓展，这意味着自由的、有意识的数字"类劳动"的联合必然会不断成为未来劳动的新样态。甚至可以说，随着数智化劳动不断普及，劳动正表现出与数字科技的内在气质相通性，"它们都强调感性，强调个性，强调每个公民生活的合理性"。信息化和智能化的发展使人类创造物质与精神财富的能力得到了极大的提升，因此，它可以在相当大的范围内代替甚至超越人类的体力劳动与智力劳动。

非物质劳动、数智化劳动尽管并未完全实现劳动的解放或人的解放，却带来了对劳动的解放、人的解放的历史要求。现实的数字资本正在不断地通过技术达到各种要素的全息化，数字技术这个在资产阶级社会的胎胞里发展的生产力，同时又创造着解决这种对抗的物质条件。当然，作为劳动的主体在与"技术"进行对象化过程中经历的扬弃异化的历程，是需要人自觉地深入技术背后的劳动运行的历史环境和现实的物质基础并积极地进行技术的"人化"才能实现的，而不是单纯地熟练使用和参与技术活动场域就能自然生成的。或者说，劳动自身复归的条件是随着工业文明大生产而不断形成的，但要真正达到这些条件，则有赖于人类文明再次发生新的转变。可以想见，信息化、自动化和智能化文明的到来预示着人类将成为用自己创造的智慧机器实现自身全面发展的全新族类。

三、数智劳动是劳动未来发展的新方向

劳动创造了人。劳动实践是人类社会生活和全部世界历史的真正基础。马克思认定对象化劳动的结构、过程和目的的辩证逻辑的内在科学性，是建立在把人类生产劳动看作是推进整个人类历史进程的根本的历史唯物论视域中的。他甚至预料到了现代技术（脑力劳动）日益强大地塑造了人类的现实的社会生活和全人类的未来。从劳动过程来看，技术是人的劳动方式和产品，它的过程、方法和要素都反映了劳动的创新性和丰富性。

马克思站在唯物史观的立场上指出，生产工具和技术状况的差异决定了各个时代的划分。生产工具、技术设备的革新和发展，是衡量社会生产力发展的主要标志。随着生产力的不断提高，以及对技术要求的日益提高。科学技术的

发展使得劳动对象的范围得以扩展，在增加既有的劳动对象新的使用价值的基础上，又拓展了对自然资源的开发与利用。

技术作为生产力的实体要素，表现为对劳动力质量提升、生产工具改良、劳动客体对象扩展的作用；同时技术在生产过程中也推动着分工协作、经济管理等综合性决策要素的形成，进而实现生产力的新发展。因此，科学技术直接关系到人对自然界和人类社会的理解与改造的深度和广度。马克思认为，科学技术的发展改变了生产力的构成要素，促进生产要素的相互配合，大大提高了生产力水平。科学技术作为整个社会生产力体系中最重要的要素，其发展程度直接决定了人类实践能力和发展水平，技术不仅参与了劳动创造历史、创造人本身的过程，也是人类未来文明中最具解释力的一个实践性命题。

第三章　马克思劳动理论指导下的劳动教育

列宁指出:"劳动生产率,归根到底是使新社会制度取得胜利的最重要、最主要的东西""共产主义就是利用先进技术的、自愿自觉的、联合起来的工人所创造的较资本主义更高的劳动生产率。"① 他还强调,要提高劳动生产率,除了物质保障之外,更重要的是"提高居民群众的文化教育水平"和"提高劳动者的纪律、工作技能、效率、劳动强度,改善劳动组织"。② 劳动教育的现代转型,既是生产力发展基础上技术进步的必然结果,也是劳动教育"自我赋能"的内在需求。与过去机器仅承担简单、重复、常规的劳动任务不同,现代生产体系的智能化对劳动者提出了更高的要求。当前,生产体系需要的是"知识型""创新型""技能型"的复合型劳动者。对大学生全方位的知识、技术和素养的培养,关系到其在自主发展技能禀赋的新型劳动过程中的顺利成长,也直接决定了劳动教育的时代创新。

第一节　劳动教育的历史演变

数智时代下的劳动教育与传统的劳动教育有何不同?它具有怎样的概念内涵、学科价值与课程实践向度?如何理解劳动教育在培养社会主义合格建设者

---

① 《列宁专题文集·论社会主义》,人民出版社2009年版,第151页。
② 《列宁专题文集·论社会主义》,人民出版社2009年版,第97页。

和可靠接班人方面的实践意义？劳动教育与德智体美教育存在怎样的逻辑关系？为更好地回应数智时代劳动教育面临的一系列问题，我们需要在马克思劳动观中探寻劳动教育的历史逻辑起点。

一、劳动教育的内涵：基于劳动抑或教育？

长期以来，学校劳动教育存在着诸多"困扰"。劳动教育常常游离于学科知识之外，或被视为脱离学科知识学习的常规技能型教育，或是被贬低为以简单体力劳动为内容的"受苦"教育。同时，学校劳动教育教学实践存在边缘化和组织结构碎片化的风险。例如，在教学形式上，部分学校直接用生产劳动替代劳动教育设计；在教学内容的资源开发上，将劳动资源与劳动教育资源简单等同起来；在教学效果评估中，直接将学生劳动成果评定与劳动教育评价等同起来。

实践中之所以出现"有劳动无教育""有教育无劳动"的误读，难以达成对"劳动教育"教育意蕴的认知共识，与对于"劳动教育是基于劳动还是教育"这一问题的不同界定视角密切相关，进而导致对劳动教育本质缺乏基础性思考和探究，劳动、实践、教育、德育等与劳动教育相关的诸多概念，其含义难以清晰辨析，甚至出现混淆及简单等同的错误。这种对基本概念的模糊理解，导致在对劳动教育进行更深层次研究时，常常陷入对劳动教育发展的困惑。具体而言：

一是将劳动教育视为一种道德教育或劳动观念教育。一些人认为劳动教育是一种道德教育，能够帮助人们更好地涵养德行，形成良好的人格和道德情感认同。还有人从劳动精神、工匠精神、劳模精神、劳动幸福观等方面出发，认为劳动教育最本质和核心的内容是"感受劳动乐趣""感受劳动光荣"和"培育劳动精神"，劳动教育的目的在于培养学生尊重劳动的价值观念，激发其内在的劳动激情和积极的劳动创造精神。劳动教育的重心是培养"成人"，即德智体美劳全面发展的社会主义建设者，构建劳动幸福、劳动光荣、劳动崇高的价值体系。然而，这种观点存在一定的局限性。它将劳动教育简单地作为德育内容的部分内容来加以界定，将劳动教育置于德育之中，遮蔽了劳动教育的独特性。由于将劳动教育等同于德育，现实中不少学校将专业技能课与劳动课程分开，甚至不自觉地将学习能力、学习习惯、科研能力和研究习惯等排除在劳动能力和劳动习惯之外，忽略了脑力劳动这一重要劳动形式。将劳动教育局限于对体力劳动能力和辛勤劳动习惯的重视，未能反映出社会生产力发展对劳动教育的新需求。

事实上,劳动教育与德育虽密切相关,但两者事实上存在本质区别。道德教育侧重于思想教育,与学生的道德行为相结合;而劳动教育是通过培养学生的劳动素养来促进学生劳动道德品质的提升,两者的关注重点与目的并不相同。

二是将劳动教育等同于专业技能教育。有学者提出,劳动教育应当从培养"岗位人""职业人""社会人"等方面着眼,其根本目的在于培养符合社会和产业需求的技能型人才。因此,劳动教育应以培养学生适应职业发展所需的知识和技能为目的,其课程内容应体现职业倾向性。这种观点在理解和实践劳动教育的本质时,往往倾向于对生产过程中物化劳动方式的重视,而忽略了劳动教育在人的全面发展中的重要作用。

劳动教育是一种以"劳动"为主要教育载体的教育类别,与政治、经济、文化和道德等维度中的"劳动"不同。在教育场域中,"劳动"具有自身的独特性,不能将其降格为单一经济维度的"劳动",从而忽略劳动在教育中的价值内涵。劳动教育既要符合社会发展状况和生产需要的劳动结构变化,也不能局限于当前的知识框架内的行为能力。因为离开了人的超越本性,人类发展将失去历史意义,劳动教育的真正意义也难以实现。事实上,离开了社会机制来探讨劳动教育,多半是徒劳无益的。

从历史发展的角度来看,以物质生产的历史发展逻辑来解释教育发展和变迁,便可以揭示教育与生产发展之间的本质统一关系。作为马克思主义关于人的全面发展学说的重要组成部分,教劳结合在社会主义国家的教育规划与发展中具有极其重要的指导价值,是中国劳动教育研究与实践保持强劲生命力的重要基础。

随着数智化技术在现代生产中的普及,社会生产的信息化、自动化、智能化水平不断提高,这对劳动教育内容的选择提出了更高要求。因此,对劳动教育的认识必须置于社会生产的变迁和转型意义之上,随着劳动结构的变化而不断发展与充实。

二、劳动与教育关系的历史演进

(一) 教育与劳动的初始性合一

如果从教育的历史渊源和劳动的实际形式来看,教育和劳动一开始并不是分离的。正如 O. F. 博尔诺夫所指出的："教育的必要性问题……从一开始起就必须纳入对人的存在的认识之中。"① 在马克思主义理论中，人类是通过与自然界的直接操作关系，获取对自然和自身的直接的、朴素的感性认识。在改善和生产手工工具的过程中，人类的劳动能力得到了提升，从而逐步突破了自己的本能局限，产生了最初的意识和自由。这种自觉性和自由性体现在：人类从自然的桎梏中挣脱出来，内在地推动着人的自由精神的成长。因此，劳动的产生过程与人的自由的产生过程是一致的，劳动是人的自由创造能力的体现和发挥。人作为劳动的主体，在历史地生成自身的同时，也成为历史的创造者。由此可见，劳动和教育在其本质意义上，与人的起源过程是一体的。或者说，最初的"教育"活动源于人类的生存需要，并与生产劳动和社会生活紧密联系在一起。人的学习意识产生于生产劳动和社会生活，早期的人们通过劳动习得劳动技能，使得劳动生产过程被赋予了教育的意义，并由此逐渐形成了一种相对独立、正规化的教育活动。教育在起源过程中呈现出与劳动的一体性特征，从初始意义上讲，教育也就是劳动教育。

（二）教育与劳动的历史性分离

作为人类生活的本质，劳动一开始便被赋予了目的性与自由性。然而，随着私有制的产生，尤其是进入资本主义社会后，劳动逐渐被当作"苦役"来对待，并受到阶级的歧视，资产阶级为了占有劳动的剩余价值，将劳动的必然性制约方面加以意识形态化，从而否认了劳动在突破自然与社会枷锁之后所表现出的自由本质力量。在技术和资本的共谋下，其背后的逻辑是一种无主体的生产要素。

卡尔·波普尔在其"第三世界"的"客体精神学说"中，将知识视为一种"对科学的认识"，认为"客观意义上的知识是没有认识者的知识，它是没有认识主体的知识"②。这一观点不仅体现在波普尔的理论中，也反映在当代西方科学哲学中的认识论和技术观上。例如，逻辑实证主义的知识论以"经验证实"为中心，将科学的发展归结为"经验真理命题"的累积；批判理性主义知识论

---

① ［德］O. F. 博尔诺夫：《教育人类学》，李其龙译，华东师范大学出版社 1999 年版，第 35 页。
② ［奥］卡尔·波普尔：《客观的知识：一个进化论的研究》，舒炜光等译，中国美术学院出版社 2003 年版，第 112 页。

则以"经验证伪"为中心,强调知识必须经过批判才能获得。而在库恩、拉卡托斯、劳丹等人的历史主义认识论中,则分别以"范式""研究纲领""研究传统"等科学史的逻辑框架对知识的合理性以及技术进步进行了阐释。尽管各派对技术的关注点各不相同,但都与西方无主体性的认识论渊源密切相关,其最根本的缺陷在于关注的是人所获得的知识和技术的运用结果,而不是知识的获取者和应用技术的人。

在这种认识论下,技术普遍主义成为共识——即在技术条件下,世界被视为可被开发和控制的资源,人也被视为可供开发的人力资源。海德格尔对这种认识论下的技术对人的操控进行了抨击,他指出,技术已然不再只是工具或手段,而成为人的技术性生存方式。在现代科学技术面前,一切包括人本身都变成了物质,变成了可供生产的对象和材料。在这个技术的"座驾"中,技术决定了人类经验的可能性条件,劳动不再是自觉的、有意识的活动,反而成为在技术与资本融合互动下的受限活动。技术生产模式下的劳动分工只是以剩余价值为目的,劳动分工与个人自由构成了社会的基本矛盾。人在技术面前的主体性地位的消解成为20世纪哲学反思的重大危机。这一危机也波及教育领域,教育的价值被窄化为培养满足机器化生产需要的劳动力。

如果说在传统社会中,生产力缓慢发展而产生的专门学校教育是与生产劳动过程相结合的,那么随着资本主义机器大工业取代手工工场,机器成为科学技术的物化形态,教育与劳动的关系发生了深刻变化。在市场扩张、生产工具日趋完善、社会关系变迁等复杂交互作用的背景下,源于工业文明的原理形态的知识使得技术应用规模不断扩大,以满足工业生产的大规模展开和标准化生产的需求。这种原理性知识形态被认为是人类社会知识形态的革命性突破。普遍公式与系统推理构成的复杂的知识演绎系统,能够更好地适应由技术驱动的工业生产分工的需要。

与之相对应的是,教育的内容被转化为去情景化的普适知识。原本完整的经验学习,变为适应流水线上几个单一步骤的新技艺的训练。当教育被看作一种外在的、改造人的手段时,劳动教育内容的历史性价值自然会被漠视,学校劳动教育不再是一种以工作、实践和道德修养为一体的有生命的教育,而是表现出浓郁的"知识本位"和"实用主义"的价值取向,退化为实现技术工具化的一种辅助性存在。

（三）教育与劳动相结合之可能

对于劳动过程中技术对人的异化，海德格尔曾提出，人可以通过"沉思"从统治着的主体中解放出来。然而，事实上，仅靠思辨努力去寻求真实的存在，试图回到人的内在世界以揭示技术的隐蔽意义，进而将人类从技术的"座驾"中解救出来的途径是行不通的。马克思曾指出："正是在改造对象世界的过程中，人才真正证明自己是类存在物。这种生产是人的能动的类生活……因此，劳动的对象是人的类生活的对象化：人不仅像在意识中那样在精神上使自己二重化，而且能动地、现实地使自己二重化，从而在他所创造的世界中直观自身。"①科学技术的异化是人类社会发展到一定历史阶段的产物，具有社会历史性。从人类生产活动的发展史来看，科学技术异化现象是人类在特定历史时期必然产生的一种社会历史现象。运用工具改造自然界的劳动，是人类特有的创造性实践活动。包括技术在内的工具运用，是人类四肢的延伸以及大脑与工具技能累积的产物。人类在劳动中产生了语言、文字、意志、情绪乃至社会关系等超自然结构。这种超自然结构，一方面是外在于人的工具系统，另一方面是由肢体、器官以及知识、技能、意志、情感组成的人自身的劳动技术结构，也可以说是人的实践活动结构。随着外部工具体系的不断扩大和完善，人的内部的劳动技术结构也日益精细和复杂。

资本主义生产制度下的分工方式阻碍了劳动过程中内外两方面的相互协调，限制了人的劳动能力的全面发展。然而，机器大工业本身孕育着扬弃其资本主义式技术应用的力量，劳动过程中的内外两方面相互协调、互相促进的矛盾统一，最终会推动劳动不断深化和发展。这是劳动的历史发展本身所孕育的内在的教育和解放的力量。

如前所述，以往的劳动教育往往将知识论哲学局限于经验和现象的范围之内，致使人们自觉或不自觉地从知识论哲学的基本立场出发来理解教育与劳动的关系，对劳动教育的本体论内涵语焉不详。马克思从人类社会发展的总体历史趋势出发，强调教育与整个社会物质生产的协调共进，指出劳动教育在实现人的全面发展与推进社会发展的服务中是有机统一的。马克思提出的"教育和生产劳动相结合"的思想，指明了劳动可以把科学技术内化于个体，并通过劳

---

① 《马克思恩格斯全集》第三卷，人民出版社 2002 年版，第 274 页。

动物化于生产之中,从而使人的身心得到统一发展。另一方面,劳动能力的持续提高又推动了生产力的发展,加快了旧生产制度下分工原则的瓦解,加速了人的劳动解放,最终为人的全面发展创造社会历史条件。可以预见,到那时,教育,特别是与生产劳动相结合的劳动教育,将以其自身的社会革命属性,推动实现人的自由全面发展。

第二节 马克思主义劳动教育观

16世纪,英国空想社会主义者托马斯·莫尔首次将劳动教育提升至与其他教育同等重要的地位,他主张每一个年轻人都应接受农业和手工业的劳动教育。19世纪初叶工业革命之后,英国空想社会主义者欧文提出,教育应与生产性劳动相结合,才能培养出新一代全面发展的劳动者,并首次将"工业劳动"作为一种特殊类型纳入劳动与技术教育之中。欧文指出,在社会中,脑力劳动与体力劳动被详细地区分开来;在一个合理的社会里,劳动者应该是"脑力和体力的广泛结合",而不应局限于仅具有某种特定劳动能力的人。

马克思批判性地继承并发扬了欧文等思想家的理论,深刻认识到在大工业生产背景下,具有全面劳动能力的人比仅具有局部劳动能力的人更能满足工业的本性需求。[1] 在《资本论》中,马克思指出,现代工业的大机器生产使得劳动者的职业与劳动的社会结合不断发生变革,这依赖于技术基础的变革。同时,现代大工业又不断把劳动者从一个生产部门投向另一个生产部门,使得已有的分工发生变革,而在大工业的资本主义形势下,又重新出现了旧的分工及其固定化的专业,[2] 迫使劳动者只承担局部社会生产职能。

恩格斯在《共产主义原理》中回答"最终废除私有制将产生什么结果"这一问题时指出,社会生产管理需要全面发展、通晓整个生产系统的人,而生产分工使每一个人只熟悉整个生产过程中的"某个部门"或"某个部门的某个部分",自身才能的发展也仅局限于某一方面,无法实现各方面才能的全面发展。[3]

---

[1] 肖川:《列宁综合技术教育思想及其指导意义》,《黑龙江高教研究》1991年第3期。
[2] 《马克思恩格斯全集》第四十二卷,人民出版社2016年版,第504页。
[3] 《马克思恩格斯文集》第1卷,人民出版社2009年版,第688—689页。

马克思和恩格斯认为，人的片面发展是由于社会分工不合理、脑力劳动与体力劳动相对立等原因造成的。在大工业生产的背景下，更多地需要个人具备全面的劳动能力来代替那些仅具有某种特定劳动职能的人。究其原因，生产的社会化必然导致劳动功能的转变和劳动力的充分流动。马克思指出，在大工业生产的发展与资本主义生产资料私有制的矛盾下，劳动者必须努力使自身的教育与生产劳动相结合，同时也要使自己的子女有机会获得教育。

马克思从人类社会的历史出发，指出大工业社会分工导致了人的单向度发展。他曾指出："占统治地位的思想不过是占统治地位的物质关系在观念上的表现。"① 无论在任何情况下，每个人都有自由发展的权利。人的全面发展目标的实现，受经济、社会、政治、文化和教育等多种现实社会条件的制约。人类社会要消除人的片面性，实现每个人的全面发展，就要大力发展生产力，打破旧的社会分工，消除社会不合理的分工和城乡发展差异，为人的全面发展提供良好的社会基础。在马克思看来，特定时期背景下的教育条件也是影响人的全面发展的重要因素。为了使人的体力和智力得到充分的自由发展和运用，既要大力发展社会生产力，又要对社会成员进行全面发展的教育，"通过消除旧的分工，通过产业教育……使社会全体成员的才能得到全面发展"②。马克思主义经典作家们以现实的社会实践为基础，在对现实进行考察与分析的过程中，总结了教育实践经验，揭示了教育对于人类社会发展的重要作用，并在阐释世界与改造世界的双重价值任务中，形成了科学的马克思主义教育观。"生产劳动同智育和体育相结合，它不仅是提高社会生产的一种方法，而且是造就全面发展的人的唯一方法。"③ 马克思对劳动教育非常重视，将其与智育和体育并列为教育的三大组成部分。

一、劳动教育是实现人的全面发展的方式

人的全面发展是共产主义的最高理想。这里的全面发展，是指让社会成员每个个体的体力、智力、才能和兴趣都得到充分发展，从而达到一个更高层次上的全面和自由。为实现这一目标，马克思主义在教育理想上强调实现人的全

---

① 《马克思恩格斯文集》第 1 卷，人民出版社 2009 年版，第 550 页。
② 《马克思恩格斯文集》第 1 卷，人民出版社 2009 年版，第 689 页。
③ 《马克思恩格斯全集》第四十二卷，人民出版社 2016 年版，第 501 页。

面发展，充分发挥教育对个人全面发展的功能优势，不断为全体社会成员的发展创造良好教育条件。正如马克思所言："教育将使年轻人能够很快熟悉整个生产系统，将使他们能够根据社会需要或者他们自己的爱好，轮流从一个生产部门转到另一个生产部门。因此，教育将使他们摆脱现在这种分工给每个人造成的片面性。"①

马克思在教育理想上强调实现人的全面发展，在教育的发展目标上强调教育为无产阶级政治服务，在教育的功能上强调教育对推动经济社会发展的重要意义，这构成了马克思主义教育思想的主要内容。

劳动教育是在"劳动"的基础上进行的，它区别于一般意义上的政治、经济和伦理向度的劳动。在教育场域中，"劳动"有其独特之处。劳动教育是一种动态发展的概念，它既反映了社会生产力的自然历史进程，又受制于时代、阶级、文化等多重因素的影响。劳动教育是人们根据不同的时代背景、社会发展需要和现实目标，从具体的劳动教育价值取向出发，对人类社会特定的劳动内容进行的功能选择、价值肯定和内容强调，形成的一系列劳动教育政策。

在劳动教育的过程中，需要不断激发学生的主体性。一方面，要为学生提供自主的活动环境，给予他们选择的空间和发展机会，让他们积极地参与劳动，从中获取经验、反思和创新，从而焕发劳动教育的生命力。另一方面，教师要有目的、有计划、有组织地开展教学活动，充分调动学生的积极性，在师生双向互动中，使学生不仅"学会"，更要"会学"。让每一位学生都能在自由、自主的劳动教育中掌握生产的基本原理，熟练使用现代化生产工具，成为适应现代化大生产的新一代劳动者。

二、劳动教育发展目标

教育是人类社会的一种特殊现象，涉及人的物质、政治、精神等各个方面。马克思主义教育观立足于生产和劳动实践，总结历史经验，突出了教育与政治的紧密关系。从古至今，各个阶级都将教育视为巩固政治统治的主要方式，重视其政治功能，并将其与社会的政治意识形态相结合，使民众能够接受统治阶级的政治理念，从而稳定和发展政治制度。

---

① 《马克思恩格斯文集》第 1 卷，人民出版社 2009 年版，第 689 页。

马克思认为，工人阶级在取得政权后，应在人民学校中开展实践性和理论性的劳动教育。通过劳动教育，使劳动者接受技术教育，具备一定的技术知识，更好地理解和使用生产原理与工具，成为适应大工业技术变革的劳动者，具备综合技术能力与基本生产转化能力。恩格斯在1880年致哥尔布诺娃的信中提出，通过一些富有生命力且经营得当的工业部门，让儿童或少年在进入工业部门之前先接受普通技术训练，从而在其他工业部门中具备更大的流动性，降低实现技术教育目的的难度。① 这表明马克思的劳动教育强调"为无产阶级政治服务"的意识形态内涵，教育的方向性与政治性是充分发挥教育综合功能的根本保障。

在社会主义社会中，要加强和发展社会主义建设，必须通过提高人民的文化知识和思想觉悟，使全社会成员具备较高的劳动能力，激励并动员他们投身社会建设，保持社会安定，促进社会主义发展。苏霍姆林斯基指出，劳动是人的全面发展的重要影响因素，学校教育的使命是使劳动融入个性的精神生活和集体生活，让热爱劳动成为一个人最重要的品质之一。他认为，劳动是一种极为复杂的现象，能够揭示人的思想、情感、智力、美感、心理状态和创造精神，体现教育和自我教育的意义。劳动育人，使人成为真正的人。② 列宁也强调，无产阶级的教育具有特殊的社会职能，应以维护无产阶级利益、培养社会主义建设所需合格人才为主要任务，坚持教育的社会主义方向。③

三、劳动教育具有推动经济社会发展的重要功能

马克思主义强调，全社会都要积极开展教育，这不仅能提高人的科学文化知识和思想道德水平，还能提升创造生活资料的劳动实践能力，促进人的自我完善和自我发展，推动人们追求更美好的生活。它强调无产阶级必须重视教育的重要性，提高受教育的自主权，自觉提升工人整体素质，使无产阶级更好地参与现代化生产。

劳动教育是一种特殊的教育活动，其本质属性是职业性、生产性和实践性的统一。开展中国特色社会主义劳动教育实践，对持续提升人的劳动综合素质

---

① 《马克思恩格斯文集》第10卷，人民出版社2009年版，第451页。
② [苏] 苏霍姆林斯基：《关于人的全面发展》，王家驹等译，教育科学出版社1984年版，第122页；《苏霍姆林斯基选集》第1卷，蔡汀等译，教育科学出版社2017年版，第624页。
③ 《列宁全集》第29卷，人民出版社1985年版，第38页。

具有重要意义。为适应现代生产技术变化引起的劳动形态、职能转变以及劳动力要素自由流动的挑战，劳动者必须克服能力开发的片面性，具备全面发展的劳动能力。因此，现代劳动教育应不断深化对现代生产过程基本原理和基本技能的通识教育，以适应现代劳动方式的发展。

在数智时代，随着技术智能化程度的不断提高，劳动的本质特征发生了重要变化，劳动的概念也可以在智能层次上加以拓展。马克思将劳动概念与人的类本质、自由和全面发展联系在一起，赋予其哲学本体意义。在人工智能背景下，"智力劳动"也应纳入这种从具体到抽象的思考范畴。随着数智化技术在劳动力生产过程中的广泛应用，以数据和算法为核心的智能技术逐步替代传统技能，劳动流程呈现多样化和复杂化特征。创造性的智力劳动将成为主要劳动形式，劳动教育作为以"劳动"为主的教育类型，必须适应这一变化，结合马克思劳动理论的历史唯物论逻辑，剖析数字技术条件下劳动教育的新特点，有助于在促进经济发展进程中明确劳动教育的新价值取向，主动调整学科教育教学内容，满足经济社会发展对劳动教育的需求。

四、劳动教育要体现实用性和文化价值性的统一

劳动是文化发展的推动力。西方语源学中，"文化"一词源于拉丁语"cultura"，意为耕种，这表明劳动与文化之间存在内在联系。恩斯特·卡西尔在《人论》中指出："旧石器时代和新石器时代的器具，无论作为生产工具还是生活工具，都是文化的典型象征。这种物质化符号活动构成了文化的客观事实。"[①] 人类通过符号化活动实现文化创造，这是一种自我确证和自我肯定的方式。劳动教育以劳动为载体，其结果无论是物质的还是精神的，都不只是为了满足功利性需求，更是对自我的一种表现。它既体现了人的生存需要和生命意志，又创造了物质文化和精神文化。可以说，没有劳动教育，就没有文化的丰富与发展。同时，劳动教育始终存在于特定的文化谱系中，其价值追求反映了文化的内在精神和价值观。特定的社会与时代的文化理想、文化追求以及文化发展方向，必然对人的劳动追求和劳动教育中的人格塑造进行根本性规范与引导。"劳动教育首要的不是关于劳动的说教，而是要让学生在劳动实践中进行锻炼和接

---

① ［德］恩斯特·卡西尔：《人论》，甘阳译，上海译文出版社2004年版。

受教育。要吸引和组织他们参加各种力所能及的劳动活动，并在这些劳动活动中对他们进行教育。"① 劳动教育活动是一种社会文化价值活动，它不仅包含个体的价值观念，还包含普遍的文化思想意识、文化性格和民族品格。如果将劳动教育视为一种生活范式，那么在数智时代，就需要从更高层次、更根本的层面上引导、规约和协调劳动教育的改革创新。

第三节　数智时代劳动教育创新

习近平同志围绕教育发表的一系列重要论述，深刻阐释了人的本质和人的发展。他指出："人，本质上就是文化的人，而不是'物化'的人；是能动的、全面的人，而不是僵化的、'单向度'的人。人类不仅追求物质条件、经济指标，还要追求'幸福指数'；不仅追求自然生态的和谐，还要追求'精神生态'的和谐；不仅追求效率和公平，还要追求人际关系的和谐与精神生活的充实，追求生命的意义。"② 他从人与社会关系的角度，揭示了人的本质以及人的全面发展的内涵。人的全面发展的教育理想应与现实相结合，要使教育在促进人的发展方面发挥更大作用，就必须将人的发展与社会发展紧密联系起来，进而培养出满足个人成长和社会发展需求的高素质人才。

一、劳动形态的变化与劳动教育的改革

随着劳动形态的持续全面变化，技术的属人化增强，劳动过程中人的本质力量得到进一步提升。在数智化条件下，数智化技术广泛介入劳动过程，劳动的智能化和自动化程度不断提高。智能机器不仅取代了人类的体力工作，甚至实现了在无人条件下自我更新、自主学习、自动处理信息和执行命令，从而代替人类的一部分智力劳动。劳动内容不再局限于对自然物质的改造，数据、算法等具有数字虚拟特性的非自然物取代了传统的土地、手工工具、车间、机械设备，形成了基于非自然物理属性的智能劳动过程。生产工具系统已经延伸到

---

① 成有信：《劳动教育、综合技术教育和职业教育（上）》，《高等师范教育研究》1992年第6期。
② 习近平：《之江新语》，浙江人民出版社2007年版，第150页。

人脑的智能机，出现了人、机器和人机协同三种共生劳动过程形态。与此同时，物质与精神的融合日益趋向"普遍智能化"，劳动的内涵也从物质劳动转变为情感、符号和关系等非物质劳动，劳动与生活的界限越来越模糊，休息与工作交融、生活与生产同一成为常态。劳动过程所具有的技术结构以及由其所决定的人的劳动创新实践能力越来越系统化、复杂化。劳动的历史性变革为全面提高劳动者的素质和能力提供了客观历史条件，并成为催生劳动教育改革的客观力量。数字技术带来的劳动手段智能化、劳动场域虚拟化、劳动过程创新化和闲暇时间丰裕化，将促发劳动教育在育人实践方式、教育重心与劳动教育价值取向等方面的新发展。

二、劳动教育的多学科综合性与内容扩容

劳动教育与其他教育形式一样，是一种以传递实践经验服务再实践、以传递认识经验服务再认识的活动。目前，数智时代下的教育正在经历一次历史性的变革，其中最根本的变化是知识从精加工的符号化信息回归为问题导向的劳动。人们在劳动中往往不受现有学科的限制，不满足于对原始数据和观点的加工，而是对数据和资源进行重构，在理论与实践、理论与应用之间不断往复。知识的多层次、多学科综合性决定了劳动教育不能期望靠单一学科的持续学习，而是要使学生在学习实践中运用不同的学科知识和方法实现多学科多领域的转移。随着科技的进步，技术已经渗透到社会各组织和人们的生产生活中。技术不仅是人造的，也是根据特定的价值规范进行使用与开发的。人与技术之间的关系隐含着人类的实践和行为。劳动教育需要揭示数智化技术环境下完整劳动世界的复杂性，这意味着劳动教育在内容上必须主动扩容以涵盖变化发展的劳动现实。

三、劳动教育的精神文化传承与创新

劳动教育不仅具有技能教育的功能，还承载着精神文化的传承与发展的使命。劳动教育要在继承传统劳动文化的基础上，守正创新，不断开创新型的社会主义劳动文化。以往的劳动教育更注重对人对自然对象的对象化能力的培养，而忽略了人在对象化的劳动实践中所产生的复杂的社会关系与利益关系。数智时代的劳动教育要善于发掘劳动中所包含的技术精神，将技术精神与个人的精

神世界有机联系起来，让技术在劳动过程中由外在的限制转变为内在的驱动力，由重视对外部的技术社会的关注转变为对内在的精神生活的体验的回归。

人既是劳动主体，也是创造历史、改造历史的主体。劳动教育要让人持续觉醒并获取自主的技能与精神力量，让数字技术重新回归"人"所有，通过数字技术为整个社会提供服务，从而使人在自身劳动中成为变革社会关系的主体。马克思将生产劳动发展过程中"自由而全面发展"描述为两个特征："适应于不断变动的劳动需求而可以随意支配的人"和"把各种社会职能当作不同活动方式的全面发展的个人。"① 在感性的、实践的、工业的、对象化劳动所驱动的人与自然进化关系中，人获得了不断生成本质力量的机会。简言之，就是能够自主掌握生产而不被生产淘汰的人，最终能够在自由劳动的基础上，呈现一种本真和实然的社会劳动正义。

数字技术尤其是人工智能的发展，使智能机器逐步代替了人的生产活动，同时，人的劳动不再单纯是为了满足物质需要，而更多是对更高层次的完整的人的追求。这意味着劳动的物质维度与精神维度将逐步走向统一。其中，技术的发展对于劳动进步的意义也将得以充分显现。列宁认为："在社会化的大机器（劳动）生产的基础上，用新的更高级的方式来组织产品的生产和分配，是社会主义革命的主要内容和社会主义革命取得完全胜利的主要条件。"② 作为技术的新发展范式，数智时代的社会主义劳动应有更为广阔的外延。可以说，在数智化条件下，生产劳动的不断发展，使劳动教育在发展人的自由和创造价值方面显示出愈加紧迫的重要性。因此，数智化时代的劳动教育需要建立一种新的教育本体论，即以改变世界的成果作为教育的内容，使未来的劳动者能够站在新的历史起点上改变世界，让劳动教育的内容更直接地指向劳动主体的自由价值的实现。可以预见，随着教育和劳动在不断地克服人类片面发展的历史局限的过程中走向共通性，劳动教育将迎来新的历史发展契机。

---

① 《马克思恩格斯全集》第四十二卷，人民出版社 2016 年版，第 505 页。
② 《列宁全集》第 34 卷，人民出版社 2017 年版，第 257 页。

第四章　数智时代劳动教育的理论重构

劳动是人类对自然进行改造的社会活动，其本质由社会服务目的决定，同时受生产关系制约。劳动是人与自然界、社会间物质与能量交换的过程，承载社会劳动的印记，反映特定时代的社会特征。随着技术发展，"劳动"不再局限于传统"生产劳动"，在数字技术冲击下，劳动结构、形态和特征均发生显著变化。数智时代的劳动呈现为技术创造性劳动，劳动教育需体现新的内容要求。同时，人类社会逐步迈入人工智能时代，数字技术在推动时代发展的同时，其带来的"技术理性"过度膨胀给人的完整意义生活带来巨大挑战。新的劳动形态给劳动教育带来诸多问题与挑战，如何使个人发展与科技文明协调共生，构建人的完整意义，如何突破技术"物"的尺度，实现技术加持下劳动的生命活动规律性与目的性统一，成为劳动发展及劳动教育必须面对的深层问题。

第一节　数智时代劳动教育新要求

回顾我国劳动教育历程，中华人民共和国成立后，各级学校曾以多种方式开展劳动教育实践探讨，在培养学生劳动知识、技能、热爱劳动情感等方面取得一定成效。然而，现行劳动教育存在诸多问题，"劳动"教育或被误读为技术技能学习，或被用作惩戒方式，掩盖其本真意义。劳动教育理论研究多围绕劳动生产意义展开，将其狭隘化为工具理性范畴，侧重于人的本质外部规定性探索，注重现代生产基本技巧掌握及逻辑性、系统性理论学习，却忽视了个人劳动体验、情感、直觉等方面的关怀，未注重健全人格形成和人的潜能发展，导致劳动教育出现"人的空场"。劳动教育种种弱化、淡化和异化价值取向，致使劳动教育实践呈现价值"外在化"、内容"知识化"、方式"去身体化"、环境"去自然化"、方法"规驯化"。劳动是人的精神与肉体内容在劳动结果或产品中扩展、转化、凝结的过程，人类因劳动获得生命存在的现实广延，具备存在的历史"客观性"，同时发展出文化世界的真实形式。但近代以来，对理性、科学和技术的过度崇拜，使人们以普遍化、规范化和客观性的认识割裂了劳动与人的生命和实践的自然关系，导致劳动教育对学生除劳动知识外的情感、价值观、交往、创新思维、劳动素养等方面重视不够，客观上造成学生"教育世界"和"劳动世界"的分离。此外，对"知识"的迷恋，使劳动教育忽视了学生在互动的、内在深层感性活动中获取的劳动经验，使学生无法"身临其境"体验劳动魅力。

在全球化、信息化趋势日益增强的当下，国家间综合实力竞争愈发激烈，已从单纯生产力水平竞争转变为以创新为核心的深层次竞争。中国目前处于全面、快速发展的工业化阶段，正处于新旧动能转换、由资源依赖型向创新驱动型转变的关键期。中国唯有依靠创新，方能在新的科技革命和产业变革中占据主动地位。智能经济带来产业结构分化，促使劳动力结构发生变化。传统产业部分生产岗位和生产手段被智能技术手段替代，传统产业规模随智能经济发展而大量压缩，生产要素结构发生较大改变。同时，传统产业的智能化转型引发技术创新，新的生产岗位和智能劳动力的产生，推动传统产业转型升级。但同时，生产要素中智能型生产设备比重增加，部分生产岗位被机器人和智能设备取代，部分传统生产岗位消失，劳动力失业和转型在所难免。可见，人工智能既解放了劳动力，也促进了劳动力转型。习近平同志立足新的时代方位、社会现实和人民需要，对马克思经典作家关于劳动的本质、价值和地位等劳动思想进行深刻阐述和时代解读，提出"劳动是推动人类社会进步的根本力量"①"人类社会是劳动创造的，社会是劳动创造的"② 等重要论断，从更深程度、更广范围和更宽领域肯定劳动在人类社会发展中的作用。他还根据劳动的本真意义，

---

① 《习近平谈治国理政》第1卷，外文出版社2018年版，第44页。
② 习近平：《在知识分子、劳动模范、青年代表座谈会上的讲话》，《人民日报》2016年4月30日第2版。

着眼于中华民族的建设发展实际,提出劳动在创造中华民族现代文明、辉煌历史及光明未来的前提性和基础性作用,强调"劳动创造了中华民族,造就了中华民族的辉煌历史,也必将创造出中华民族的光明未来"①。通过弘扬新时代基本劳动精神,引导人民深谙"劳动是人类的本质活动,劳动光荣、创造伟大是对人类文明进步规律的重要诠释"②的道理,为实现中华民族伟大复兴的中国梦,激励中华儿女借助劳动所蕴藏的力量,追求自我价值实现,并致力于社会价值的共同实现。中国化马克思主义劳动观的基本思想以马克思主义劳动观为根本,将人类文明和社会进步建立于劳动创造的现实基础之上,探寻实现现代文明及未来发展的基本途径。

青年正处于从个人化向社会化转变的关键期,其自我认知与社会认知尚不完善,亟须科学理论指导劳动观念、劳动素养和劳动品质。在大数据、云计算、互联网等新兴技术不断发展下,当前社会劳动形态、劳动条件、劳动工具和劳动环境都发生巨大变化,新时代青年的现实生活世界由虚实相融的生活环境组成,需用马克思主义劳动观,针对当代青年处于世界观、人生观、价值观转型关键时期的特点,对现实中存在的问题进行靶向定位和精准分析,用符合青年实际需要的理论指导和规范其思想观念、认知结构、价值取向和实践行为,使青年在自由、自觉的劳动活动中,实现个人生命意义与社会价值的统一。新时期马克思主义劳动观教育的中心任务是对新时期青年大学生进行专门教育,引导他们树立正确劳动观,让他们在激扬奋斗中自觉追求幸福生活。在新一轮教育改革中,劳动教育应把综合课程开发作为课程建设常态,以全面提高人的基本素质为根本目的,为每个学生今后的可持续发展和幸福劳动奠定坚实基础。

在社会主义初级阶段,劳动仍是一种谋生方式,但劳动不能简单等同于谋生手段或牟利工具,劳动的目的是使人得到更好、更全面的发展。因此,在数智时代,劳动教育应回到劳动本然价值,重返劳动本身给人类带来的意义。一是要解决技术进步带来的劳动功利化和劳动教育庸俗化的问题;二是要解决技术进步导致的技能功利化造成的劳动矮化问题;三是要解决技术进步带来的

---

① 《习近平谈治国理政》第 1 卷,外文出版社 2018 年版,第 46 页。
② 习近平:《在庆祝"五一"国际劳动节暨表彰全国劳动模范和先进工作者大会上的讲话》,《人民日报》2015 年 4 月 29 日第 2 版。

消费功利化、回归人的生命逻辑等问题。关键是要把人的生命逻辑与技术发展的内在逻辑相统一，即生命逻辑本身就是一种内在的超越性逻辑，数智时代的劳动是在追求人类本真生命的过程中实现技术的发展，在人类生命逻辑发展中的技术实践是推进人的全面发展手段。马克思认为，"技术解放"的过程就是技术回归人性，这既是人类生命逻辑的体现，也是技术走向公正的前提。因此，技术效率的提高必须符合人的发展规律，才能使技术更好地为人类服务。

2000年12月14日，中共中央办公厅、国务院办公厅印发《关于适应新形势进一步加强和改进中小学德育工作的意见》（简称《意见》），规定社会实践活动包括社会调查、生产实习、军事训练、公益劳动、社区服务、科技文化活动、志愿者活动、勤工俭学等多种形式。2001年6月8日，教育部颁布《基础教育课程改革纲要（试行）》，明确指出从小学至高中设置综合实践活动并作为必修课程，其内容主要包括信息技术教育、研究性学习、社区服务与社会实践以及劳动与技术教育。党的十八大以来，习近平总书记把马克思劳动观推向新的高度，我国劳动教育以前所未有的态势向前发展。2013年，习近平总书记在全国先进工作者座谈会上提出，要依靠广大人民群众的勤劳、诚实和创造性劳动，努力实现社会主义现代化。2015年，教育部、团中央、全国少工委联合发布《关于加强中小学劳动教育的意见》，针对部分地区劳动教育理念薄弱、行动不力等问题，提出改革措施。《意见》的出台，一方面反映了党中央对劳动教育工作的高度重视，另一方面也折射出劳动在教育领域中被弱化、虚化、淡化的尴尬处境。

劳动是一项人特有的社会实践活动，劳动教育以发展人的劳动素养为中心，通过劳动实现人的主体自身劳动经验的改组和劳动意义的建构，其核心旨趣在于通过劳动促进人的价值提升和自我完善。2018年，习近平总书记在大会上提出"努力培养担当民族复兴大任的时代新人，培养德智体美劳全面发展的社会主义建设者和接班人"[①]，明确提出要建立"德智体美劳全面发展的教育体系"，将其与德育、智育、体育和美育区分开来，将"劳动教育"与"德智体美"融为一体，上升为党和国家教育方针。2020年3月，中共中央、国务院印发的

---

① 习近平：《论党的青年工作》，中央文献出版社2022年版，第186页。

《关于全面加强新时代大中小学劳动教育的意见》强调指出，培养学生正确劳动观是实施劳动教育的重点。2020 年发布的《中共中央 国务院关于全面加强新时代大中小学劳动教育的意见》强调，要以过去的劳动教育为基础，把更多关注点放在学生的劳动观念、劳动精神、劳动习惯和创造性劳动能力等方面。通知指出，普通高等学校应强化马克思主义劳动观教育，围绕创新创业，结合学科专业开展生产劳动和服务性劳动，培育学生创造性劳动能力和诚实守信的合法劳动意识，确立"以劳树德、以劳增智、以劳强体、以劳育美、以劳创新"的价值内涵及其时代定位，丰富劳动教育"综合育人"的本体价值，建构并落实独立的劳动教育体系。通知明确了劳动教育的性质和理念，对劳动教育的总体目标、主要内容、重点环节、评价方式、总体规划和组织实施，条件保障和专业支撑做出详细指导。在党的十九大报告中，习近平总书记强调："要建设知识型、技能型、创新型劳动者大军，弘扬劳模精神和工匠精神，营造劳动光荣的社会风尚和精益求精的敬业风气。"[①] 在党的二十大报告中，"德智体美劳"全面发展被列为科教兴国战略的一个重要组成部分，体现了劳动教育的改革也应越来越重视劳动内涵的发展。

第二节 科学劳动是数智时代劳动教育的重要特征

从历史角度看，当科学技术真正成为一种建制化的社会活动，且人们切实认识到其对社会的深刻影响时，它便发展成为一种理想化的社会规范，彰显劳动的文化特质和秉性。从这个角度而言，科学劳动是人类的一种理想劳动形态，是人类实现尊严劳动、快乐劳动和体面劳动的保障。在科学技术对生产力发展起决定作用，并将社会生产逐步扩展到非物质生产领域的今天，我们需在中国特色社会主义理论体系指导下，进一步深入研究科学劳动问题。

习近平强调："实现我们确立的奋斗目标，归根到底要⋯⋯科学劳动。"[②]

---

① 习近平：《决胜全面建成小康社会 夺取新时代中国特色社会主义伟大胜利——在中国共产党第十九次全国代表大会上的报告》，人民出版社 2017 年版，第 31 页。
② 新华社：《习近平在乌鲁木齐接见劳动模范和先进工作者、先进人物代表向全国广大劳动者致以"五一"节问候》，《人民日报》2014 年 5 月 1 日第 1 版。

"科学"在此有两层含义:从概念上理解,"科学"指将科学当作学科或职业方向所进行的劳动;从词源学视角看,"科学"指人类在长期生产和社会实践过程中,投入大量活劳动和物化劳动后,不断总结前人和自身实践经验,反思促进劳动效益最大化的内部规律,将其提升到理论层面,具有很强的前瞻性和指导性。通过新的劳动工具、方法和工艺,让劳动者拥有新的科技知识,获得新的科技能力,并能将其运用到生产生活劳动中。简言之,科学劳动就是将人的潜能转化为实际生产力,是将劳动置于规律、理性和高效的理想状态,要求劳动者充分发挥自身能力、精力、身体状况等要素,合理计划劳动目标,选择合适的方式,开展可持续高效劳动,使劳动与客观外部目标和谐一致地完成劳动任务。

习近平指出:"中国要强盛、要复兴,就一定要大力发展科学技术,努力成为世界主要科学中心和创新高地。"① 为实现这一伟大使命和目标,他呼吁"培养造就一大批具有全球视野和国际水平的战略科技人才、科技领军人才、青年科技人才和高水平创新团队"②。他号召:"我国广大科技工作者要把握大势、抢占先机,直面问题、迎难而上,瞄准世界科技前沿,引领科技发展方向,肩负起历史赋予的重任,勇做新时代科技创新的排头兵。"③ 实际上,懂得科学劳动且擅长科学劳动的人,大多对劳动领域的科学理论、多学科前沿知识、先进技术与生产流程等有较深了解。他们从事的大多是较高级、较复杂的劳动,在相同劳动时间内,可换算为更长的社会必要劳动时间,即折算更多价值量。可以说,科技工作者所从事的是一种对客观事物性质、规律进行探索,从而改造世界、改造人生的神圣而庄严的实践活动。

习近平指出:"人类是劳动创造的,社会是劳动创造的。"④ 从人类首次拿起石器到如今科技创造的种种奇迹,科学劳动始终伴随着人类的进步。若无对劳动工具的革新,人类将如猿猴般在弱肉强食的环境中陷入混沌未开的初始模

---

① 习近平:《努力成为世界主要科学中心和创新高地》,《求是》2021年第6期。
② 习近平:《为建设世界科技强国而奋斗——在全国科技创新大会、两院院士大会、中国科协第九次全国代表大会上的讲话》,《人民日报》2016年6月1日第2版。
③ 习近平:《为建设世界科技强国而奋斗——在全国科技创新大会、两院院士大会、中国科协第九次全国代表大会上的讲话》,《人民日报》2016年6月1日第2版。
④ 习近平:《在知识分子、劳动模范、青年代表座谈会上的讲话》,《人民日报》2016年4月30日第2版。

样。习近平指出:"要尊重人民首创精神,甘当人民群众小学生,把蕴藏于工人阶级和广大劳动群众中的无穷创造活力焕发出来,把工人阶级和广大劳动群众智慧和力量凝聚到推动各项事业上来。"① 从最初的肩挑到数控时代的电脑操作,从"铁人精神"到"载人航天"追赶世界先进水平,从城市快递小哥的繁忙背影到网络时代的创业与创新……所有这些都表明,劳动已不再是原始、落后、简单、低劣的代名词。"中国制造、中国创造、中国建造共同发力,继续改变着中国的面貌。"② 面对日趋激烈的国际竞争,习近平强调:"必须把创新摆在国家发展全局的核心位置,不断推进理论创新、制度创新、科技创新、文化创新等各方面创新。"③ 随着技术、知识和管理的不断深入,创造性劳动在促进科技进步和经济发展方式转型中的地位日益重要。科学创新劳动往往是体力和智力的综合,它是辛勤劳动和诚实劳动的发展,是劳动的核心和本质要求。创造性劳动就是要打破因循守旧、墨守成规的落后局面,勇于试验、突破、创造。习近平指出:"正是因为劳动创造,我们拥有了历史的辉煌;也正是因为劳动创造,我们拥有了今天的成就。"④ 不可否认,中国的崛起和人民生活水平的提升,都得益于创造性劳动。因此,"我们要坚持创新是第一动力、人才是第一资源的理念,实施创新驱动发展战略,完善国家创新体系,加快关键核心技术自主创新,为经济社会发展打造新引擎。"⑤

习近平强调,"要增强创新意识,敢于走前人没有走过的路,敢于抢占国内国际创新制高点"⑥。广大劳动者应提高自身素质、锤炼时代素质,积极进取、勇于创新,成为知识型、技术型、创新型劳动者,充分激发创新活力和创造力,努力在改革开放道路上开拓新路、开创事业,实现梦想。在推进创造性劳动方面,习近平指出,"要把握创新特点,遵循创新规律……坚持面向经济社会发展

---

① 习近平:《在庆祝"五一"国际劳动节暨表彰全国劳动模范和先进工作者大会上的讲话》,《人民日报》2015年4月29日第2版。
② 《国家主席习近平发表二〇一九年新年贺词》,《人民日报》2019年1月1日第1版。
③ 习近平:《在知识分子、劳动模范、青年代表座谈会上的讲话》,《人民日报》2016年4月30日第2版。
④ 习近平:《在庆祝"五一"国际劳动节暨表彰全国劳动模范和先进工作者大会上的讲话》,《人民日报》2015年4月29日第2版。
⑤ 习近平:《在庆祝改革开放40周年大会上的讲话》,《人民日报》2018年12月19日第2版。
⑥ 习近平:《在知识分子、劳动模范、青年代表座谈会上的讲话》,《人民日报》2016年4月30日第2版。

主战场、面向人民群众新需求,让创新成果更多更快造福社会、造福人民"①。

在科技进步的今天,没有科学要素的有机融入,劳动就无法发挥出社会竞争能力和物质活力。劳动创新的主体不仅是拥有高精尖技术、前沿知识的人才,也包括一线劳动者和普通群众,创新是整个社会的创新。因此,必须大力推广科技知识,进行创造性劳动,提高劳动效率与质量,使劳动具有新的时代内涵。人是发展的基础,没有人的主动性,科学技术的发展就无法实现。一方面,高等院校应在尊重学生创造性发展规律的基础上,以高层次创新型人才培养为目标,构建纵向深化的教育体系。劳动教育应以培养学生能力和习惯为重点,实现人的全方位发展,使每个学生养成良好的思维习惯,特别是对事物和活动持续的好奇心、想象力、表达欲和实践能力。大学生的智力、个性、想象力和对未来的探索能力将得到很大提升。劳动教育可以将创意劳动元素有机融入学科交叉和融合过程中,通过设置具体劳动场景或工作情景,帮助大学生加深对已有知识的理解和应用,构建新知识,关注更高层次的实际问题,产生创造性思维,推动大学生的原创性贡献。在这个过程中,大学生的自我效能得以培养,并从中获取持续的创新动力。另一方面,通过创造性劳动教育,可以将学生的兴趣爱好等个人因素融入劳动实践,将学生的创新潜力从"小我"(个人兴趣发展)提升到"大我"(解决国家问题、攻克科学技术难题等)的更高层次。因此,劳动教育要坚持与时俱进的发展理念,以智能劳动、数字劳动、智慧劳动等新的劳动形式为切入点,通过新颖多样的方式将"创新创造"的要素有机结合,让学生自由、自主地探索,将对他们的特定技能需求转化为持续的、具有创造性的、独立的能力。

第三节 数智时代劳动教育新发展

劳动教育是将工作、实践训练和道德培养有机结合的富有活力的教育形式,它不应是技术工具化的辅助性工具,而应以满足人在劳动中实现全面发展为价值目标。同时,劳动教育不能局限于现有知识框架,教育不能脱离人类劳动实

---

① 习近平:《在知识分子、劳动模范、青年代表座谈会上的讲话》,《人民日报》2016年4月30日第2版。

践，而应紧跟社会发展状况和生产要求的劳动结构变化。

随着大数据、云计算和物联网等新技术的出现，"劳动"内涵早已超越传统意义上的"生产劳动"，非物质劳动、数字劳动、情感劳动等成为数智时代劳动的普遍样态。如何对数智时代的劳动教育作出合理的目标设定，对于我们实现中国特色劳动教育优势具有重要的现实意义。数智时代的劳动教育要充分体现先进生产力的时代需求，顺应社会生产的信息化、自动化、智能化的发展趋势，面向数智时代劳动所具有的鲜明社会特征以及整个劳动世界的复杂性，积极拓展自身的教育目标以适应不断变化的劳动现实，使之更直接地指向劳动主体自由价值的实现以及社会历史进步的需求。

一、数智时代劳动教育要朝着实现创造性劳动方向发展

创造性劳动与一般劳动有显著区别，它强调在劳动过程中充分利用脑力劳动，实现知识、技术的革新和发展以及社会财富的积累。创造性劳动是劳动的重要目的和方向，离不开开放的思维和富有挑战性的实践活动，要求劳动者具备广博的学识和扎实的技术水平。在数智时代，创造性劳动是每个劳动者的立身之本，也是新发展阶段对不同岗位劳动者提出的重要要求。只有在创造性劳动的引导下，才能更好地促进国家与社会的发展。

数智时代的劳动教育肩负着培养创新型劳动者的使命。中共中央、国务院2020年颁布的《关于全面加强新时代大中小学劳动教育的意见》明确要求劳动教育要体现时代特征，针对科技发展和产业变革下的劳动新形态，培养科学精神，提高创造性劳动能力。作为普通高等院校，劳动教育应强化马克思主义劳动观教育，注重围绕创新创业，结合学科专业开展生产劳动和服务性劳动，积累职业经验，培育创造性劳动能力和诚实守信的合法劳动意识。习近平总书记在论述劳动精神和创造性劳动理念时强调，要教育学生热爱劳动、热爱创造，并通过这个过程磨炼意志，实现自我提升。党的二十大报告强调，要坚持"尊重劳动""尊重创造"，在全社会弘扬"劳动精神""创造精神"。高校是创新型人才培养的重要基地，准确把握新时代高校创造性劳动教育的内涵，厘清当前创造性劳动教育开展现状，探索创造性劳动教育实践路径，对新时代高校创造性劳动教育的开展和创新型人才培养具有重要意义。

人与动物的最大区别不仅在于人类具有更突出的创造性和主动性，更在于

人类能够将自己及前人或同时代其他人的创造力累积起来,最大限度地放大自己的创造力。创造性劳动是一种复合型的高阶劳动形态,既需要个体具备批判性、创新性、挑战性等创造性思维,也需要个体具备主动探索和解决问题的能力。科技的飞速发展和广泛应用,不仅有效提高了劳动生产效率,而且在人工智能等新科技下,大多数简单劳动,甚至一些需要经验的复杂劳动将逐步被AI替代,创造性劳动成为当前适应创新型社会发展的主要劳动方式。具体而言,一方面,大部分常规的、重复的、程式化的脑力劳动都将被人工智能取代;另一方面,作为信息方式存在的人越来越成为"接收、加工、理解已有信息,创构和发送创新性信息的信息体"。信息创构就是一种数智时代的普遍性、创造性劳动。技术创造性劳动是在客观上表现出来的主观活动,它是人的本质力量的外化与外在物的内化的矛盾运动,包含着从外(自然)向内(人的本质)逆向塑造劳动者的过程,从而使人在技术劳动中创造出丰富多彩的客体世界。与此同时,人的本质力量在劳动客体化过程中不断得到突破。

与重复性劳动或简单劳动相比,创造性劳动更注重人的个性、主体性和自由性,但人的创造性能力的实现需要一定的条件。正如马克思强调的,只有在人自由自觉的劳动活动中,才能"使自身的自然中蕴藏着的潜力发挥出来,并且使这种力的活动受他自己控制"①。在创造性劳动实践中,技术和人实现了"共在性"和"双向建构"。人作为整个社会历史形态的主体和技术进步的推动者,以技术为核心的自由、有意识的劳动构成了生命逻辑的核心。换言之,以人类自由、自觉的劳动为基础的人类的生命逻辑并非抽象的定在,"已经生成的社会创造着具有人的本质的这种全部丰富性的人,创造着具有丰富的、全面而深刻的感觉的人作为这个社会的恒久的现实"②。与资本逻辑对剩余价值的追求不同,人的生命逻辑对人的生存和发展意义给予了更本质意义的关注。在这个层面上,技术才能在人的价值理性指导下使"人"的本质和内涵更加丰富。

劳动不仅是满足实际需要、改造物质世界的手段,更是人进行自我改造、实现自由的目的本身。作为直接的物质资源的创造者和改造自然界的创造者,劳动者的积极性、主动性主要表现在:第一,劳动者是劳动目标的设定者,劳动

---

① 《马克思恩格斯全集》第四十二卷,人民出版社2016年版,第168页。
② 《马克思恩格斯全集》第三卷,人民出版社2002年版,第306页。

是一种有目标的行为，用来解决劳动者的天然物质需要和心理需要；第二，劳动者是劳动规划的制定者，劳动始终遵循劳动者预先设定的程序和图纸；第三，人既是生产工具的生产者，又是使用者，无论生产工具如何智能化、自动化，最终都要由人来设计、生产、操作与控制；第四，劳动者是劳动对象的发现者、加工者、改造者；第五，人作为劳动的客体的承载者，不仅将劳动的产物看作劳动目标的体现，同时也将其看作自身主体力量的证明，在劳动过程中，劳动者不仅吸收了来自自然界的物质、能量和信息，同时也将获得蕴含在劳动结果之中的劳动对象化过程的精神价值和意义。

马克思指出："一个人'在通常的健康、体力、精神、技能、技巧的状况下'，也有从事一份正常的劳动和停止安逸的需求，这在斯密看来是完全不能理解的。诚然，劳动尺度本身在这里是由外面提供的，是由必须达到的目的和为达到这个目的而必须由劳动来克服的那些障碍所提供的。但是克服这些障碍本身，就是自由的实现，而且进一步说，外在目的失掉了单纯外在必然性的外观，被看作个人自己自我提出的目的，因而被看作自我实现，主体的物化，也就是实在的自由，——而这种自由见之于活动恰恰就是劳动。"① 在马克思看来，劳动具有谋生性、受迫性与自主性、自我实现性的双重性。马克思在其政治经济学批判中一再强调，在历史上，或者说，在人类的史前史上，劳动者只不过是为了在必然王国中争取一点自由，他们的劳动主要是为了生存而进行的，如果他们想要实现自己的自在目的和自我实现，会发现他们几乎没有这样的机会。在机器系统里，活劳动则成了从属于物化劳动。"只要工人的活动不是［资本的］需要所要求的，工人便成为多余的了。"② 一旦劳动的精神性、主体性、创造性和目的性与工人相脱离，技术便成了劳动过程的外部力量，致使劳动过程呈现出机械、被动和单调的特征。

"知识和技能的积累，社会智力的一般生产力的积累，就同劳动相对立而被吸收在资本当中，从而表现为资本的属性。"③ 在 20 世纪垄断资本主义情况下，工人的去技能化现象愈发明显。"知识集中于管理者手中，留给工人的只有一种重新解释过的并且不充分的技能，一种有限的和重复进行的操作，一种作为技

---

① 《马克思恩格斯全集》第三十卷，人民出版社 1995 年版，第 615 页。
② 《马克思恩格斯全集》第三十一卷，人民出版社 1998 年版，第 93 页。
③ 《马克思恩格斯全集》第三十一卷，人民出版社 1998 年版，第 92—93 页。

能的速度，诸如此类。通过对工人劳动的这种去技能化、同质化、碎片化，资本得以同时实现三重目的：降低劳动力价格、提高劳动生产效率、提高对工人的管理控制能力。"① 这一去技能化过程，实际上也意味着去主体化、去创造性和去目的化的过程。然而，马克思并未悲观地认为人类只会被机器支配。他认为，在人类历史形态的劳动世界中，拥有先进生产力，特别是科学技术的劳动者，将会成为社会发展的最积极的驱动力。生产力的持续发展，最终会逐渐瓦解束缚劳动的生产关系，将人的劳动从现存的物质生产领域中解放出来，使劳动由普遍的人类活动上升到真正满足人的发展需求的自由活动。

进入技术进步与人类生存愈益密切关联的数智时代后，技术以更加多样化的形式渗透到各种社会组织和生产生活实践中。在数智化技术条件下，劳动过程的技术结构以及创新实践能力日益系统化、复杂化，劳动形态发生着持续全面的变化。在更深层次上，新质的生产力既包括对生产力的解放需要，也包括对人的创造力的解放，使体面劳动、创造性劳动成为劳动普遍形态，从而促进每个人的自由而全面发展。"技术不仅是人工的，它还需要按照一定的规范来使用和开发。人—技术的关系暗含了人的实践或行动。"② 数字技术体现了技术的属人化的增强，反映了劳动过程中人的本质力量的进一步提升。数智化条件下，智能技术逐渐取代了传统的机器，成为社会生产的主导工具，它改变了传统劳动的生产力和生产关系，对各种劳动的渗透也越来越深。人们的日常生活劳动、生产劳动和服务性劳动或多或少都包含着一些智能技术，这些智能技术要么是通过提高劳动效率，要么是在这种基础上所产生的产品本身就包含着智能技术。随着物质和精神内容的融合，劳动的内容也越来越朝着"普遍智能"的方向发展。劳动对象不再局限于工业社会中的机械设备，而是具有数字和虚拟特性的非自然物体，如数据、算法等。只有更充分挖掘人脑的智力，打破固有的思维方式，用新的视角和新的方法去思考，创造性地改进、加工和应用劳动对象，创造出更多创新劳动产品，才有可能在技术的加持下创造出更有创造性的劳动形态和劳动价值。以上种种，都在客观上催生出一股促进教育发展的动力，从而为全面提高劳动者的素质和能力创造了客观条件。在数智时代，传统的以身

---

① 王江松：《劳动者的矛盾特征和矛盾处境》，《中国工人》2011 年第 1 期。
② [美]唐·伊德：《技术与生活世界——从伊甸园到尘世》，韩连庆译，北京大学出版社 2012 年版，第 28—29 页。

体、机器等实体劳动工具为主的劳动实践，转向以数字劳动工具为主的智能劳动、创意劳动等劳动新形态，充分显现了人类创造性转化的能力。这一过程也显现了整个社会经济、科技发展的根本源泉是人的创造性。

首先，创造性劳动可以使人的能动性得到最大限度的发挥。这既是对马克思实践观的继承，又是对现实生活的超越性要求，强调"人"在实践和劳动过程中不是消极的、被动的，人可以充分发挥主观能动性，对客观世界进行改造的同时塑造自身的主观实践。在实践的全过程中，充分发挥人的主观能动性，对现有的物质基础进行再创造与再发展，不断实现社会的发展与飞跃。

其次，创造性劳动体现了人类实践活动的规律性和目的性的统一。人的实践劳动并不是纯粹主观的，也不是完全自由的。它受到自然与社会条件的限制与制约，只有充分把握自然与社会规律，才能实现由"自由"到"必然"王国的飞跃，这是创造性劳动的本质要求。因此，不能因规律性的重要地位而忽略了人的价值尺度，在劳动实践中，既要明确自身的价值目标，又要把握劳动目的性与规律性之间的内在逻辑，只有明确劳动的目标、任务、实现重点的重要遵循与路径，才能最终实现创造性劳动。

最后，要实现人的全面发展必须要有创造性劳动。马克思、恩格斯在《共产党宣言》中强调，"人的自由而全面发展"既是共产主义社会下人的存在方式与发展方式，也是人最基本的劳动形态，在未来具有高度生产力的共产主义社会形态中，劳动行为已经不只是一种维持人生存与发展的手段，而是一种享受生活的手段，而创造劳动则是人的自由、全面发展的具体体现。马克思把创造性劳动看作是人的综合素质的综合体现，是"人的全面发展"的最高境界。

教育和劳动的内在统一的价值关系是实现劳动教育的价值根基。作为一种以"劳动"为教育载体的具身化教育，劳动教育不仅是一种教育，也是一种促进人的自由全面发展的实践活动。数智化技术下的劳动教育，需要在不断克服人类片面发展的历史局限的同时寻求共通性，为社会进步和人的发展提供积极的动力。在劳动教育日益趋向于促进人的全面发展的教育价值体系的过程中，人需要在教育中不断觉醒并获得自由的精神力量，促进数字技术回归劳动者自身所有，形成驾驭数字技术、数字技术服务于全社会的合理生产关系，这是在人类通向更高发展阶段上的劳动的价值诉求，也是人通过全面的劳动以促进劳动文化整体发展和人类自身不断解放的文化价值使命。智能化时代下的劳动教育需要跟上时代的步伐，体现出新的产业业态和劳动新形态下的一系列变革。具体而言，劳动教育要充分发挥其培育学生技术创新意识和能力的功能，培养学生创意的意识和能力。目前，部分专业教师认为劳动教育与课程教学关系不大，认为劳动教育就是让学生进行简单的体力劳动，而弱化了劳动中创造创新的价值。比如仍以各种志愿服务活动等体力劳动替代创造性劳动，未将大学生创造性劳动教育的知识、技能传授和创新性价值观念的引导结合在一起真正实现劳动育人目标。很多高校对创造性劳动教育的内涵和实施路径尚处在探索阶段，部分教师对创造性劳动教育仅仅局限于教育理念层面，缺乏系统的课程设置和教学计划安排。我们说，在社会主义现代化建设和发展的过程中，人的创造性劳动，除了创造外在的东西，推动一切事物的前进和发展外，人的自身的人格、特点和属性也被不断地充实和完善。与此同时，包括深度学习、机器学习、数据挖掘、知识地图等在内的数字技术也在给教育带来空前的变化。劳动教育要注意到社会劳动形态的转变，坚持发展的劳动教育内容观，适时对教学内容进行调整与更新。同时，在培养劳动者的基本态度、基本能力与具体数智化技术的应用时，既要让学生们得到符合现代生产的劳动体验、劳动技能，又要让学生在劳动实践中体悟劳动的作用和价值，实现其完整、全面发展，让学生在技能、素质和积极劳动观念等相结合的新型劳动教育培养系统中，增强自身的技术理性和内在实力。

"劳创融合"是实施创造性劳动的重要措施。高等院校可以根据自身专业开设实际情况，充实专创融合校本课程群，以创新创业教育为中心，将创新思维训练融入创新劳动实践中，建立多元化的创新劳动实践平台，促进第一、二课堂的互动互补，使学生在解决现实问题时使自身的创造性劳动能力得到进一步的提高。同时，高等院校还可以整合校内、校外资源，形成"创意—创新—创业"三位一体的众创实践生态。例如，充分利用学校各个专业的实践基地（微格教室、智慧教室、微生物实验室、数控实训室等），以及校外企业、社区、金融机构、非营利团体等，共同打造的开放式、高层次的"专业—创新—劳动"实践平台，以及由专业教师、兼职教师、创新模范等组成的协作育人团队等，对学生的创新能力和创新劳动能力进行切实地促进。总之，在数智时代劳动教育要进一步凸显创造性劳动在全社会发展过程中的重要作用，是对时代、对劳动形态新要求的一种积极回应。

二、数智时代知识新形态下劳动教育应回归教育与劳动的过程性统一

迈克尔·吉本斯认为，传统的知识生产是在一个以认知为主体的规范性学科背景下进行的。当代智能知识生产模式是在更广阔的、跨学科的社会经济背景下产生的。知识的发现、运用和利用是紧密相连的，固定的知识生产场所与社会整体之间，理论和实践，科学和技术，知识和文化等界限越来越模糊，"知识已成为理论和实践、抽象和聚集、观点和数据的混合物。智力世界和环境之间的界限已变得模糊不清，因为交叉科学以创新的方式将认知要素和非认知要素结合在一起"①。与此同时，智能知识生产越来越呈现出大众化特征，人工智能技术使知识生产的规模进一步扩大，劳动的过程也就是知识的生产过程。在数智化技术的支持下，知识呈现出重叠交叉的特征。在数字智能融合的影响下，知识的产生不再局限于学科界限，不再满足于对原始数据、观点的处理，而更多地关注数据和资源的重组再造。

一是这种形态的知识体现为跨学科综合性知识，即所谓"大科学"，知识在多种学科原理下加以综合表达；二是层次多维性。"知识不再局限于智力活动，而是进入了生产过程，并且在应用的过程中不断再创造。"②

在数字技术的作用下，知识回归本源，重新融入社会生产的实践情境中，知识的接受者与生产者互为主体，从而使知识的生产方式与传播方式发生根本性的变化。面对数智化带来的社会变革，新的教育理念更加注重学科间知识的传递和方法的迁移，以及跨学科知识的综合应用。知识呈现出多层次、多学科的综合性，这意味着学习不能仅仅依赖于原有的单一学科的学习，而应实现多个学科领域的方法转变，将不同的学科知识与方法应用于实践问题的解决。可以说，数智时代的教育既是一种智力活动，其实质也是一种劳动教育。劳动教育正回归劳动本真价值，聚焦人的可持续生存和发展，关注人的全面发展。

教育正在发生一场智能演化的历史性变革，一个智能、互联、协调、融通、可视的智能教育生态正在逐渐形成。数智时代，劳动教育注重人的认知能力与创新实践能力的培养。劳动教育固然要建立在"认知能力"的基础之上，但对

---

① Gibbons, M. "What kind of university? Research and teaching in the 21st century", Melbourne: 1997 Beanland lecture, Victoria University of Technology, 1997, pp. 81 – 83.

② [英] 杰勒德·德兰迪:《知识社会中的大学》，黄建如译，北京大学出版社 2010 年版，第 127 页。

"认知能力"的综合运用和创新应用更为关键。知识生产已从传统学术共同体内转向实用性的应用情境中，劳动教育应考虑到知识和技能的全面性、系统性和实践性的统一发展。

劳动教育追求的是一种知行合一的行为方式，其核心与关键在于将基础知识、技能与经验相统一。从这一点来看，在数智时代，劳动教育的育人属性有机会得到最大限度的发挥。教育活动必须置于知识创新范式、知识体系专门化以及媒介与文化分型知识融合的生态系统背景下，积极构建知识传播与生产新模式，以可持续发展问题、社会大挑战问题、创新创业问题等人的生存与发展问题为导向，助力学生全面可持续发展。

未来的劳动者应具备一定的数智化生产、数智化管理和数智化服务的专门技能，劳动教育应帮助学生构建差异化和个性化的知识结构。具体来说，包括：知识的集成、运用和转化的能力，面向虚实世界的创新能力，把思想转变成可操作的能力，对方案进行权衡优化的能力，把有形的创造转变成无形的智能，再把无形的智能转变成有形的创造的能力。这些特殊能力对学生劳动能力结构的完善和劳动核心素养的培养具有重要意义。

从技术的发展逻辑来看，数智时代仅仅从培养"可能的生产力"出发或者"意识形态的形塑"考察劳动教育，将劳动教育视为"生产劳动""综合技术教育""思想政治教育"等都是失之偏颇的。劳动教育是社会生产力发展的历史过程的写照，是时代精神的缩影，发展是它的本质特性。不同的时期，劳动教育价值重心不同，勾勒劳动教育价值重心的变迁轨迹，从雏形建立时期凸显"体能"，到全面探索时期侧重"生产"，再到改革深化时期立足"技术"与"素养"的结合。劳动教育作为"五育"体系中极为重要的一环，其价值在于以人的全面、自由发展来实现人之为人的价值。唯有超越工具理性，回归劳动本真，才能从劳动中领悟生命完整的意义。

在数智时代，如何在坚持马克思劳动观教育中与时俱进界定马克思劳动观教育的范围与界限，传达出社会认同、时代需求和符合学生实际的劳动理念，是开展劳动教育的关键所在。在马克思主义劳动观指导下进行劳动教育实践，劳动观教育在指导大学生思考"何为劳动""劳动为何"以及"应如何教育"等问题的过程中，要注意三个问题：一是要注重引导学生思考马克思主义话语体系下的劳动到底是什么，劳动在发展过程中，其本身的形态、形式、环境、条件等发生了怎样的"流变",对"何为劳动"问题进行澄清,有利于形成对劳动本质的正确理解和认识。二是要引导学生思考数智时代的劳动对人具有什么价值与意义,人为什么需要劳动,人在现实社会劳动中能获得什么价值。立足于科技时代背景和新型劳动形态,应注意引导学生正确认识劳动过程与成果的关系,理性地审视劳动的价值、地位和意义。三是要回归到"怎么教"的问题上来,重点围绕新时期马克思主义劳动观、社会主义劳动品质、劳动精神和劳动习惯等核心问题,既要重视基础理论教育,又要与劳动实践培养的需求相结合,重视对学生劳动理念和劳动品德的培养,为全面提高教育效果打下坚实的基础。

三、在五育并举的育人体系中发挥出劳动教育的特有价值

2018年9月10日,习近平总书记在全国教育大会上提出"要培养德智体美劳全面发展的社会主义建设者和接班人",将"劳"重新作为人才培养目标正式提出。劳动教育作为五育中唯一直接通向生活世界、工作世界的教育,是促成教育的内在价值与外在价值实现有机统一的重要结合点,具有树德、增智、强体、育美的综合育人价值,有助于个体劳动者素质和能力的普遍提升及群体性差距的有效弥合,为未来的可持续发展提供强大动力。要问当代应以培养什么样的人为根本任务,答案就是要"培养德智体美劳全面发展的社会主义建设者和接班人"。劳动教育对人的德、智、体、美都有促进作用。首先,劳动教育能锻炼人的"品德"。通过劳动实践,劳动者能够更好地实践和继承前人的劳动伦理、劳动道德,遵守现行的各种劳动道德规范,树立正确的价值观。其次,劳动教育能促进人的"智慧"的提高。在劳动中,人们不但可以获取最新的知识,而且可以在劳动中检验、巩固和更新自身的知识结构,让自己拥有足够的理智来了解世界,改变世界。再次,劳动教育可以强身健体。适当而适度的劳动,本来就是强身健体的好方法。最后,劳动教育对人的"审美"有促进作用。通过劳动,人获得环境和内在情感的熏陶,可以感知美、领略美、欣赏美,并致力于创造美。

目前,劳动教育在促进德智体美等方面还存在着弱化、缺位等落实不足的现实问题,针对劳动教育发展不充分这一现实,习近平总书记提出"要努力构建德智体美劳全面培养的教育体系,形成更高水平的人才培养体系"[①],也就是

---

① 习近平:《培养德智体美劳全面发展的社会主义建设者和接班人》,《求是》2024年第17期。

说，劳动教育不能作为一门单独的学科来考虑，而是要把劳动教育融入整个教育体系之中，甚至把劳动教育当作整个教育系统的关键环节来加以考量。数智时代的劳动教育应着重以科学的劳动理论知识为切入点，使学生形成正确的劳动认知，引导他们将个人价值融入社会价值的目标，坚持追求群己关系的辩证统一，将个体价值的实现融入国家繁荣、社会和谐和他人利益的深切关怀之中，不断深化新时代大学生的深厚劳动情感，使大学生养成胸怀大局、兼济天下的高尚劳动情怀，形成集体主义、团队精神和责任意识等积极人格品质，养成良好的社会责任意识。"五育并举"中的劳动教育，就是要将劳动教育与其他教育相结合，将劳动教育有机融入"德智体美"四育的人才培养体系之中，开创"五育并举"的新局面，真正实现人的自由而全面发展。

（一）以劳树德

劳动教育作为"德智体美劳"五育的重要组成部分，贯穿于人才培养全过程，是"五育"工作的枢纽，具有重要的理论和现实意义。劳动教育可以促进个体个性的完善与发展，从而潜移默化地接受并认同社会主流价值观。

在物质生产活动中，人们应当树立自力更生、艰苦奋斗、坚持不懈的优秀品格，积极培育社会责任意识和社会道德观念，推动人们向善，促进习近平新时代中国特色社会主义思想的发展。德育作为培养道德人格的教育，处于人才培养的核心位置，意义重大。把中国优秀传统教育思想贯彻到教育工作中去，是一个日益重要的课题。德性的培养离不开劳动实践，坚持"以劳树德"，是形成健康向上的教育环境的重要途径。

（二）以劳增智

人的知识体系主要由直接经验和间接经验构成。间接经验主要表现为已经形成的理论性知识，是前人经过归纳总结、经过不断实践检验而成的理论结果。直接经验指的是个人在生产和生活实践中所获得的具体感觉和直接积累。两者都是个人知识体系不可或缺的组成部分，也是构建知识体系的重要支撑。实践出真知，要使教育对象得到全面的发展与提高，不能仅仅依赖于书本上的死板知识，而必须在亲身实践中总结得来。间接经验往往以理论性知识的形式被教育对象所吸收、内化，对教育对象的基本发展方向具有引导作用。直接经验是由教育对象直接在实践中积累而成的,是人们从生产生活实践中获得的智慧的直观而生动的表达。"一切知识都是从感官的感知开始的"①,劳动活动是教育对象获得直接经验的重要实践途径。在劳动过程中,教育对象能够锻炼双手、大脑和四肢的协调能力,并将实践操作成果迁移到其他领域,从而直接提升劳动技能,间接扩展知识技能,促进学生创造性发展。劳动实践不仅能让教育对象获得直接经验,还能检验已获得的间接经验,激发他们对已有知识进行深入探究的欲望,从而形成深层思维能力。因此,培养劳动能力是帮助教育对象形成科学世界观和方法论的重要实践方式。

智育是德智体美劳五育教育体系中的重要组成部分,直接关系到人的全面发展。我国自古以来就重视智力的培养。在儒家文化中,"智"被列为"五常"之一。智力是指发现问题、识别问题和解决问题的能力。智育的主旨是将基本的科学文化知识传授给学生,使他们在掌握理论知识之后,能够了解世界、探索世界、开发智力、锻炼能力。应当指出,智育中融入劳动,并非狭义的体力劳动。通过体验式劳动实践,可以拓展学生的学习空间,使其对现实世界的运行体系产生直观的感性体验,从而提升学生的综合劳动素质。

数智时代的劳动教育还应包括其他特殊形式的劳动,如科学研究、理论探究等智力劳动。这些劳动形式主要提升教育对象的理论性思维能力,促进学生对现实世界的理解,推动其智能发展。因此说,尽管不同类型的劳动各有特点,但它们都在不同程度上实现了对人的身体机能的调动、对劳动兴趣的培养、对劳动质量的提高,以及对人的全面发展的促进。

(三)以劳强体

体育在促进受教育者身心健康方面发挥着积极的作用。教育对象的体能素质不仅关系到个人今后的发展,还长期影响着整个国民的体质。因此,健康的体魄是一个民族繁荣昌盛、人民安居乐业的重要标志。在开展劳动教育过程中,教育对象应将知识技能与实践相结合,并通过体力劳动锻炼自身的身体机能与素质。通过抽象的智力活动,可以充分锻炼被教育对象的思维方法和能力素质;

---

① [捷]扬·阿姆斯·夸美纽斯:《大教学论》,傅任敢译,教育科学出版社2014年版,第87页。

通过具体的体力劳动,则能锻炼其身体机能与身体素质。在数智时代的劳动中,智力与体质都需要加以培养和提高。只有充分结合二者的特性,才能调动身体机能、提高身体素质、练就强壮体魄、锻炼意志品质,为受教育者今后的学习生活打下坚实的生理基础,同时也能使学生实现精神与物质、内在与外在价值的统一,为中国式现代化与中华民族伟大复兴提供健康有力的人才储备。

(四) 以劳育美

美是一种主观认识,并非与生俱来,而是以个体的主体审美认知为基础,以社会主流审美观念为指导,以社会生产生活实践为依托,通过对劳动对象的改造而生成的。因此,美的产生与完善离不开社会劳动活动,这就要求我们将劳动与美育相结合,以提高受教育者的审美水平、能力和素养,促进人的全面发展。劳动教育作为审美教育的载体,应使受教育者在劳动中发现美、感受美、创造美,培养正确的审美理念,形成积极、正确的美学观念。这不仅可以陶冶他们的情操,提升他们的品位,达到更高的生活境界,促进人的全面发展,同时也可以增加劳动的趣味性和劳动教育的有效性,让整个教学过程充满生命力。

人之所以能在劳动中体验自由、认识美,其根本原因在于人这种存在的内在规定性。人是一种自由自觉的存在。康德认为美是自由性的体现。那么,人作为自由的类存在,美就是人生命的内在属性,但这种属性并非人天然具有,而只能在自身的创造性活动中获得。劳动中的自由与美并非劳动本身的先在实体性属性,也非外在规定。因为,人的劳动若不以"历史性"与"矛盾性"为前提而展开,人在劳动中的本质力量的超越就只能是一个价值的悬设和虚幻的理想。劳动的"自由与美"既能体现劳动的精神原色,又能展现人在劳动中创造力的价值升华。正是由于以物质生产为中心的人类劳动,使自然成为人化的自然的同时,使人自身感性和理性的本质力量得以解放,人实现某种程度的自由并由此产生审美关系。这种美一方面体现在劳动对象中显现人类自由的肯定价值,另一方面体现在劳动主体对劳动对象中人的本质力量的自由感应而生成的美。由此可见,当人在劳动这一实践中,不仅能把自身超越现实的主观欲求的内在尺度运用到对象上去,而且能够按照客体的外在尺度,即外在规定性来进行活动,从而形成人的本质力量的"自由全面"发展。马克思用"劳动"来解释人类自身的起源和艺术的起源,劳动创造人本身的同时也创造了美,这两种创造可以说是同一件事，人"按照美的规律来建造"客观的生活世界。可见，人们还可以运用在劳动实践中形成的审美取向来把握、认识、变革世界。劳动中自由与美是劳动辩证法运行中人生命本性的体现。

劳动教育作为美育的重要方式之一，只有在具体的劳动情境中对学生进行审美内涵的培养，才能达到以劳育美的目的。例如，在劳动教育课堂上，教育者的语言表达能力与深厚的审美理论功底，都能潜移默化地影响被教育者的审美观念和价值取向。与此同时，劳动教育也可以利用现代科技的力量，从多个角度展示优秀的劳动文艺作品，使美的力量深入人心，使受教育者深刻地体会到劳动中的美的价值内涵。美是作为主体的人的自由自觉的特性在生产实践上的生动体现。感知到自身的类特性中自由自觉的类本质，通过技术审美教育培养学生把内在的尺度运用于劳动对象的能力，使学生能按照劳动的美与自由的规律在技术学习和生产实习中发展主体的自我全面丰富性，为自己营造自由美的技术性生存。数智时代的劳动教育倡导一种基于劳动实践基础上的现代审美人格的培育，让学生在劳动教育中发现美、欣赏美和创造美。这种审美的人生境界的达成，会使学生在未来的职业成长中获得重构自我价值感和主动构建丰富性的劳动关系的机会。

劳动对培养全面发展、全面素质人才具有重要意义，劳动过程对人的发展具有多方面的促进作用。"参与"是劳动教育最根本的规定，劳动者通过合理地规划自己的劳动目的与任务，并运用有效的劳动方法，发挥其主观能动性。"激励"是一种劳动教育有效开展的推动和保障力量，它帮助劳动者在外部激励和内在激励的双重作用下，积极地参加劳动，发挥自己的潜力。"增能"既是劳动教育的目的性规定，又是不断开展的劳动教育的生长剂。它有助于提高人的思想认识，强化实际操作水平，增强人劳动的获得感与归属感。

第五章　数智时代劳动教育的价值新逻辑

从历史唯物主义的观点来看，劳动既是人类的生存方式，也是人类走向自由与解放的积极途径，更是实现自身价值的重要途径。劳动具有神圣性。在劳动过程中，人的体力和智力不仅得到锻炼，勤劳勇敢等劳动美德也得以生成。因此，劳动具有育身、育心和育德的多重价值。在社会主义社会，学校劳动教育具有弘扬劳动精神、赞颂劳动人民、提倡劳动光荣的重要教育价值。

党的十八大以来，习近平总书记高度重视劳动教育，多次在重要场合就劳动与劳动教育发表重要讲话，提出了一系列新的观点和理念。他强调："在全社会弘扬劳动精神、奋斗精神、奉献精神、创造精神、勤俭节约精神，培育时代新风新貌。"[①] 开展劳动教育是落实立德树人根本任务、培育和践行社会主义核心价值观的必然要求，也是我国社会主义教育体系建设的重要组成部分。

强化新时代马克思主义劳动观教育，就是要鼓励大学生在劳动过程中实现个体价值与社会价值的统一，帮助大学生建立维持自我生存与发展的良性社会关系。通过劳动创造，大学生可以获得社会的认可、尊重和赞赏，进而培养对"民为本，利天下，行大道"价值理念的追求，增强他们的社会责任意识。

---

① 习近平：《高举中国特色社会主义伟大旗帜　为全面建设社会主义现代化国家而团结奋斗——在中国共产党第二十次全国代表大会上的报告》，《人民日报》2022年10月26日第1版。

第一节　挖掘劳动精神的道德意义

马克思以劳动为逻辑基点，揭示了人通过劳动呈现为"类的存在物"的本质。劳动不仅赋予了人的精神特质，还构建了人类社会的价值文化体系。劳动精神是劳动实践与劳动认知（包括体验、意识）的总和，是马克思主义劳动历史观与劳动认识论的高度统一。它是人们在劳动实践活动中理性与感性相结合的产物，体现了劳动"事实"与劳动"价值"的高度统一。劳动精神是一种劳动的精神境界的象征，是一种关乎劳动的信仰体系。它反映了劳动者的价值追求与精神风貌，是劳动者作为主体的"人"在劳动中获得美与自由的精神状态。劳动精神凝结了劳动者对人类发展和社会进步的理性认知与感性实践。

在我国悠久的历史和文化中，劳动教育思想源远流长。例如，中国古代思想家颜元强调劳动的重要性，认为"养身莫善于习动，夙兴夜寐，振起精神，寻事去作，行之有常，并不困疲，日益精壮"。近代教育家陶行知在晓庄师范学校提倡"不会种菜，不算学生"，并提出了"不会烧饭，不得毕业"的口号。中华人民共和国成立之初，在艰苦的年代里，"爱劳动"成为时代的主旋律。像"铁人"王进喜、"一人脏换来万人净"的时传祥、"一抓准，一口清"的张秉贵等劳模形象，成为一代代人心中永恒的精神偶像，激励着无数人的成长。可以说，中华民族有着尊重劳动的历史及文化传统，诚实劳动、勤劳劳动、劳动光荣是我们最宝贵的精神财富。

当代青年大学生生活在物质丰富的时代，智能化和信息化的快速发展赋予了劳动以新的时代内涵，拓宽了劳动视野。然而，这种变化也带来了对劳动认知和价值取向的负面影响。部分青年群体存在"厌倦甚至歧视体力劳动，劳动观念淡薄，劳动价值模糊，处处想找捷径而非依靠劳动奋斗"[①] 等问题，其世界观、人生观、价值观扭曲。其中，既有享乐主义、拜金主义等错误思潮对劳动本真价值的僭越，也有技术理性导向下青年劳动价值观主体性的式微。尤其是近几年来，"非理性消费""躺平"等青年亚文化的"热"现象相继出现。冷静

[①] 卢俊豪、王泽宇：《论青年群体道德赋能的目的、机制与核心》，《中国青年社会科学》2019 年第 4 期。

思考这些现象可以发现，当代青年在一定程度上存在劳动情感淡漠、劳动意识淡薄、劳动价值观偏误等问题。

劳动价值观是人的世界观、人生观、价值观的重要内容，是人对劳动价值的主观理解。缺乏劳动精神会导致当代青年陷入劳动价值观的危机，进而造成其意义世界的迷失和价值秩序的失范。因此，相对于劳动经验的供给和生存技能的开发而言，培养什么样的劳动观是一个更值得探讨的课题。教育部颁布的《大中小学劳动教育指导纲要（试行）》明确指出，劳动教育具有鲜明的思想性，要强化劳动观念，弘扬劳动精神。劳动教育不仅是一项技能训练，更是一种价值观的养成。让学生深刻理解"劳动最光荣、劳动最伟大、劳动最崇高、劳动最美丽"，是当前劳动教育的重要内容。通过劳动教育，培养学生对劳动的尊重与热爱，引导他们树立正确的劳动价值观。

习近平总书记强调，劳动光荣，劳动者理应受到全社会的尊重，对少数人不劳而获、好逸恶劳的心态予以批判。这一系列重要论述，既是对现代社会主义劳动的肯定，也是对劳动者应有的基本态度的明确。新时代的劳动精神是全社会尊重劳动、崇尚劳动、热爱劳动、辛勤劳动、诚实劳动、创造性劳动的集中体现。社会主义劳动精神体现了一种自力更生、艰苦奋斗的精神，这既是个体为创造美好人生而奋斗的价值追求，也是一个民族永无止境的精神动力。

新时代的青年是国家复兴的"亲历者""实践者"和"见证者"。通过劳动教育，要让青年对新时代劳动精神的价值内涵有更为准确的认识，引导他们积极参与劳动、志愿服务和社会实践，加深对国情和社会的理解，从而增强理想信念，强化为人民谋幸福、为民族谋复兴的时代责任感。新时代劳动教育要注重培养学生尊重劳动、热爱劳动的真情实感。在提高能力、磨炼意志的过程中，让学生深刻体会劳动光荣的深层含义，使青年的劳动情怀和劳动精神真正与时代潮流融为一体，成为指引他们在新时代不断前进的精神动力。

第二节　以追求劳动幸福为价值遵循

"幸福"并非单纯感性范畴或抽象的理性概念。在劳动这一现实基础上，"幸福"是一个现实的社会历史性范畴。马克思认为，真正的幸福只存在于自由劳动中，即幸福的劳动意味着人的自由劳动状态，以及由此确证的人的自由自觉性存在。在现实生活中，劳动与人的本质的关系是人们判断幸福的根本依据。只有当劳动表现为自由劳动，进而现实地确证人的真正本质（自由自觉的类存在物）时，我们才有理由宣称这是幸福的。

一、劳动幸福是劳动教育永恒的发展目标

"劳动幸福"是指，当劳动过程及收获劳动成果中的成就与人的追求和期待一致时，可以使人身心获得深层的愉悦体验。当生产劳动成为个人自由意志的现实实现方式时，劳动就从外在的累赘转变为享受。劳动成为人类幸福的源泉。新时代劳动价值观念中的"幸福"，是指人们真正意义上的幸福。这是历史唯物主义的劳动价值取向，主要体现在更多人的个体与群体的共同发展幸福上。"幸福"是一个以"劳动"为现实根基的社会历史性范畴。这意味着"为人民谋幸福"从来不是一句空话，其核心要义是中国共产党领导和团结全国各族人民，超越异化劳动，实现自由劳动，进而实现人的自由全面发展。劳动教育是以帮助学生实现劳动幸福为教育目标的。

实现生理层面幸福的首要源泉是劳动对人的生存与发展的需求的满足。教育是以人为本的活动，其核心是关注人的成长和发展。究竟什么是人的本真价值，如何实现人的本真价值，是教育需要回答的永恒话题。教育引导人们审视自身的生存境遇，发掘人的潜能，开发人的个性。"中国的伟大发展成就是中国人民用自己的双手创造的，是一代又一代中国人接力奋斗创造的。"[①] 美好生活是通过奋斗得来的，要把对美好生活的向往变成现实，同样要通过自己的奋斗。只有通过自己的辛勤劳动，才能在劳动创造的物质财富与精神财富中实现幸福。人类要生存与发展，就必须进行改造自然界的劳动，并在此基础上创造出大量劳动产品供人类消费。这种改造自然的劳动，既是人类生存的物质保证，也是人类幸福的源泉。新时代是劳动者奋斗的时代。奋斗，对于社会来说，是推动时代发展的力量；对于个人来说，是通往更高层次的阶梯。

正如马克思所言，那些为人类共同目标而奋斗的人会变得更伟大，那些为大多数人带来幸福的人才能获得真正的幸福。一个人的幸福只有能够促进社会

---

① 习近平：《在 2018 年春节团拜会上的讲话》，《人民日报》2018 年 2 月 15 日第 2 版。

进步，才是真正的幸福。马克思将劳动纳入实践范畴，并将其泛指为人类一切创造活动。在劳动过程中，人的身心得到全面、自由和充分的发展，人的潜能得到开发，人对生命存在的意义有了切身的体验。马克思一生都在追求人的解放，特别是"劳动解放"。马克思认为，幸福不仅是个体的幸福，更重要的是在个体自由结合的社会共同体中实现个人幸福与社会幸福，乃至整个人类幸福的统一。他指出，如何在人类社会生产力发展的基础上扬弃资本主义经济制度下的异化劳动，将劳动转化为人的主动和自主行为，让劳动成为人实现自我价值、获得社会认可、获得生命快乐的方式。在这个意义上，劳动幸福是人的自由而全面发展的基础。马克思的劳动解放逻辑可以归纳为"自愿劳动—劳动尊严—劳动幸福"[①]。

在社会主义现代化建设过程中，每个个体的劳动都是社会生产力的组成部分，它创造了社会需要的各种物质产品，推动社会进步，造福全体社会成员。劳动教育应引导学生通过诚实劳动、辛勤劳动和创造性劳动实现个人幸福，同时引导学生正确理解个体幸福与社会幸福的辩证关系。劳动教育应以人类生产性幸福为出发点。生产性劳动是人自身价值的体现，是对人本质的确证，同时，正是在对人自身价值实现的确证中，人们才体验到真正的幸福。简言之，劳动教育应是一种人文关怀，既要兼顾个人的物质幸福，又要兼顾个人的创造性幸福和精神幸福。

作为一种培养人的劳动教育，应充分发挥教育的启蒙、指引和规范作用。劳动教育应将个体的劳动意识、劳动能力、劳动情感与劳动幸福相连接，使每个学生都成为具有创造财富能力和体验幸福的人。劳动教育要让受教育者认识到，只有通过自己的努力，积极参与各种劳动，才能在劳动中实现自己的价值，才能在实现自我价值的过程中感受到幸福。同时，劳动教育也应使学生认识到，社会的福祉比个人的快意更高一层，每个人都要主动为社会的整体幸福而努力，将对社会发展的要求内化到个人劳动的内在修养和外在动力中，使个人幸福与社会幸福紧密结合。劳动教育要让学生参与生产劳动、家务劳动、志愿服务等，而不仅仅是一种生活之外的形式训练的教育方式。要让学生真正感受到以满足社会需求为基础的劳动幸福，即使在人与人高度协作的数智时代，幸福感也是

---

① 何云峰：《从劳动作为人的类本质的视角看劳动幸福问题》，《江汉论坛》2017年第8期。

由人的奋斗创造出来的。唯有将自身的幸福融入社会整体幸福感的提升中，才能在此过程中获得自我价值实现与自身幸福的体验。

二、习近平关于幸福劳动的论述

马克思自中学毕业以来，始终心怀人民大众。从青年时代起，他就以"为人民谋幸福"为己任，以实现人民幸福为价值追求，反对狭隘的个人主义幸福观。马克思认为，个人的幸福应以人民的幸福为衡量标准，只有实现了人民的幸福，才能被称为真正的幸福。在指导青年人选择职业理想时，马克思指出："如果我们选择了最能为人类而工作的职业，那么，重担就不能把我们压倒，因为这是为大家作出的牺牲。那时我们所享受的就不是可怜的、有限的、自私的乐趣，我们的幸福将属于千百万人，我们的事业将悄然无声地存在下去，但是它会永远发挥作用，而面对我们的骨灰，高尚的人们将洒下热泪。"①

马克思的劳动幸福观以"为千万人谋福利"为个体劳动的目标和任务，将个人的幸福与人类的整体幸福结合起来，为劳动教育提供了重要的价值基础和理论依据。关照人民幸福是劳动教育价值的最终目的。开展劳动教育，是为了让学生树立一种信念：幸福来自劳动，每一个人都应该努力创造一个更美好、更幸福的生活。在共同推进中华民族从"站起来"向"强起来"迈进的过程中，让人民有更多的获得感、幸福感。

在数智时代，智能劳动和劳动产品的虚拟化程度越来越高，这更需要加强对学生的劳动精神教育和劳动价值取向教育。以劳动幸福为价值取向的劳动教育，应立足于主体的需求，将各种实践资源和平台结合起来，带给学生最直观的劳动体验。既要适应学生对当前物质快乐的适当需求，又要培育他们对长远心灵幸福的不懈追求。使他们对劳动幸福的深层含义有更深刻的认识，对"个人幸福、社会和谐、人民幸福、国家富强"这一核心要义有清晰的理解，将个人的青春梦与国家的振兴梦相融合，将个人的幸福与人民的幸福相统一。

马克思曾指出："劳动是自由的生命表现，因此是生活的乐趣。"② 幸福劳动是一种人在科学的、有尊严的劳动过程中的内在体验。习近平总书记始终坚

---

① 《马克思恩格斯全集》第一卷，人民出版社1995年版，第459—460页。
② 马克思：《1844年经济学哲学手稿》，人民出版社2000年版，第184页。

持马克思主义的实践观，阐明了劳动对人的多重意义。他既肯定了劳动在物质生活中的重要性，又强调劳动对人的精神塑造功能和给劳动者带来的精神历练。习近平总书记指出："奋斗者是精神最为富足的人，也是最懂得幸福、最享受幸福的人。"① 他还强调："人世间的一切幸福都需要靠辛勤的劳动来创造。"② "劳动是财富的源泉，也是幸福的源泉。"③ "幸福都是奋斗出来的。"④ 在 2018 年春节团拜会上，他再次强调："奋斗本身就是一种幸福……只有奋斗的人生才称得上幸福的人生……新时代是奋斗者的时代。"⑤ 在十三届全国人大一次会议闭幕会上，他又指出："世界上没有坐享其成的好事，要幸福就要奋斗。"⑥ 习近平总书记多次强调劳动、奋斗与幸福的关系，凸显了其重要性。

作为一种抽象的主观体验，幸福主要体现在愿望实现、需要得到满足后的愉悦感中，它与特定的物质条件和精神慰藉密不可分。幸福劳动是对劳动过程的感性表征，是对劳动本质的回归。在新时代，劳动者观念发生了巨大转变，劳动不再仅仅是一种生存手段，而是逐步转变为满足更高层次需求的幸福生活的手段。劳动者拥有充分的劳动自信和丰富的精神生活。通过劳动实现自我超越，促进个人全面发展，实现人生价值，使劳动本身也成为人发展的一种需要。这种需要的满足既不是天生的，也不是轻易就能获得的，它需要付出大量的时间、精力和情感去奋斗。因为，惟有奋斗，才能创造效益，才能创造财富，才能让发展成果惠及更广泛的人民，进而不断强化劳动者的成就感、获得感和自豪感。

习近平曾强调，要"在时代大潮中建功立业，成就自己的宝贵人生"⑦。无论身份如何，只要在具体的劳动实践中展现出智慧与活力，实现个人理想与生命价值，就应当获得他人与社会的尊重。习近平在 2019 年的新年贺词中指出："要关爱退役军人，他们为保家卫国作出了贡献。在这个时候，快递小哥、环卫工人、出租车司机以及千千万万的劳动者，还在辛勤工作，我们要感谢这些美

---

① 习近平：《在 2018 年春节团拜会上的讲话》，《人民日报》2018 年 2 月 15 日第 2 版。
② 《习近平在十八届中共中央政治局常委同中外记者见面时强调 人民对美好生活的向往就是我们的奋斗目标》，《人民日报》2012 年 11 月 16 日第 4 版。
③ 习近平：《在同全国劳动模范代表座谈时的讲话》，《人民日报》2013 年 4 月 29 日第 2 版。
④ 《国家主席习近平发表二〇一八年新年贺词》，《人民日报》2018 年 1 月 1 日第 1 版。
⑤ 习近平：《在 2018 年春节团拜会上的讲话》，《人民日报》2018 年 2 月 15 日第 2 版。
⑥ 桂从路：《"世界上没有坐享其成的好事"》，《人民日报》2018 年 3 月 21 日第 7 版。
⑦ 习近平：《青年要自觉践行社会主义核心价值观》，载《十八大以来重要文献选编》（中），中央文献出版社 2016 年版，第 8 页。

好生活的创造者、守护者。大家辛苦了。"① 习近平总书记的讲话不仅重现了劳动者在各自岗位上拼搏奋斗的情景，还对他们默默奉献的精神表示了敬意，充分肯定了广大劳动者的人生价值。人的价值具有双重性，既有自我价值，也有社会价值。通过劳动实践，可以使个人的善与社会的善相结合，创造有价值的人生。一方面，社会主义劳动实践为实现个体价值提供了广阔平台。习近平曾指出："幸福不会从天而降，梦想不会自动成真。"② 这告诫青年一定要脚踏实地，努力工作，通过自己的劳动实现人生价值。另一方面，劳动实践也为实现人的社会价值提供了重要途径，这既是社会存在的需要，也是个体价值发展的必然要求。习近平曾说："天上多了颗'南仁东星'，全军英模挂像里多了林俊德和张超两位同志。我们要记住守岛卫国 32 年的王继才同志，为保护试验平台挺身而出、壮烈牺牲的黄群、宋月才、姜开斌同志，以及其他为国为民捐躯的英雄们。他们是新时代最可爱的人，永远值得我们怀念和学习。"③ 这些英雄人物都在各自的岗位上扎根，在各自擅长的劳动领域中奋斗，用自己的才智、执着乃至生命，为祖国的强盛、社会的稳定、人民的幸福作出了杰出贡献。他们不仅实现了个人价值，还将社会价值体现得淋漓尽致，成为时代的标杆。

三、数智时代的劳动教育是有关幸福劳动的教育

人既可以理性地在意识中再现自我，又可以在自己所创造的世界中直观地表现自己。为了不断满足自身的生存与发展需要，人类必须"通过学习来生存"，学习自然和遗传所不具备的生存劳动技能。劳动是人类改造外在客体世界的一种实践。人按照主体的需要，改变劳动客体的结构和功能。同时，人只有在改造客体世界的劳动过程中，只有在人的潜能和主体性被证实的时候，才能得到真正意义上的满足和幸福。人与动物不同，动物没有感受美的能力，但人却可以感知和创造美和快乐，丰富了人类的精神生活，也创造了丰富多彩的艺术与文化，满足了人们的精神需求。可见，只有在劳动中，人才能确认和肯定自己的本质力量。这种确认与肯定会给人一种深层的愉悦和体验，使人的精神

---

① 《国家主席习近平发表二〇一九年新年贺词》，《人民日报》2019 年 1 月 1 日第 1 版。
② 习近平：《在同全国劳动模范代表座谈时的讲话》，《人民日报》2013 年 4 月 29 日第 2 版。
③ 《国家主席习近平发表二〇一九年新年贺词》，《人民日报》2019 年 1 月 1 日第 1 版。

世界更加丰富和深刻。可以说，美好幸福生活所需的一切，无论是物质方面还是精神文化方面，都是劳动付出和创造的结果，为劳动教育追求幸福美好生活提供了社会基础。

长久以来，人们对劳动教育的认识存在最大偏差，就是把劳动教育看成"干活儿"，从而把劳动教育贬低为"动手、流汗"等简单的体力磨砺。事实上，劳动具有明显的社会特征。以往的劳动教育更多地重视人如何通过劳动使自然物体客观化，而忽略了在劳动教育过程中劳动自觉的价值导向。如果说，在生产力落后和简单劳动的社会中，这种"低思想含量"的劳动教育尚有其合理之处，那么在当今纷繁复杂的劳动世界面前，这种劳动教育显然不能适应当今社会发展的需求。作为一种促进人的本质发生的实践活动，教育的发展水平与主体的发展水平相适应，即与人的实践实现的水平相契合。劳动教育必须以服务于生产实践的方式服务于人的历史生成。劳动教育要满足人类走向更高发展阶段的价值诉求，同时它也承担着一种文化价值使命，即通过对人进行全方位的劳动教育来推动整个劳动文化乃至人类社会文化的不断发展。从广义上讲，教育与劳动内在一致性的价值关系，是实现劳动教育目标的重要依据。实现人的本质力量在劳动中的持续推进，是实现劳动教育价值的现实支撑。这里的"劳动"，既是现实社会生产中的"劳动"，也是针对发展着的青年的"改造"了的符合其身心发展特点的教育意义的"劳动"。在人类的生产劳动和社会生活中，随着劳动教育的价值或直接或间接地被投射在促进劳动者的劳动价值和创造力上，其在培养劳动主体甚至促进社会生产力方面起着越发重要的作用，劳动教育在发展人的自由和创造性价值方面的作用也愈加凸显出来。从这个角度而言，数智时代的劳动教育不等于具体劳动技能的学习。劳动教育的核心目标应当是在具体的劳动技能的培养中夯实劳动价值观的培育，同时也自然地在劳动技能的培养目标中包含劳动的相关数字技能的应用开发。劳动教育过程必须遵循马克思主义劳动观的发展规律，综合运用各种教育方法和手段，有目的、有计划、有组织地开展教育教学，使学生形成正确的劳动观念、态度和精神，并在正确劳动观的价值指导下，投身到现实世界中的劳动生产生活实践中去。

劳动教育既是个人对幸福的正确理解的前提，也是指导个人用自己的劳动创造快乐和获得快乐的重要方式。在现代劳动教育中，应探索在高新技术劳动过程中加强劳动素质教育的思想性，自觉用马克思的实践观点来看待劳动教育，将教育和生产劳动相结合，使劳动教育为人和社会的发展服务。劳动教育有着特殊的、独立的工具价值，在工具价值发挥出来的过程中，应积极探索如何发挥出其更本质的价值——使每一个人的自由能力得到充分的提高。为此，劳动教育既要在关涉生存性劳动技能方面保障生理层面的福祉，又要在创造性层面上实现幸福。劳动教育应该与时俱进地关注和培养人的生产性劳动技能，使劳动意识、劳动方式、劳动关系、劳动文化、劳动价值观等都能在劳动教育中得到充分体现，使人在不断地劳动创造的层次上实现幸福。

（一）在教育层面培养学生实现幸福劳动的生产劳动技能

马克思认为，人的劳动生产是一种创造性的活动。当人的自主性与创造力得到充分发挥时，便会创作出令人满意的作品。与此同时，在创作的过程中，人也会获得全面提升，实现自我超越，从而获得极大的精神上的满足，体验到创造的快乐。马克思曾经说过："我直接证实和实现了我的真正的本质，即我的人的本质，我的社会的本质。"[①] 个人从自身的劳动结果中获得的自豪感，是自我意识的最初来源。在劳动活动中，个人的知识、意志、情绪、体力都得到了体现，并以劳动结果的形式表现出来。在这种自我表达的过程中，个人在自由美的创作劳动状态中体会到一种发自内心的喜悦、满足，甚至超脱的情感体验。这是一种超越以往的经验，在有限与无限、目的与方法、生存与审美之间达成的一种和谐统一的状态，是人的一种圆满、快乐的状态。

（二）在社会层面教会学生追求劳动幸福感

马克思认为，劳动不仅具有自然物质属性，体现出人与自然的关系，而且具有社会关系属性。人在劳动中不仅生产产品，还生产出不同的社会关系。马克思说："劳动首先是人和自然之间的过程，是人以自身的活动来中介、调整和控制人和自然之间的物质变换的过程。"[②] 通过新型的数智化劳动工具对劳动对象发生作用，人的内在潜能和本质力量在劳动同劳动对象结合的过程中获得发展。同时，劳动价值的实现能使人获得幸福。马克思说过："以一定的方式进行

[①] 《马克思恩格斯全集》第四十二卷，人民出版社 1979 年版，第 37 页。
[②] 《马克思恩格斯全集》第四十四卷，人民出版社 2001 年版，第 207—208 页。

生产活动的一定的个人，发生一定的社会关系和政治关系。"① 劳动过程又是社会联系的创造过程，人类在生产物质产品的过程中，形成了一种"人与人之间相互依存的社会关系"。数智时代，技术的发展使个人劳动价值与其他人的参与息息相关，即其他人对自己的劳动产品的消费和享受，构成了个人劳动价值的实现过程。这就意味着，数智化的劳动教育应包括人在数字条件下的交往性劳动技能、服务社会意识的培养，使人在更全面的交往层次上获得愉悦感。

（三）在精神层面上教会学生体验劳动幸福

一切美好而快乐的生活，从根本上来说，都是与人的需要和需要的满足相联系的。马克思、恩格斯认为："人们为了能够'创造历史'，必须能够生活。但是为了生活，首先就需要吃喝住穿以及其他一些东西。因此，第一个历史活动就是生产满足这些需要的资料，即物质生活本身，而且这是人们从几千年前直到今天单是为了维持生活就必须每日每时从事的历史活动，是一切历史的基本条件。"② 科技的发展不断推动智能机器和数码产品的迭代升级，使更好的、更多的物质文化资料被生产出来，进而满足了劳动者日益增长的物质文化需要，人们在劳动中越来越多地获得精神层面的幸福。

第三节 凸显工匠精神新价值

广大劳动者在实际的劳动实践中创造着富有自身特征的劳动文化。这种文化既体现了劳动者对日常劳动行为的内在要求，又反映了劳动环境对劳动者劳动热情和创造活力的激发与促进。新时代劳动精神的培育可以通过学习各领域劳动发展史、开展丰富多样的劳动文化活动等方式，营造尊重劳动、崇尚劳动、热爱劳动的文化环境。这有助于提升劳动者的劳动情怀，使劳动者形成正确的劳动价值观。

劳动观念实际上是一种上层建筑，是整个社会文化系统的一个有机组成部

---

① 《马克思恩格斯文集》第 1 卷，人民出版社 2009 年版，第 523—524 页。
② 《马克思恩格斯文集》第 1 卷，人民出版社 2009 年版，第 531 页。

分，不可避免地反映了一定的社会文化价值。换言之，人们对劳动理念以及劳动价值的追求，实质上取决于其所处时代的社会历史发展条件和特定的社会文化状况。随着经济全球化的发展，资本主义社会文化价值体系伴随着资本在全球的渗透，普遍冲击着人们的社会意识，影响着人们的价值判断。资本主义社会文化价值体系表现为以理性哲学为内核的主导性价值观念的集合，包括独立、自由、民主、平等、正义等价值观念。由于这些价值观念的基本理论背景是西方理性哲学，而理性哲学的根本特征在于其抽象性和形而上学性，因此基于理性哲学所推导和诠释的资本主义主导性社会价值观念，不可避免地带有抽象性和形而上学的特征。

以社会主义核心价值观为基础的社会文化价值体系要求我们从马克思主义劳动理论的视角重新审视"劳动精神"。劳动道德伦理的根本标准并不在于抽象的理性原则，而在于它能否现实地帮助人们实现自身的自由自觉性。当前，在社会主义核心价值观的引领下，整个社会形成了一种崇尚劳动的良好文化氛围。这种文化氛围能够使人们对劳动形成积极的价值认同，进而促进劳动形态从谋生性向体面性和自由性转变。

"勤奋的劳动精神、精益的创造精神、执着的钻研精神、完美的品质意识、诚信的责任意识"的工匠精神，与社会主义核心价值观相统一。以匠人的本真、诚实的精神，以及精细、精巧的劳动与创新能力，为社会提供高质量的产品，对自然进行改造，使生活变得更加美好。发扬工匠精神，有助于消除社会上急功近利、粗制滥造的现象，杜绝"不劳而获"思想和投机、浮躁、奢靡等不良风气，从而产生更高的劳动效率、更优的劳动品质和更主动的劳动创新行为。概言之，工匠精神已经成为促进中国经济高质量发展的重要精神动力。

一、技术功利主义下工匠精神日渐式微

在早期人类社会，技术的产生和发展具有自发性。当时，人们认为技术、艺术和科学之间并无严格区分。技术不仅代表工匠的活动和技巧，更是心灵的艺术和美的艺术。工匠在生产劳动过程中，集技术的发明、生产、使用功能于一身。他们在劳动中不断学习和改进技术，并通过口口相传的方式将这些经验技能保留下来。

然而，18—19世纪的工业革命引领人类走进了蒸汽时代和电力时代，劳动

主体和劳动工具逐渐具备了普遍的技术性特征。随着技术与生产的结合日益紧密，技术的工具性价值受到空前推崇，技术经验主义、技术理性主义、技术功利主义等思潮的盛行。例如，培根的经验主义观和笛卡儿的理性主义观均认为科学技术是"客观的"。培根作为一名功利主义者，同时也是激进的经验主义者，他注重工匠的操作技术及其在工业生产中的应用。为了保持科学技术的准确性，他主张将科学中关于个人的、情感的部分清除出去，通过消解科学认识的主体性来追求科学技术的客观性。这种技术观导致生产过程的技术性与审美性被割裂开来，劳动逐渐沦为一种机械化、批量化、商品化的生产活动，甚至被贬低为维持劳动者自身肉体生存的工具性手段，而不再是人类的自由活动。

机器大工业生产的高效率模式将工匠的手工制作逐出了生产过程。现代生产将科技效用的观点作为衡量一切的唯一标准，致使科学技术在劳动中变成具有独立自主性的"意识形态"或"座架"。这种"座架"展现了这个世界，并使一切生产要素包括人在内都物质化、功能化和齐一化。各种生产领域的存在者的独特功能和意义在技术生产条件下被否决为单一的资源。人们在机械化的流水线上进行简单划一的工作时，人本身也成了"持存物"。科学技术与手工制作的分野直接导致了工匠精神的旁落。人被自身所推崇的技术所技术化，劳动"抽象掉人的主体，抽象掉了一切精神的东西，一切在人的实践中物所附有的文化特性"[①]。这种技术化趋势使得从事技术劳动的主体变成了抽象的、祛除了任何感觉和激情的客观"思想主体"。劳动不仅远离了"感性充盈"，而且劳动中人与人之间的真实关系也被隐匿起来，劳动成了"意义的空场"。劳动者作为主体意义的"人"逐渐消失，工匠们那种带有宗教般奉献和自我拯救的劳动观念被认为是落后的、不合时宜的，工匠精神不再受到推崇。

二、数智时代人的劳动精神的时代价值

劳动不仅是自主的实践活动，更是创造性的实践活动，劳动蕴含着浓厚的历史意蕴和鲜明的时代特征。劳动精神是基于世界观、人生观、价值观等意识形态而形成的一种关乎劳动的思维、观念和心理状态，直接体现在人们的言行

---

① ［美］埃德蒙德·胡塞尔：《欧洲科学危机和超验现象学》，张庆熊译，上海译文出版社 1988 年版，第 71 页。

和行动之中。其中，工匠精神是工匠在长期生产实践中逐渐积累形成的一种群体性思想意识和心理状态，既受个体价值观和世界观的制约，也受具体的社会、经济和文化环境的影响。它涵盖了匠人文化、思想、心理以及由此构成的知识体系、思维模式、情感特征和道德传承等要素。

在当今智能制造的大环境下，智能机器逐渐取代了部分人工劳动。随着工艺革新和技术更新，许多传统工作岗位正被人工智能所取代。如何在数字技术不断进步的背景下，于新型生产协作关系中重新实现制造人工物过程中对精益求精、人与物统一的精神追求，① 成为劳动领域面临的新课题。劳动教育的目标正是对片面的技术合理性进行反思，在合乎规律的生产劳动中，实现与人生目标的统一，使人真正成为全面发展的人。这不仅是智能时代劳动教育的核心价值，也是通过劳动唤醒个人对生命意义追求的重要途径。

在数智化环境中，为实现特定目标而进行的有序化行为，始终以"具体的人"为核心。即便在高水平的人机协作环境中，也无法将人与劳动对象完全区分开来。如果仅将技术视为外在于主体的工具性存在，而忽视技术与劳动者之间的互动共生关系，那么技术与劳动对象结合过程中的属人价值本性就会被忽视。若技术中内在的人的因素被抽象化处理，人们对劳动的感性体验及其生成的富有创造性的自我存在和意义将被漠视，人也将沦为依凭技术"操劳"的存在。诚然，人与技术之间的"我—它"关系不可或缺，人们依靠技术得以生存和发展，但这种关系仅是一种"用"的关系。若沉溺于"用"，便会在这种关系中遗忘技术的本源和本体论价值，使技术沦为与人的本质相异的力量。摆脱这种困境的唯一出路在于重新回归技术本身，澄清技术使用的本体意义。技术劳动中的技术不仅是人们从事劳动的一种方式，更是超越人类或高于人类本体的一种自我存在的本体。技术的客观存在并非天然的客观存在，而是人与劳动对象辩证劳动关系展开过程中的"属人"客观存在。

（一）马克思劳动辩证法中的劳动本质

在马克思的劳动辩证法中，劳动是人类特有的对象化活动，具有矛盾特征。人类通过劳动创造客观世界和自身。通过劳动，人类改变外部自然界，同时改

---

① 张培培：《创新："工匠精神"的时代内涵》，《中国工人》2016 年第 10 期。

变自身的本性，发展潜在能力。人类的劳动既为主体创造客体，又为客体创造主体。① 劳动作为人类最重要的实践形式，是主客体分化与统一的基础。人通过劳动等物质手段与外在客观物质世界进行物质变换，经历一个"通过人的劳动而诞生的过程"。劳动是在人的理性、意志等主观因素支配下，体现对理想世界的追求的活动，使外在客观世界也经历一个"对人说来的生成过程"。马克思对劳动的理解突破了"第一性"的本体论设定，劳动主体的"人"的对象性劳动成为哲学的前提。

现代社会技术的发展是人类从必然王国走向自由王国的重要前提。现代技术应用作为一种技术实践，其本质是人与现实世界的关联方式的表征。技术异化源于技术应用主体的内在矛盾本性。技术是人的技术，是人的意志的外在体现。人的本质是人的社会性，而人的社会性根源在于物质生产活动。在现代社会，物质生产活动离不开科学技术，物质生产活动总是在一定的技术基础上展开。技术性是人的根本属性，技术既实现了人的本质，同时也塑造着人，创造了人本身。在技术劳动的对象化活动中，劳动对象转化为劳动者主体本质力量的因素，带有主体生命结构因素的劳动对象失去对象化形式，向主体转化，人的主体能力得以提升。这就是人的本质力量的非对象化。技术劳动作为主观见诸客观的活动，是人的本质力量的外化和外在物的内化的矛盾运动的结果，人的外化劳动中蕴含着一个反向的由外在（自然界）向内在（人的本质）重塑劳动者的过程。人通过技术劳动创造了丰富多彩的对象世界，并确证了自我的本质力量。同时，人的本质力量也通过劳动对象化形成的"人化的自然界"过程中不断获得突破。在技术劳动的对象化与非对象化的辩证发展过程中，技术和人的本质力量均得以不断增强和提升。

"技术化"发展是人类产生、发展的历史选择，是人类发展内在机制的必然选择。现代社会正是在技术劳动的发展实践中，技术与人获得共存并实现双向建构。在技术劳动实践中，人的批判性表征自身的有限性与规定性，建构性表征人明白自己的未完成性与主体性，实现超越性。人不断在技术的开发运用中寻求对已有自我的无限超越，反思"合乎人类性的存在"，在技术的"合目的

---

① ［英］约翰·基恩:《公共生活与晚期资本主义》，刘利圭等译，社会科学文献出版社 1999 年版，第 158 页。

性"与"合规律性"运用中提升自己的本质力量,追求自身有限性的突破,试图消解和拒斥科学技术造成的"人的异化"。随着技术的发展,信息、技术、资金等要素逐渐成为促进经济发展的关键,单纯的体力劳动逐渐式微,依赖智力的劳动者越来越受重视。劳动样态的转变,使得劳模和工匠精神发生了区别于传统的时代性转变和创新性发展,数智时代的工匠精神具有了更深的内涵和更丰富的内容。

(二)劳动的绝对自由与工匠精神

马克思曾指出,"'劳动的绝对自由'是劳动居民幸福的最好条件"[①]。这里的"劳动的绝对自由"是与异化劳动相对立的范畴,是对"异化劳动"的扬弃和对"人的本质"的复归,真正实现了生产力的进步与劳动的解放。工匠精神中所蕴含的自觉自为的劳动意识,极大地调动了劳动者的主体自觉性,显著提升了他们的幸福感。在劳动者的自我价值与社会价值的结合中形成的工匠精神,为社会主义社会的劳动解放事业提供了强大的精神支持和价值导向。与此同时,它也在一定程度上克服了由劳动外部性引起的人与人的分离、工具与价值的冲突、需求与手段的错位等问题,是对人的丰富本性的展示,也是对人的解放的延展。

然而,随着工业生产的持续发展,传统的手工业艺人也在大工业的浪潮下走向衰落,传统工匠精神在大工业生产的裹挟中逐渐没落。

劳动既是一种物质活动,同时又是一种精神活动。在马克思看来,物质生产劳动是最根本的生产形式。精神生产是生产的最高层面,但这种精神生产绝不是黑格尔式的抽象理念活动,而是体现在劳动的两重性中的人的主体性力量的展露与发展,是在物质性生产中蕴含的精神生产维度的体现。简言之,劳动实际上就是人自身的内在本质力量外显于外在对象世界,并在获得劳动成果的同时增强自身本质力量的活动。在实践的过程中,"只有人自身才能成为统治人的异己力量……异化借以实现的手段本身就是实践的"[②]。马克思指出,只有打破劳动异化对"人的生命主体性"的遮蔽,回归"自我"的感性存在,才能在劳动中使人的自我实现的生命本质得以呈现和发展。可见,马克思的劳动辩证法蕴含着生命辩证法的批判本性。无论在哪个时代,总会有一些优秀的劳动者,

---

[①] 《马克思恩格斯全集》第十六卷,人民出版社1964年版,第491页。
[②] 《马克思恩格斯全集》第三卷,人民出版社2002年版,第276页。

如匠人、劳模等，凭借自己的努力、天赋、知识等，掌握了比较高超的技艺，并采用了比较先进的生产技术，在精神和物质财富的创造方面超过一般的劳动者。工匠精神是在劳动中劳动主体与人的生命本质相遇与碰撞的结果，体现的是劳动者在劳动中对人与外在事物和谐运动的美的规律的意识与实现能力，是主观性和客观性的劳动辩证发展状态中劳动者自由全面的"活动性"特质。具备工匠精神的劳动者个人直接完全参与生产流程而获得完整感，劳动主体通过劳作与社会连接获取意义。在这种真正的劳动中，人以自己的劳动使内在的本质特性获得现实性。

（三）数智时代工匠精神的新内涵

当前，社会主义现代化发展进入一个新的历史时期，有必要赋予工匠精神新的时代内涵，使其成为促进我国经济社会新发展的精神动力。新时代开创了一种全新的劳动方式，共享概念的流行打破了技术、资金等生产要素"独家"的界限，同样的开放源码可以在不同的人手中做出各具特色的产品，进而形成汇聚众人的智慧创造出各种成果的局面。数智时代的工匠精神不再是流水线上机械作业的熟练程度，而是劳动者根据自己的成长、兴趣和能力等实际因素，进行的"个性化"劳动。当然，关注个体的发展不是强调孤立的个体劳动，而是在数字技术的运用中，人与人展开更为密切合作下的"个性化"劳动。同时，在精确持久的操作上，智能机器远远超过了人工，但智能机器只是代替并扩展了人力，人类的灵活应变能力与机器的有机结合，才能提高生产效率。这并非否定工匠精神，而是在人的不断适应与调整下，不断增进对机器的掌控模式。智能化的时代，精细打磨、严谨负责、创新创造、潜心专注的工匠精神不能丢。社会需要的是人机协同下的新知识、新技能和新思维，以满足市场对产品质量和水平的多样化、个性化需求。人机协同下的劳动更多地注重科学的决策和运行，促进技术的迭代创新和创新行为。"数据创新意识""网络合作思维""人机融合能力"，这是"创新""专业""科学精神"等工匠精神在数智时代的具体表现。在智能制造过程中，"工匠精神"是最突出、最不可或缺的劳动精神品质。总之，随着物质文明的不断丰富，社会文明达到一定水平，以工匠精神为引领的劳动精神呈现出更具包容性、多元化、个性化、创新性的特征。

习近平总书记强调，社会主义是干出来的，新时代也是干出来的，要把工匠精神发扬光大，让劳动精神和工匠精神深入人心，在全社会营造劳动光荣的社会风尚和精益求精的敬业风气。"工匠精神"最早起源于传统的手工业生产时期，发展到今天，它已经成为一种劳动的精神状态的标识，是一种对劳动对象精雕细琢、专注持久、精益求精的精神理念，反映了"匠人"在劳动过程中所表现出来的自我约束与忘我的境界，以及在劳动中所获得的自由与美感。唯有通过劳动，人性才得以生成与完善。在劳动中，人的受动性与能动性、事实性与超越性获得辩证统一，劳动者拥有个性的丰富差异性与无限可能性。劳动者能够在个性化自由劳动中获得社会性的普遍规定并创造出具有统一性的现实世界。

第四节 积极培育数智时代劳动教育中的劳动精神

习近平总书记指出："我们一定要在全社会大力弘扬劳模精神、劳动精神，引导广大人民群众树立辛勤劳动、诚实劳动、创造性劳动的理念，让劳动光荣、创造伟大成为铿锵的时代强音，让劳动最光荣、劳动最崇高、劳动最伟大、劳动最美丽蔚然成风。"① 习近平总书记关于劳动的一系列重要论述凸显了"尊重劳动者"的人本关怀，明确了"实干兴邦"的现实路径，指明了"创造伟大"的发展动力，为新时代我国的劳动教育注入了新的意涵。发展高质量的劳动教育，建设完善的现代劳动教育体系成为当务之急。培养更多的自由自觉的知识型、技能型、创新型劳动者，进而推动中国制造向中国创造转变、中国速度向中国质量转变，劳动教育使命重大、任务艰巨。

一、在习近平关于劳动精神的重要论述引导下积极培育劳动精神

党的十八大以来，习近平总书记就弘扬劳模精神、培育劳动文化等方面作了一系列重要讲话，突出了劳模精神在中国特色社会主义建设中的重大意义。

---

① 习近平：《在庆祝"五一"国际劳动节暨表彰全国劳动模范和先进工作者大会上的讲话》，《人民日报》2015 年 4 月 29 日第 2 版。

习近平总书记多次对新时期劳模精神进行了总结，提出了"爱岗敬业、争创一流、艰苦奋斗、勇于创新、淡泊名利、甘于奉献"①的劳模精神。劳模精神是在劳动实践中形成的，它以劳动实践为现实基础，以回应时代课题为历史方位，以满足人民需求为价值取向。它内在地包含中华传统文化的精神资源，生成于中国共产党革命文化，内嵌于社会主义先进文化，"劳模精神掌握了我国最进步的主体力量"②。将劳模从"广大劳动者"中作为特殊样本抽离出来，并非要将其与"一般工人"区分开来，而是要把劳模树立成"榜样"，因为"榜样的力量是无穷的"③。习近平总书记还对劳模精神的重要作用给予了充分肯定，并在多个场合发出了大力弘扬劳模精神的号召。他指出："广大劳模以平凡的劳动创造了不平凡的业绩，铸就了'爱岗敬业、争创一流，艰苦奋斗、勇于创新，淡泊名利、甘于奉献'的劳模精神，丰富了民族精神和时代精神的内涵，是我们极为宝贵的精神财富。"④ 劳模精神是对社会主义核心价值体系的最好诠释，也是我国人民群众最珍贵的精神财富。劳模精神最基本的立场是热爱劳动，最宏大的目标是争创一流，最基本的态度是艰苦奋斗，最重要的方式是勇于创新，最重要的品行是淡泊名利，最崇高的境界是甘于奉献。

习近平总书记对全国劳动模范作出的重大贡献给予了充分肯定，对劳模给予了极高赞誉："一代又一代的劳动模范和先进工作者、先进人物，是我国劳动人民的杰出代表，是祖国和人民的骄傲。"他强调："劳模是劳动人民的优秀代表，是最美的劳动者。"他认为，劳模"干一行、爱一行，专一行、精一行，带动群众锐意进取、积极投身改革开放和社会主义现代化建设，为国家和人民建立了杰出功勋。"⑤ 他指出："广大劳模以高度的主人翁责任感、卓越的劳动创造、忘我的拼搏奉献，谱写出一曲曲可歌可泣的动人赞歌，为全国各族人民树立了光辉的学习榜样。"⑥ 他强调，广大劳模以强烈的主人翁责任感、卓越的劳

---

① 习近平：《在全国劳动模范和先进工作者表彰大会上的讲话》，《人民日报》2020年11月25日第2版。
② 田鹏颖、王圆圆：《马克思主义唯物史观视域中的劳模精神——兼论劳模精神在中国特色社会主义文化中的地位》，《广西社会科学》2017年第11期。
③ 习近平：《在同全国劳动模范代表座谈时的讲话》，《人民日报》2013年4月29日。
④ 习近平：《在同全国劳动模范代表座谈时的讲话》，《人民日报》2013年4月29日。
⑤ 习近平：《在同全国劳动模范代表座谈时的讲话》，《人民日报》2013年4月29日。
⑥ 习近平：《在同全国劳动模范代表座谈时的讲话》，《人民日报》2013年4月29日。

动创造和忘我的奋斗精神，创作了一曲曲可歌可泣的感人诗篇，成为全国各族人民的楷模。劳模是民族精英，是人民的楷模，是最美的劳动者。他们是实干者，也是梦想家，尽管他们的职业不同、岗位不同，但他们身上都有一种共同的精神品质。习近平总书记号召："要在全社会大力弘扬劳模精神、劳动精神，大力宣传劳动模范和其他典型的先进事迹。"① 他强调："全社会都应该尊敬劳动模范、弘扬劳模精神。"② 绝大多数劳模都是从最基层、最平凡的岗位上走出来的，他们身上所蕴含的劳模精神对普通劳动者来说，既亲切又熟悉，具有很强的感染力。通过对劳模精神的宣传，可以增强劳模的带动作用，让他们的榜样效应得到更好地发挥，让社会各界的劳动者都学习劳模、保护劳模、争做劳模。

习近平总书记站在新时代的历史高度，为劳模精神注入了新的内涵与活力。2018年五一劳动节前夕，习近平总书记给中国劳动关系学院劳模本科班学员回信，他在信中鼓励和呼吁劳模，"用你们的干劲、闯劲、钻劲鼓舞更多的人，激励广大劳动群众争做新时代的奋斗者"③。其中，"干劲"重在苦干，"闯劲"重在勇武，"钻劲"重在专心创新。这三个方面既反映了劳模共同具有的优良素质与角色特点，又对劳模的时代特质与实践导向进行了深化与发展，进一步弘扬了"劳动光荣、技能宝贵、创造伟大"的时代风尚。绝大多数劳模都是充分发挥了自己的积极性、主动性、创造性，将个人和集体、家庭和国家、个人和社会的价值结合在一起，在自我提高的同时，也为社会做出了自己的贡献。"劳模精神"在劳动人民的奋斗历程中，积淀并锤炼了新的伟大内涵，它引导着劳动者不畏艰辛，勇于创新，勇于开拓。

（一）培育敬业精神

"敬业"作为一种职业价值观，与社会主义核心价值体系如爱国、诚信、友善等相辅相成，既是一种价值取向，又是一种彰显个人人格魅力的精神品质。

"敬"是一种信仰，它能成为一种动力，让人努力奋斗。敬业精神在不同历

---

① 习近平：《在庆祝"五一"国际劳动节暨表彰全国劳动模范和先进工作者大会上的讲话》，《人民日报》2015年4月29日。
② 新华社：《习近平给中国劳动关系学院劳模本科班学员重要回信》，《人民日报》2018年5月1日。
③ 新华社：《习近平给中国劳动关系学院劳模本科班学员重要回信》，《人民日报》2018年5月1日。

史时期表现出不同的特点。习近平总书记强调,"要在培养奋斗精神上下功夫",教育引导学生"树立高远志向,历练敢于担当、不懈奋斗的精神,具有勇于奋斗的精神状态、乐观向上的人生态度,以行求知,以知促行,真正做到知行合一,做到刚健有为、自强不息"①。敬业与每个劳动者息息相关,它不是令人生畏的包袱,而是一种自觉的愉悦,一种自然的奋斗引力,它需要劳动者恪尽职守的责任感、勇于开拓的进取精神、百折不挠的事业心。只有在奉献精神和奋斗精神的激励下,劳动者才能全身心投入到工作中去,把"职业"这一谋生之道转变成实现自我的"事业",为一种理想而努力,为一种信仰而努力。"奉献",是一种品德,一种对自己工作的高度责任感,更是一种对生命价值的深刻追求,它是一种发自内心的对工作的热爱,体现在一种能够自发地全身心投入到工作中的状态,鞠躬尽瘁,死而后已,这是敬业的极致境界。应当指出,敬业精神与劳模精神、工匠精神同出一源,但又各自有所侧重,劳模精神以"劳"为核心,重在乐业、勤业。"工匠精神"的核心是敬业、精业。在这两个方面都表现出了劳动群众不屈不挠的毅力、追求卓越的执着、钻研创新的韧劲和无私奉献的精神。

(二) 践行工匠精神

"中国梦"的实现,不仅需要一大批科学技术人员,还需要成千上万的熟练工人。朝耕暮耕,陇亩间耕耘一亩;精雕细琢,方寸处精妙绝伦。"工匠"二字,在如今的科技社会中,看似遥不可及,实则不然。在中国制造中,"工匠精神"必将是一种"软实力"。

习近平总书记强调,"要弘扬'工匠精神',精心打磨每一个零部件,生产优质的产品"②,"要大力弘扬工匠精神,厚植工匠文化,恪尽职业操守,崇尚精益求精,完善激励机制,培育众多'中国工匠',打造更多享誉世界的'中国品牌',推动中国经济发展进入质量时代。"③ 习近平总书记对工匠精神的重大意义进行了精辟论述,对弘扬工匠精神起到了极大的推动作用。习近平总书记还

---

① 习近平:《培养德智体美劳全面发展的社会主义建设者和接班人》,《求是》2024 年第 17 期。
② 习近平:《在知识分子、劳动模范、青年代表座谈会上的讲话》,《人民日报》2016 年 4 月 30 日。
③ 李克强:《政府工作报告——2017 年 3 月 5 日在第十二届全国人民代表大会第五次会议上》,《人民日报》2017 年 3 月 17 日。

鼓励广大职工弘扬工匠精神，为"中国制造"做出更多贡献，并强调私营企业要继续弘扬企业家精神和工匠精神，努力生产出更多的高质量产品，打造一流的行业，为实现"两个一百年"奋斗目标做出新的贡献。无论是个人还是企业，我们都应该秉承"工匠"的精神，才能创造不平凡的成就和业绩。大国工匠，在各自的行业、岗位上，写下了一个个"奇迹"，闪烁着璀璨的光辉，展示了中国工匠的素质与情感。"工匠精神"相对于"劳模精神"具有更久远的人文渊源，也有更丰富的文化背景。"工匠精神"既是技艺传承中的精神表达，也是一种崇高的劳动精神品质，对"工匠精神"的传承与弘扬，表现出强烈的时代价值与广泛的社会意义。它不仅是衡量一个社会文明进程的重要尺度，也是中国制造不断向前的力量源泉；不仅是提高企业整体竞争力的品牌资产，也是鼓舞全体劳动者努力奋斗的道德规范。

"工匠精神"的底色是"敬业"，即从业人员在工作中表现出的一丝不苟的态度和精雕细刻的精神，即对每一款产品、每一道工艺都追求完美的态度。其核心是内心的执着，其根本思想是以"树匠心、育工匠"为本，以"出精品"为目的，以"匠气"为核心。要培养"工匠精神"，必须健全社会环境，畅通职业培训渠道，完善激励与保障机制。大部分劳动者都要在工作中保持清醒，忍受孤独，抵制诱惑，不达目的决不罢休，只有这样才能实现自己的理想。在中国梦的实现过程中，我们要大力弘扬劳模精神、工匠精神，为全面建成小康社会培育一批"大国工匠"，为中国制造的"品质革命"提供源源不断的力量。

（三）弘扬劳模精神

中华人民共和国成立初期的劳模精神以"老黄牛"精神为主，既体现了劳模"功成不必在我"的道德情怀，又体现了一种集体主义道德价值取向。毛泽东同志曾经说过："全中华民族的模范人物，是推动各方面人民事业胜利前进的骨干。"① 这一特殊时期的劳模文化，以其坚韧不拔的毅力和顽强的精神，激励和鼓舞着广大劳动人民的历史责任感，在国家基础建设方面起到了举足轻重的作用。

党的十一届三中全会后，我国进入"中国式现代化"发展新阶段，劳模文

---

① 《毛泽东文集》第六卷，人民出版社1999年版，第95页。

化向"求真求实""开拓创新"的科学精神转向。在"老黄牛"精神基础上，新时代的劳模文化叙事更多地关注知识和价值，劳模文化的示范价值也逐渐从政治领域延伸到科学文化领域。在改革开放的浪潮中，各行各业的劳动者都怀着浓厚的好奇心和探究精神投入到改革开放的浪潮中，以创新的实践，促进了科技的蓬勃发展、经济的腾飞和社会的进步。

改革开放后，随着不同类型经济活力的涌现和劳动者主体意识的提高，中国经济的现代化进程进入全新的发展阶段，劳模文化的叙述内容也经历了由"群体示范"到"自我探索"再到"敢于尝试、勇于创新"等时代特征的价值追求。"闯""创""干"成为这一时代劳模文化叙事中的主题，体现了广大劳动人民敢于打破思维枷锁、敢于冒险、脚踏实地、苦干实干的精神面貌。此时，劳模文化的示范效应已扩展到经济建设领域，为营造创新创优的劳动氛围，推动中国特色的现代经济建设发挥了巨大的作用。

在新时代，劳模文化的叙事内容以"使命与责任"为核心，表现出了劳模勇于担责的情怀，敢于担当重任的决心和甘于冒险的精神境界。新时代劳模文化是一种具有浓厚文化自信、文化自觉、文化自强的精神，为中国现代文明建设奠定了坚实的根基，为实现中华民族伟大复兴提供了强大的动力。概言之，劳模文化集中反映了中华人民共和国成立后每一个历史时期所具有的时代特色和劳动意识，凝聚了全社会的主流价值观念和精神要素。从劳模文化的内涵演变来看，其内涵日益丰富，既是国家与时代精神的结晶，也是对时代潮流的反映。

二、 劳动教育要凸显劳动的精神价值维度

劳动创造了人，创造了人的价值，人要在劳动中不断地充实和发展自己，不断超越现实，创造出光辉灿烂的人类文明。在人的历史发生过程中，劳动不仅是一种生存方式，更是一种存在的目的本身。

长期以来，劳动教育因局限于一种单纯培养受教育者技术技能的活动，并没有从"健全的人"的全面发展这一目标来进行考虑，这导致劳动教育的课程设置体系着重围绕"培养学生的岗位技能"而设置，只侧重于从劳动者所需劳动素质的局部属性和要求来发展劳动教育，只注重与将来工作相关的技术技能训练或职业资格等级证书的获得，忽略了对学生求"真"（对知识或观点真伪的探究与批判）、求"善"（对技术手段与方法合理与否的伦理思考）、求"美"

（对职业技术或产品的审美追求）的统合性引导。"理解"与"欣赏"让位于"技能"与"胜任能力","会话"让位于对生活与环境的"适应","沉思"让位于"做"与"制作"。① 劳动教育的本真状态和生成意义也因此被遮蔽。

随着知识经济和信息时代的来临，产业结构的不断调整，知识技术密集型产业逐步增加，劳动者需要具备适应不同岗位变化的复合型职业要求和适应市场变化的职业变更能力。与工业化时期的劳动发展状况相适应的劳动教育功利化的价值取向不同，数智时代人的劳动将进入新的发展阶段。重塑新的劳动素质和价值观念将成为劳动教育的重要课题。如同工业化时期的劳动价值体系对农耕时期的劳动价值体系进行了全面改造一样，数智时代的劳动价值体系也将对工业文明的劳动价值体系进行新一轮改造。

尽管满足社会需求是劳动教育自身价值的重要体现，但这种社会的功利取向不能完全取代劳动教育作为教育的一种类别的本质规定。随着社会生产力的快速发展，以及劳动形态的急剧变迁，劳动自身的存在性价值将会日益凸显。也就是说，劳动以及劳动教育虽然对个体而言，依然具有重要的工具性价值，但在数智时代，劳动在实现个人自我价值、获得存在的价值感和意义感等方面的价值性功能将会变得越来越重要。因此，劳动教育应注重对学生内在发展需求的满足，确保人获得一种自我存在的价值感和意义感，体现出劳动教育的重要价值维度。劳动教育中人的品质、内在精神等非智力因素或"非技术因素"的劳动素养应更多地纳入劳动教育全过程、全方位的人才培养过程之中。这里的劳动素养包含了劳动意识、劳动态度、劳动习惯、劳动能力、劳动伦理等诸多要素。作为人特有的感性对象化活动，劳动教育要注重将劳动与个体的职业理想、价值观念现实化和对象化相结合。换言之，劳动教育应以培养全面发展高素质人才为目标，这种"健全的人"应具备良好的道德品质、志趣、职业意识和职业价值感等。这就要求教育工作者注意培养学生的劳动意识、劳动精神、劳动态度、情感和能力，从而使学生的劳动素质得到全面发展。其中，劳动观念是劳动素养的认知基础。② 数智时代的劳动教育还特别强调劳动创新能力，即通过劳动不断创新生产生活方式的能力和通过创新不断推动劳动转型升级的能力。③

---

① 陈要勤：《基于学生可持续发展能力的高职课程体系构建》，《职业教育研究》2010年第5期。
② 顾建军：《建构素养导向的劳动教育体系》，《教育发展研究》2020年第24期。
③ 南钢：《新时代劳动教育的内涵与定位》，《现代教学》2019年第Z2期。

同时，教育的本质在于提升作为社会实践的人的价值，是人的主体的再生产。技术的发展和社会的变革推动教育不断变革与发展，作为一种教育活动，劳动教育并非某种固定不变的实体，而是根植于自我意义的不断生成和社会进步的持续增长的过程之中。从这一角度来看，劳动精神归根结底是对"人"的本质的一种精神性阐释，它使劳动者能够更自觉地立足于经济社会，用自己的劳动创造更美好的生活。劳动精神也是一种动态的、不断变化的过程，它反映了人类社会生产力发展的历史进程。在数智时代，智力劳动所占比重越来越大，新的劳动形式不断涌现，劳动教育应当持续激活教育新形态，打破传统的对于劳动教育就是体力劳动教育的认知。

当然，新时代背景下的劳动精神，并非单纯地致力于缅怀过去和回归传统，而是在对过去的劳动精神进行连接与调整。新时代的工匠精神同样体现追求卓越、超越平庸的精神；新时代的劳模精神同样体现着一种高尚的道德品质，是劳动者在专业能力、道德示范和业绩贡献方面的集中体现。这些传统的劳动精神，无疑是中华优秀传统道德在当代的体现。抛弃传统、丢掉根本，就等于割断了自己的精神命脉。① 可以说，中华优秀传统文化中蕴含着丰富的劳动精神与价值观，是新时期开展劳动教育不可或缺的精神养料。特别是在当今价值观多元化的时代，将传统文化与劳动教育相融合，将劳模精神、工匠精神、进取精神、勤俭精神等优秀的劳动精神特质渗透到学校和课堂之中，有利于强化学生的文化认同和文化自信。同时，数智时代的劳动精神教育要凸显青年的主体自主性，将以"工匠精神"为核心的劳动教育，与创意劳动、虚拟劳动、创客思维、大数据和云计算服务等内容相融合，激励青年通过创造创新实现自我价值。唯有让辛勤劳动、诚实劳动、创造劳动成为普遍价值遵循，劳动教育才能谱写出劳动光荣，创造伟大的时代强音。

三、劳动教育要平衡劳动技能提升与人的全面发展的关系

教育对象实现自我对象化的劳动实践活动形式单一的问题，使得其本质力量在对象化之后的价值感和意义感的获得不甚理想。高校劳动教育既要弘扬劳

---

① 新华社：《习近平在中共中央政治局第十三次集体学习时强调　把培育和弘扬社会主义核心价值观作为凝魂聚气强基固本的基础工程》，《人民日报》2014年2月26日。

动精神,通过培养学生精益求精、追求卓越的工匠精神,激发学生现代技术素养的养成和技术化生存能力的提升。同时,数智时代的劳动教育应在丰富人的关系属性方面有所作为,技能的习得和创新能力的发展均要体现个体自我对外在世界的理解与认识,使大学生能够通过劳动精神获得客观化的个人理想表达。

劳动的过程及结果,既说明了人之为人的本质特征,也说明了人存在的原因与意义,还说明了人通过自身力量的对象化而获得了对自己的认同。随着数字技术尤其是人工智能的发展,体力劳动和脑力劳动的割裂将逐渐消失,劳动将成为一种创造性的物质劳动和精神活动的综合性实践,体现了人的物质、心理、认识、情绪和意志等方面的高度融合与和谐统一。教育领域的劳动是一种促使劳动者向劳动对象投射自己的目的、智慧、知识、技能和体力的创造性实践,使自身的本质力量累积、浓缩于目标,凝结为具体的劳动成果。数智时代的劳动教育,不再是为了弥补产能不足或为人们提供谋生手段的简单"生产劳动",而应把劳动作为一种创造活动,是人的智力得到发展、基本实力得到体现、才能得到凝聚的途径。数智时代倡导的劳动教育应是一种将个人的身心全面融入劳动实践中的教育活动。劳动教育的过程中,最直接地表现出了个人的人格、意志力、情感等。个体"感受到一种发自心灵深处的战栗、欣快、满足、超然的情绪体验"[①],让个体获得劳动的知识、经验、感情和智慧的确证,使自己与世界产生共鸣与融合,体会到自身存在的意义。

劳动不仅创造了自我,也丰富了他人的幸福生活。社会主义劳动精神是对社会主义核心价值体系的公众价值体认,它指引人们在劳动交往中抛弃个人主义、利己主义,通过劳动既满足自身需要,又参与并体验了别人的劳动状况,由此获得了自己的存在价值感,进而帮助学生建立起对所从事工作的真正投入与热爱,使学生主动参与职业生活乃至个体社会生活世界的建构。

四、劳动教育要积极扩展数智时代的劳动精神新价值

劳动中的劳动精神是人在劳动中的本质力量的超越性体现,不仅体现了劳动的"现实性",而且包含着劳动无限的"可能性"。因而,劳动在于有限现实中追求无限可能性。这种无限可能性的"现实化"不是像黑格尔那样在精神领

---

① [美]马斯洛:《马斯洛说完美人格》,高适编译,华中科技大学出版社 2012 年版,第 202 页。

域中通过概念的逻辑运动而实现的,而是在外在客观世界中,通过将自在自然不断"转化",使其成为"对象化"的"自为自然"的实践中实现的。劳动者在技术劳动中从以往的先验性或工具性规定中解放出来,在劳动的实践中将主体的本质力量呈现并丰富起来。从人的人性实质上讲,劳动具有推动人的自主性、能动性和创造性发展的作用,它蕴含着主体性的价值内涵。数智时代,尤其是人工智能的发展,使人的劳动进入了新的纪元。人工智能基于复杂神经网络、深度学习等"自主性"的技术系统,进一步实现了一般智力和一般社会生产力的整合。人工智能下的劳动实质上也是人的对象化劳动,来自人对世界的自我理解和建构。它改变和优化了人的有意识、有目的的劳动,改变和优化了人的存在方式,提供了一条人的劳动解放的可预知路径。人的劳动能力是人通过社会化实践所获得的,而劳动能力是人借助智能系统生成的。这意味着人既将现有的本质力量对象化在人工智能系统中,又将未来的可能性表达寓于智能技术的自我进化之中。数智时代,社会正是通过人的本质力量的智能化表达,实现了生产力的智能化。

现代智能技术进一步彰显了劳动中美与自由存在的规律。首先,借助于技术,人以更全面的方式,突破以往感觉的狭隘性,将自己的全面本质据为己有,使劳动的美具有具体的普遍性与内在的规定性。以赛博技术为例,其为劳动者提供了前所未有的机会来实现目标、发展个性,摆脱脆弱身体的相关束缚,并在赛博空间的扩展下,劳动者与他人在劳动过程中的合作关系获得重建,集体行动的开启达到新的高度,人的自由发展获得新的可能。其次,由于技术的高度发展,使人的生产活动摆脱了肉体需要,使人能够在劳动中与世界建立起广泛与全面的联系。在劳动中自觉将对美的追求内化在自己的生存与生命活动之中。最后,技术劳动使人以自己的活动再创了整个世界,使自然的存在获得了人的生命性。正如黑格尔所说,要让石头也活生生地呐喊起来。因此,劳动对象在劳动实践中与人成为有着丰富联系的对象世界。技术的发展使人能够在劳动中真正做到"受动与能动的统一"。"这同他们的生产是一致的——既和他们生产什么一致,又和他们怎样生产一致。"①

技术劳动之"美"不是审美意义上的"美",而是人自我生成的"美"。

---

① 《马克思恩格斯文集》第 1 卷,人民出版社 2009 年版,第 520 页。

"自由"亦不是脱离了外在规定性的"自由",而是在外在规定性前提下的自由发展人的内在规定性。以工匠的态度来做事,工作就不再是一件不得不做的痛苦事情,而变成了一种忘我的投入,因为"靠的是他的手艺,他是自由的"①。这样的"美"与"自由"产生于人与劳动对象的相互作用之中。人以"感性构造"的技术劳动方式创造"美与自由",技术时代的工匠精神融合了人对世界与自我的理解,是对世界与自我的感性塑造。人在自己的活动中,以感性活动改造着对象世界,从而通达直观与塑造,向"现实的历史的人"的回归。这种劳动观是一种由"是什么"的本质论向"如何在"的实践论的哲学思考模式的转变。这一转变,是对"思辨推理"的传统劳动观的主体空间的转换,反映了劳动主题从"外在尺度"到"内在尺度"的社会生成,使劳动哲学真正奠基于劳动者与劳动对象及其关系之上。从对"物化能力"的重视到对"人化需要"的重视,使人在对象化和现实化中直观自己的"类生活",为实现人的自由创造提供了广阔空间的同时,使技术世界的"刚性限定性"之形上本质得到揭示。

生产劳动给每一个人提供全面发展和表现自己全部的机会,即体力的和脑力的能力的机会,这样,生产劳动就不再是奴役人的手段,而成了解放人的手段。"生产劳动就从一种负担变成一种快乐。"② 劳动者的技术性行为,"把主体的经验知识、认知模式和思维方式预设到了技术性行为中,在更广阔的意义上,还包括了各种自然的和社会的因素,从而围绕人们的技术行为形成了劳动的'实践场域'"③。技术以物的形态,表征着人对劳动对象的认识、把握、预测、创新等,使得劳动对象与劳动者的照面方式发生了根本性转变。在技术的加持下,劳动对象不是被动地被操纵,而是在人与物的关系中具体地呈现人的属性来。因此,技术劳动所呈现出来的工匠精神的"自由和美的规律",不光是客观技术呈现出自然因果律的秩序美,更是劳动者本身创造美、人本质力量的美的生成。

在智能技术大发展的背景下,劳动者的精益求精和创新精神同样重要,只有将技术知识或技能经验和"人文素养""工匠精神"等和谐地融合在一起,劳动教育的真实教育价值才能得以体现。因此,应该在劳动教育中积极融入"工

---

① 周辅成:《西方伦理学名著选辑(下)》,商务印书馆1987年版,第118页。
② 《马克思恩格斯文集》第9卷,人民出版社2009年版,第311页。
③ 马蕾:《新时代职业教育的"自由"与"美"——技术劳动视域下对职业院校劳动教育的反思》,《职业技术教育》2020年第15期。

匠精神"的时代特征，培养具有社会责任感、创新精神和实践能力的高素质劳动者，为实现制造强国提供有力人才支撑。数智时代的教育应由以往侧重于掌握某一职业所需的单一知识转变为综合性教育，而劳动教育不仅包括各种生产过程具有共性和广泛应用性的技术教育，还应当包括人伦素养、审美理性、创新教育等培养目标。尤其是通过劳动教育加强学生审美人格的培养。

当前技术的发展使得新型的技术劳动形态成为普遍，随着劳动分工的复杂化与合作的丰富多样性增强，劳动者独立发展自身能力的自由大大提高，同时又对劳动者自身能力和素质提出更高的要求。劳动教育要挖掘技术蕴含着的人性维度，通过具体的教育过程充分彰显劳动教育的社会性、伦理性价值意涵，满足学生获得职业能力的整体性培育的需要。数智时代的劳动教育应当注重技术与学生的匹配度，引导他们思索和探讨技术人性取向和伦理特征，只有这样才是培育学生正确的劳动观念、陶冶劳动情操的良好载体。

另外，劳动教育要以培养新时代学生全面而有个性发展为宗旨。劳动教育的课程与教学要以培养完满的职业人为目标，在教育过程中应将技术与文化、审美等因素融合在一起，致力于发掘技术教育所蕴含的人性维度，使技术学习成为对学生德性与人性培养的过程。在课堂教学和企业实习中，应将原本被简化的技术客体还原出其本身的多元性质。一方面，在教育教学各环节中增设技术伦理、技术美学等方面的素养教学内容。将技术美学文化、绿色制造文化、技术创新文化等融入专业教学过程，有目的、有意识地培养学生的主体理性。另一方面，通过设置专门的技术伦理、技术美学课程体系，使劳动教育目标定位不再局限于特定岗位的机械技术操作人，而是自觉全面地发展自己的技术才能的综合型人才。技术作为现代人的生存手段，本身就具有丰富的人文意蕴。将劳动教育和人文素养教育简单割裂无疑是形而上学的表现。劳动教育应重申交往的人文性并拓展其内涵，挖掘技术教育对学生的生存环境的影响，开发人文引领的综合技术课程体系，使劳动教育不再局限于培养特定岗位的技术操作人，而是自觉全面地发展自己的综合型人才。同时，劳动教育不仅要注重学生对符合时代需要的技术知识与技术操作技能的掌握，更要注重学生对技术活性元素的感悟与理解，如技术使用的思想和方法、探究、试验与创造，以及对人文因素的感悟与理解等。通过培养学生的技术伦理和技术美学素养，平衡培养学生片面技术、技能的负面效应，塑造学生的完美人格。

第六章　数智时代劳动教育的实践新逻辑

　　技术在催生现代性矛盾的同时，也推动着生产力发展、社会交往普遍化及主体个性与偶然性的成长，这些是新型生产方式与生产关系的形成创造条件。马克思社会化劳动的本质在于通过提升劳动者本质力量，获得更自由的实践场域，最终突破"物"的外在束缚。当前，数字生产化与生产数智化的双向演进，正加速劳动与生产活动的一体化进程。数字劳动已显现出通向生产公共性的实践路径，为劳动者对象化确认形式的跃升提供支撑。在劳动过程中，劳动者的智慧、信息素养、情感特质、心理特征与数字技术能力等要素深度融合，集成化与个性化相统一的劳动形态持续释放突破工具理性的动能。在科技与经济一体化背景下，物质资料生产不再是劳动的全部范畴，与之并存的更高阶精神生产劳动日益成为数智时代社会生产体系的主流形态。这为数智时代劳动教育的实践发展奠定了坚实的基础。

　　数智时代高校劳动教育应秉持劳动育人理念，推动马克思主义劳动观与数字劳动教育观深度融合，提升数字技术应用素养与劳动教育创新能力，充分发挥数字技术对经济发展的乘数效应，以数字技术赋能劳动育人实践。劳动教育要使学生认知劳动本质，在实践中实现人的本质回归与确证，引导学生在具体劳动中感知、体悟劳动蕴含的精神价值，树立"劳动最光荣、劳动最崇高、劳动最伟大、劳动最美丽"的价值信念，充分发挥树德、增智、强体、育美的综合育人效能。

第一节　高校劳动教育数智化转型存在的问题

技术的发展无疑会对人的劳动能力产生深刻影响。首先，随着生产技术水平提升，劳动者心智技能要求同步提高：生产产品越复杂，生产过程问题越多，越需要合理判断与灵活处置。其次，现代生产工具复杂度远超手工时代，劳动者需掌握技术原理、结构性能等专业知识才能胜任，这要求其提升专业技能。再次，技术应用提高劳动生产率并减少一线操作人数，但催生产品开发者、过程设计者、质量反馈者等复合型人才需求。数智时代高校劳动教育的数字化转型必须适应技术发展对劳动能力提出的新要求。

当前高校劳动教育数字化转型仍存在系统性问题。首先，转型作为长期性、持续性、系统性工程，其目标在于构建良性教育生态，从战略规划、行动准则、管理制度、资源协同等方面制定指导实践的行动纲领。但目前理论与实践中仍缺乏系统性战略规划、模型框架及评估指标。① 一方面，多数高校数字化转型存在战略缺位，导致探索过程缺乏整体性、系统性、方向性，呈现碎片化状态，甚至将转型曲解为教学设施的优化或简单应用数字教育产品。另一方面，部分高校虽制定战略却未将其置于教育改革核心地位，导致管理者、教师、学生等主体缺乏宏观统一指导，战略与实践形成"两张皮、两条线"的脱节现象。

其次，文化保障层面。组织文化从根本上决定成员对事物的接受程度，营造数智化文化氛围是教育数字化转型的关键条件。尽管数智化已成为社会主流，但多数学校仍固守传统教学文化。郑金洲指出："教育的本性更多的是保守的，而不是进取的。它一般在社会与文化变迁过程中，主要担当的是'滞后'的角色，也就是常常落后于社会及文化的变迁。"② 这种特性对劳动教育数字化转型形成阻碍。同时，区域间经济与教育信息化水平差异显著，

---

① 兰国帅、魏家财、黄春雨等：《国际高等教育数字化转型和中国实施路径》，《开放教育研究》2022年第3期。
② 郑金洲：《教育文化学》，人民教育出版社2000年版，第165页。

各校数字化资源与能力参差不齐,加之部分高校因实践经验不足,导致转型进程受阻。

再次,政策支持与技术系统层面。教育数字化转型需应对技术应用引发的结构性调整,这既带来了机遇也提出了挑战。教育系统的复杂性要求各要素协同,技术革新需与制度创新相配合,单一层面的努力难以实现系统性转型。目前高校在劳动教育数字化转型中面临双重困境:其一,技术生态系统存在陈旧性与孤立性问题;其二,部分院校缺乏政策支撑及开放过程的技术系统支持,且与外界信息资源互动不足。数智化转型作为动态进程,既需政策引导也需技术制度持续优化。国家政策扶持至关重要,需建立人机协同机制,提供整体性规划与规范化指导。同时,劳动教育数字化转型实践需依托多种数字技术改善教学、学习、管理、评价等环节,其中高度集成的技术系统是其基础前提。教育部等六部门发布的《关于推进教育新型基础设施建设构建高质量教育支撑体系的指导意见》《中国教育现代化2035》等政策文件,虽推动教育数字化转型,但劳动教育仍存在数据监管框架缺失、标准体系不完善、质量监督机制薄弱等问题,导致转型实践出现认知偏差、规范性不足、质量管理缺位等具体障碍。

最后,高校数智化建设仍存在技术体系陈旧与技术标准滞后问题,即便引入新技术框架,传统系统与新技术体系的兼容性不足仍制约教育数字化转型目标实现。部分院校的"数字技术赋能"停留在单一平台或设备引入层面,如计算机教室、在线学习平台、移动终端应用等,未能认识到数字化转型是涉及教育产品、服务、流程、模式的多维系统变革。当前我国缺乏完整的协同化转型服务体系,部分院校虽尝试整合活动与流程以提升整体效能,但受制于公共服务供给不足,转型动力与意愿薄弱,进一步削弱了协同效应。实践中,部分高校仅聚焦教学、学习、管理、评价等单一环节的数字化改造,呈现"见树不见林"的碎片化特征。受单点思维影响,技术与教育融合呈现分散化、表层化态势,导致协同效应缺失。所谓"技术体系赋能教育创新",更多表现为技术工具在教学环境中的简单叠加,虽拓展了学习空间却未形成网络化技术价值体系,致使技术支持力度与灵活性不足,难以支撑教育深度转型。此外,劳动教育面临多重现实困境,如不同学段学生劳动意识与时代新人培养需求脱节,激励机制与教育评价体系脱钩,实践资源配置与院校承载能力失衡。

第二节 数智时代劳动教育实践新要求

当前,新质生产力蓬勃发展,传统劳动向数智化新型劳动转型,既促进生产力持续增长,又推动人与社会全面发展。数智时代的劳动应突破传统功利型技术观与理想型技术观桎梏,通过最新技术实践实现人的超越性发展。

要实现数字劳动教育观念创新与高效发展,维护技术发展中的自由与健康劳动秩序,在劳动教育中充分实现创造活动的价值内涵,必须强化劳动教育顶层设计,创新多元化教育形式,完善劳动素养评估体系,营造良性教育生态。

一、数智时代对劳动者的新要求

科技持续发展推动生产力要素结构变革:传统要素投入的累加式增长,正转向依赖高质量要素投入、科技创新驱动、数据要素驱动的乘数式增长。高质量劳动者、高技术要素与关键数据资源等核心要素,推动生产力结构与技术结构高级化,成为新质生产力发展的关键支撑。当前技术革命突破、生产要素创新配置、产业深度转型催生的新质生产力形态,对数字技能人才需求日益迫切。数字技能人才通过参与智能制造、工业互联网等领域实践,助力传统产业实现数智化、网络化、智能化转型,推动产业链与价值链向高端延伸,这不仅优化产业结构、提升全要素生产率,更架设了数字经济与实体经济融合的桥梁,促进了科技成果转化为现实生产力。数字技术人才运用先进技术将科研成果转化为实际产品与服务,成为驱动经济高质量发展的重要力量。随着新质生产力的发展,劳动者的数字技能必然发生深刻变化(见表1)。

表1 与新质生产力发展要求相匹配的劳动者数字技能

能　　力	要　　求
技术创新与应用能力	新质生产力的发展依赖技术创新驱动,数字技能人才作为科技创新的核心力量,首要要求在于具备技术创新与应用能力。这要求其能熟练掌握人工智能、大数据、物联网等前沿技术,推动生产力革新与产业升级

续 表

能　　力	要　　求
跨学科知识与综合能力	新质生产力发展呈现多领域交叉融合特征，数字技能人才需构建跨学科知识体系。除精通数字技术外，还需掌握经济学、管理学、社会学等关联学科知识，以实现数字技术向现实生产力的有效转化
实践操作与问题解决能力	新质生产力发展强调理论实践转化能力。数字技能人才需通过实训项目、工程实践等途径，将理论知识转化为解决实际问题的能力，重点提升技术应用与问题诊断的实操水平
数智化思维与创新能力	新质生产力发展要求数字技能人才具备数据驱动的思维模式，能运用数字化视角分析问题、设计方案。同时需强化创新意识，持续探索新技术应用场景与商业模式创新路径，推动数字技术迭代升级

　　可以预见，按照技术发展逻辑构建劳动教育培养体系将是一项艰巨的系统工程。劳动教育体系改革面临两大核心问题：一是如何尽可能贴近当代劳动生产实践，使受教育者获得符合产业实际的劳动体验与技能，成为合格劳动者；二是需培养数字劳动基础能力与数智化技能，这既是顺应时代趋势的必然要求，也是提升学生综合素质的关键路径。首先，需要构建数智化劳动教育环境，学校应配备先进的计算机设备、网络设施及3D打印机、智能机器人等数智化工具，搭建实践教学场景，同时利用网络平台和数智化工具开发视频教程、在线课程、虚拟实验室等多元化教育资源以满足学生个性化学习需求。其次，应推进跨学科课程融合，高校需将数智化技能与劳动教育深度结合，例如，通过编程控制智能机器人完成劳动操作或运用数据分析工具优化农业生产流程，各校可结合特色开发数智化园艺设计、智能家居系统开发等校本课程以激发学生的学习兴趣与创新潜能。再次，通过实施多样化的教学活动提升学生的数智化技能。例如，鼓励学生制作数字作品，如电子小报、动画短片等，展示学习成果，这些作品可帮助学生巩固知识并提升数智化创作能力；组织学生开展项目式学习活动，如分组设计智能垃圾分类系统，经历需求分析、设计规划、编程实现到测试评估的全流程以提升数智化劳动技能与团队协作能力；组织学生参加编程比赛、机器人竞赛等活动，在实践中提高问题解决能力与创新思维；利用虚

拟现实（VR）、增强现实（AR）等技术构建虚拟劳动场景，让学生在虚拟环境中操作以降低风险成本，同时提高数智化劳动技能。最后，需定期组织教师参加数智化技能培训，提升教师的数字素养与教学能力，为每位学生配备具备数智化实践经验的指导教师，提供个性化学习支持与问题解决方案。

二、实现"谋生手段"与"生活的第一需要"的目的性统一

马克思指出，随着人类劳动的变化，劳动者经历了从最初的集体劳动者（古代的奴隶、依附的农民、近代的工业工人）到独立的劳动者（自由自觉的劳动者）的转变。资本主义社会中的工人的发展要比以往任何时候都要快得多。"以物的依赖性为基础的人的独立性，是第二大形态，在这种形态下，才形成普遍的社会物质变换、全面的关系、多方面的需要以及全面的能力的体系。"① 总体上看，劳动者的主体性、创造性、目的性都在不断地增强。因此，要"培养社会的人的一切属性，并且把他作为具有尽可能丰富的属性和联系的人，因而具有尽可能广泛需要的人生产出来——把他作为尽可能完整的和全面的社会产品生产出来"②，恩格斯肯定了马克思所指出的这一变化趋势：机器化大生产也蕴含着潜在的积极意义，它打破了使人终生只能从事一种行业的旧式分工，"劳动在这里已完全丧失专业的性质"，而"当一切专门发展一旦停止，个人对普遍性的要求以及全面发展的趋势就开始显露出来"③。在这种意义上，"大工业的本性决定了劳动的变换、职能的更动和工人的全面流动性"④，因此，"承认工人尽可能多方面地发展是社会生产的普遍规律，并且使各种关系适应于这个规律的正常实现"⑤。在以物的生产为目的的观念下，劳动必然是忙碌的、强制的、社会性的。迄今为止，劳动者的需求结构仍然以诸如物质需求等需求为主，但在劳动过程中被锻造生长出来的巨大的主观能动性和创新潜力正在逐步转变为一种必须得到满足的需求和动力。在现代资本主义的劳动过程中，人们对"个人"和"自我"认同的追求使纯粹把人当作工具和资源的泰罗主义和福特主义

---

① 《马克思恩格斯全集》第三十卷，人民出版社 1995 年版，第 107 页。
② 《马克思恩格斯全集》第三十卷，人民出版社 1995 年版，第 389 页。
③ 《马克思恩格斯文集》第 1 卷，人民出版社 2009 年版，第 630 页。
④ 《马克思恩格斯全集》第四十二卷，人民出版社 2016 年版，第 504 页。
⑤ 《马克思恩格斯全集》第四十二卷，人民出版社 2016 年版，第 505 页。

逐渐过渡到了后泰罗主义和后福特主义。随着生产力的快速发展，必要工作时间大大减少，工人的空暇时间也得到了很大的扩展，工人们从维生的强制性中解脱出来，自由地发展自己的天赋和人格。实际上，对资本主义的真正威胁，不仅是劳动者越来越绝对贫困所引发他们的革命要求，而是基于他们自身的力量发展的历史必然要求。马克思最早意识到这一点："如果抛掉狭隘的资产阶级形式，那么，财富岂不正是在普遍交换中造成的个人的需要、才能、享用、生产力等等的普遍性吗？财富岂不正是人对自然力——既是通常所谓'自然'力，又是人本身的自然力——统治的充分发挥吗？财富岂不正是人的创造天赋的绝对发挥吗？这种发挥除了先前的历史发展外没有任何其他前提，而先前的历史发展使这种全面的发展，即不以旧有的尺度来衡量的人类全部力量的全面发展成为目的本身。在这里，人不是在某一种规定性上再生产自己，而是生产出他的全面性，不是力求停留在某种已经变成的东西上，而是处在变易的绝对运动之中。"①

随着科学技术推动劳动形态转变、促进劳动生产率大幅提高及生产方式"社会化大生产"等要素的综合作用，整体社会生产机制发生彻底革命。劳动实践过程呈现为自然规律与结构融入劳动体系，通过人的自觉意识、自我要求与实践验证等主观环节，内化为凝结智慧、意志与审美的劳动能力结构。技术进步推动下，长期困扰人类的劳动工具自动化与劳动者能力弱化的"二律背反"现象逐步趋于理性化。劳动在物质与精神、生存与意识、自然与人性、必然性与自由之间发挥枢纽作用：既使外在对象从"自在之物"转化为"为我之物"，又通过劳动实践促进人的精神意识成长，消解主体性空疏状态，实现劳动者向主动自觉存在的转化。

马克思认为，人之所以存在的依据是劳动，而劳动教育是"提高社会生产力的一种方法，而且是造就全面发展的人的唯一方法"。大工业生产既满足人类发展需求，也实现自身发展需求。在此背景下，马克思提出教育与生产劳动相结合的理论——通过教育促进人的发展，消除体力劳动与脑力劳动的对立，实现人的全面发展。这种教育理念构成社会主义教育的基本原理。从历史长周期看，教育与生产劳动相结合的劳动教育承担着实现"谋生手段"与"生活第一

---

① 《马克思恩格斯全集》第三十卷，人民出版社1995年版，第479—480页。

需要"辩证统一的重任。通过劳动教育构建理论形态劳动向现实形态劳动转化的桥梁，推动学校劳动教育理论向实践层面的科学转化、整体转化与动态转化，构成数智时代提出的新课题。

我们说，知识、技能、脑力、情感、态度等非物质劳动形式内在反映出对人的本质力量的追求。数智时代的劳动是活跃的、持续的，甚至是虚拟性主体建构的非物质劳动过程。在数字技术环境下，技术劳动不再仅仅依靠经验与直觉，其特征在于技术劳动过程客观构建出"人—知识—物"的三维流动结构。数智时代的劳动教育应遵循以劳动知识、技能、劳动价值观和态度等综合发展的教育理念。在劳动课程中需通过适宜的教学过程充分展现人的主体性与创造性，以完整而全面发展的人推进完整而全面发展的知识体系。劳动教育产生于科技赋能过程中，学校劳动教育需更好响应科技发展要求，尤其应加强数智化技术的教育培训，提升学生的技术适应力。同时，为适应未来市场多样化需求，劳动教育应注重培养创新创造能力与创业能力，着力培育适应数字经济和数字产业的高素质技术技能人才，顺应"数字革命"对劳动教育提出的时代要求。

在非物质劳动日益普及的当下，应认识到"非物质劳动的另一面是人类交际和互动的情感性劳动"[①]。迈克尔·哈特说："它的产品是不可触摸的，是一种包含放松、幸福、满意、兴奋或激动的感觉。"[②] 这意味着，学生作为成长中的个体，在劳动教育中除满足基本生存需求外，还需满足情感劳动需求。在此背景下，劳动教育原则应是使主体的劳动能力既满足外部适应性需求，又契合内在个性化需求。劳动教育的根本任务在于以学生为中心，遵循人的发展规律与劳动教育规律，实施中国特色社会主义劳动教育，应将劳动教育视为"成人"社会实践，以全面发展的劳动观为基点，深入劳动内在价值层面，凸显人作为劳动主体存在的价值关怀，强化劳动在解放自由天性、促进自主全面发展方面的教育价值。因此，劳动教育既要促进学生掌握知识结构与核心技能，确保其灵活运用现有技术，更要注重综合劳动能力发展，激励学生以坚韧的态度持续提升自我，保持终身学习与自我更新能力，使数字技术不断助力劳动能力与劳

---

① ［美］迈克尔·哈特，［意］安东尼奥·奈格里：《帝国：全球化的政治秩序》，杨建国、范一亭译，江苏人民出版社2008年版，第285页。
② ［美］迈克尔·哈特，［意］安东尼奥·奈格里：《帝国：全球化的政治秩序》，杨建国、范一亭译，江苏人民出版社2008年版，第286页。

动智慧的增长。

三、与数智时代的生产劳动相融合和相适配

马克思认为，劳动只有成为人的一种自由、有意识的活动——即人不再为物质生产所困，人的存在重心才能置于发展自身完整能力之上。然而技术理性下劳动内在的承认性（个体通过劳动获得发展）与外施性（社会基于现实分工对劳动者技能发展的要求）之间的张力，遮蔽了劳动本身育人魅力的充分发挥。

"张力"概念源于物理学领域，后被美国科学史学家托马斯·塞缪尔·库恩提炼为理论工具，用以分析"矛盾—联系、对立—互补、动态—平衡"的辩证状态。我们可以以"张力"作为分析工具，指证劳动教育在培养学生的劳动素养方面遭遇"必要性"与"外在目的"之间存在着两难。在技术发展下，劳动教育价值的达成受一系列因素的制约，如果没有合适的媒介，主体和客体之间很难进行互动，也就不能产生劳动教育的价值。要解决劳动教育中的"张力"，就必须从"实践"入手。劳动教育多是以文字符号记录、传递的"间接经验"来代替劳动的"直接经验"。然而，这种外部的"间接经验"，只有通过学生把文字符号与他所指称的实际劳动经验相联结，也就是说，把一般化的语言符号劳动经验个人化，把抽象化的劳动原理具体化，才能真正激发学生的亲身劳动经验。

教育作为促进人的本质生成的活动，其发展程度与主体实践水平相统一。劳动教育必须通过服务生产实践实现人的历史生成。破除对劳动教育的形式化认知可知：数智时代的"教劳结合"理念，旨在通过劳动实践改造人，而非将劳动降格为经验方法或抽象形式前提。劳动教育的本质不在于具体技能传授，而在于以技能学习为载体，夯实劳动价值观养成，并自然实现劳动技能向技术应用开发的转化。

在技术驱动的理论与实践深度融合的劳动场景中，劳动过程日益回归社会生产实践场域，呈现出去蔽化与向现实世界敞开的功能属性。这正是数智时代劳动过程所需知识呈现综合、动态、演化性与实践生成等特性的根本原因。这种总体性回归并非单纯经验直觉的累积，而是依托分布式协作网络，通过群智汇聚的新型知识生产方式推进劳动进程。随着"精加工符号化信息还原为整体人类智慧"的全谱知识生成，知识分类正从割裂式转向综合化与交叉性。这种

知识经验的回归与劳动形态革命高度契合，提示未来劳动教育将突破机械反映论的知识型教育范式。除对应学科知识外，劳动教育更需作为知识生产与再生产的重要路径，持续增强其与社会生产劳动的融合性与适配性。

首先，作为劳动教育载体的劳动具有复杂劳动属性，既包含对劳动对象的操作、使用与再创造，也生成劳动主体特有的思维方式与认知模式。对劳动教育过程的分析表明：人工智能发展推动劳动教育在学习内容与方式上实现突破，不再局限于操作技能培养，而是聚焦创新思维、复杂性思维、问题解决能力与系统方法论的培育，实现手脑协同。此类劳动并非"在手"活动，而是"上手"活动——要求个体通过实践推论，将劳动过程中的知识结构与实际机能相联结，进行整体思维、分析思维与非理性思维的整合训练，推动从物质性思维向关系性思维的范式转变。

其次，劳动教育的"劳动"是直面"真"世界的实践，体现其面向"实事"而非"虚事"的本体论属性。劳动教育从现实经济问题（如劳动力更新）中确认学科独立性的教育价值与生产价值，在市场经济完善进程中揭示劳动的教育意义与经济意义。

最后，劳动教育的劳动是持续"发展"的劳动形态，即需不断增强教育内容的开放性，实现智能技术与思维训练的深度整合，对劳动主体、实践场域、价值目标、技术要素等变量在特定场域中的互动关系进行系统分析，促进教育生态系统与社会生态系统的良性耦合，使劳动教育精准对接未来人力资本供需需求，协同其他教育形态共同承担人力资源战略性布局的使命。

此外，劳动教育需主动回应智能化社会的人际"陌生化"挑战：既要传授基础生存技能，更要注重能力迁移性培育与社会化发展，通过以核心素养为导向、劳动实践为载体，强化职业意识与协作精神，深化对多元群体的认知理解，将社会性素养培育置于个体发展内核，以专业交往带动一般人际互动，从而丰富人类交往文明的内涵维度。简言之，在人工智能替代人类主要活动领域的趋势下，培养人际交往能力、创造性思维、审美素养等 AI 技术难以企及的能力维度，具有特殊战略价值。同时，在人工智能技术普及背景下，随着简单体力劳动岗位被智能机器替代，复杂劳动领域对劳动力素质的要求持续提升。因此，跨专业、跨领域解决问题的能力愈发重要。从个体发展视角看，科技进步推动终身学习成为生存发展的必然选择。在知识迭代与技术更新加速背景下，职业发展路径与选择高度依赖持续学习能力。数字技术既作为人工劳动替代手段，又为终身学习提供新范式：通过大数据分析实现学习热点识别、难点诊断、兴趣挖掘、课程个性化设计及学习过程动态调控；智能教学设备创造沉浸式互动体验，显著提升学习效率与愉悦感。祝智庭等学者指出，伴随着生产力的质变，新质人才应当具有增长思维与高自觉学习特征，具有人机共生思维与人工智能渗透能力，具有开拓精神与"破界"能力，具有创新精神与实践智慧、人文精神、人与技术协同以及人类共同体意识与跨文化行为能力。[①] 因此，实现劳动解放需坚持开放终身学习观。

第三节　数智时代劳动教育实践新原则

在传统认知中，劳动教育的"劳动"特指利用物质材料进行改造的体力活动，而以符号生产精神产品的脑力劳动则被排除于劳动教育范畴之外。部分学者指出，作为智力发展的高级形态，抽象思维与躯体结构、感官运动系统存在本质性排斥关系。若将智力活动纳入劳动教育范畴，可能导致教育边界模糊化，进而消解其针对性与实践价值。马克思指出劳动是人通过自己的活动，引起、调节和控制人与自然间的物质变化的过程，但并未否定劳动是体力与智力双重努力的统一体。事实上，人类使用机械工具的物质劳动，必然包含体力与脑力的协同付出。当代科技发展不断延伸人类劳动器官功能，这些技术化延伸既成为劳动效率提升的媒介，也推动着人的解放进程。

从工业社会向数智社会转型，智慧文明演进与文化变迁的合力推动教育进入数字化转型浪潮。当技术真正成为新型共享社会的解放力量——而非外在于人的、与资本天然契合的自在存在时，人技结合才能实现从"自在"到"自为"的质变，技术蕴含的人的自由价值方能彰显。在数智化工厂建设中，人们常将数智化简单等同于设备自动化、决策工具数字化。以"黑灯工厂"理念为例，其主张极致自动化生产可完全脱离人工参与。但西门子公司杨泽萍指出，柔性

---

① 祝智庭、戴岭、赵晓伟等：《新质人才培养：数智时代教育的新使命》，《电化教育研究》2024年第1期。

的需求越来越多，可自定义的产品的出现会挑战工厂的生产模式。互联网去掉了很多中间环节，从用户的需求到工厂的生产和交付，这条通路会越来越短。世界不停改变，数智化工厂最大的价值不在于把它打造成无人工厂，而是要打造成可以跟上社会和技术变革、更具柔性、更高效、更高质量的工厂。① 人的主体地位在数智化转型中始终关键，诸多企业面临的核心挑战正是人的适应性难题：既有因对数智化目标认知不足导致数据治理滞后，也有因技术储备缺失阻碍应用落地。世界经济论坛（WEF）预测，至2030年全球将有2.1亿人因数智化、工业化、自动化与全球化变革面临职业更替。

中国在短时间内由经验型知识逐步形成以原理型知识为基础、信息技术为支撑的知识重叠形态。劳动并非简单分割体力与脑力，而是涵盖身体、心理、认知、情绪、意志等要素的全面参与、高度融合与协调统一的整体系统。数智时代劳动教育应引导学生认知技术发展不等于生活技能弱化。相反，创造性劳动较之机械劳动更具挑战性，个体需主动探索生活意义、拓展其可能性空间，以应对技术导致的生活单向化危机。

一、数智时代劳动教育实践体系建构原则

首先，数智时代的劳动教育课程应凸显人的社会属性——作为个体无法脱离社会的本质特征。劳动作为人类生存发展的必由之路，同样具有社会属性。智能时代下，知识生产与组织呈现多主体协同、群体智能协同特征，体现为跨学科协作与多学科融合的知识传播形态。然而，网络与社交媒体导致过度虚拟化和沉浸，引发社交能力退化。我们认为，在多元化劳动形态中，劳动者既要满足自身需求，更需通过劳动满足他人需求。每个社会成员都必须适应社会生活、扮演社会角色、进行社会交往。马克思提出的"人的全面发展"理念蕴含着对完整社会属性的追求，但传统教学过度侧重知识传授，忽视了社会技能培养。随着数智时代劳动分工协作的深化，团队意识、交流合作能力与人际沟通能力日趋重要。面对人工智能等技术变革，应培养包含人际沟通的综合素质，才符合劳动教育发展方向。教育要实现人的可持续发展，必须回归育人本质，

---

① 《西门子数控：数字化转型最终落实在人的转型》，《哈佛商业评论》，https://www.hbr-caijing.com/#/article/detail?id=479422。

聚焦人的全面发展目标。因此，智能时代的劳动教育应强化社会属性培养，着重提升人际交往、交流合作等社会性能力。

其次，数智时代的劳动教育需强化以技术生存场景为基础的素质培育。随着社会生产力进步，人类生产生活方式日趋丰富多元，思想价值取向呈现多样化特征。在大数据、云计算、图像识别、自然语言处理等技术驱动下，基于深度学习的联结主义研究在我国快速发展。人工智能通过大数据分析与因果模型，使机器更深度融入生活场景并解决问题。机器学习作为类脑智能系统，其运作不依赖形式化知识推理，而是依托海量数据的多维特征，突破传统因果思维范式，转向相关性思维模式。通过模拟神经网络连接机制，实现海量数据的自主学习，推动人工智能研究从抽象知识表达向实践技能提升转型，从主客二分的理性分析向能动主体与外界交互的感知学习演进。数智化技术引发的认知范式变革，不仅揭示人类对世界的即时经验与多元交互关系，更重构了世界语义化表达的底层逻辑。这种变革深刻改变着传统劳动结构。传统认识论难题在统计与随机理论建模中被消解，赋予智能机器持续实践能力与自主学习属性，使不确定性成为智能时代的基底特征。同时，机器智能水平高度依赖学习样本规模，面对智能机器学习的不确定性与技术快速迭代，人类需动态重构知识规则与概念体系。体知型认知的重要性不断凸显。对能动主体而言，其技能随学习持续增长——这种技能无法等同于算法或理论体系，而是主体在特定域境中形成的情境化技术能力。2017年发布的《新一代人工智能发展规划》明确要求"重点突破自适应学习、自主学习等理论方法，实现具备高可解释性、强泛化能力的人工智能"①，数智时代劳动教育应立足于此，通过强化技术生存场域的素质教育，发挥学生智慧优势，支撑人机协同发展。同时需培育学生必备数字素养，如媒体素养、视觉素养、数据素养、智能素养等，以应对技术变革挑战。人工智能无法替代的人类特质——情感体验、审美创造、想象创新等能力，以及哲学层面的反思判断与价值选择能力也是劳动教育不可忽视的维度。唯有回归"人"的本质维度，才能突破技术桎梏，实现人的智力潜能释放与科技文明的协同发展。

---

① 国务院：《新一代人工智能发展规划》，https://www.gov.cn/gongbao/content/2017/content_5216427.htm。

最后，数智时代的劳动教育应着重培养学生应对科技持续迭代的能力。德国哲学家卡西尔在《人论》中指出："随着现代科技的进步，我们用于观察和实验的技术工具已经得到了极大的改善，我们的分析力变得更加敏锐、更加深刻。"① 在数智化技术背景下，劳动课程需基于学生认知规律，科学整合技术要素与教学内容，系统提升学生的技能素养。为促进学生全面发展，劳动教育应强化信息处理、技术设计与应用等实践能力的培养，要求学生对知识体系形成整体把握，对核心概念建立清晰认知，恰当运用信息技术，有效过滤有害信息，使科技发展服务于劳动精神与智慧的成长。因此，劳动教育不仅要注重基础理论与数字技术操作技能的传授，更需引导学生理解科技的人文内涵，培养其创新精神、创业意识与人生规划能力，促使学生以勤勉坚韧的态度持续学习，实现情感态度、价值观念与通用能力的协同发展，为终身发展构筑扎实的素质基础。

总之，知识源于生活实践，生活经验与感知的根本目的在于引导人类更好地生活，经世致用始终是传统知识的核心价值。劳动教育的学习过程本质上是德性与人性涵养的过程，其作为合作、开放、严谨且富有创造力的实践体系，在培养学生积极情感与健全人格方面具有关键作用。从劳动价值维度审视，劳动教育既是劳动观念培育的载体，也是劳动情操陶冶的途径，更是劳动习惯养成的平台，能够塑造具备社会主义精神的劳动素养，使劳动过程发生本质性变革。劳动教育不仅使学生掌握适应社会岗位的劳动技能与职业素养，更需培养其批判性与创造性思维能力，为其未来工作中形成综合劳动素质奠定基础。

二、数智时代劳动教育的实践原则

在实践过程中人的超越本质促使实践达到主体与客体的结合，每次超越得到满足，都会引发新的超越需求，并在此基础上形成经验累积，这些积累的经验被人类的社会存在储存起来，并在这个过程中不断地寻求超越性，从而积累新的经验，进而传递新的"先验"。

劳动教育是以主体主观需求为基础，以实践为中介的人的超越性需要实现

---

① ［德］恩斯特·卡西尔：《人论》，甘阳译，上海译文出版社2004年版，第57页。

途径与认知过程，其核心在于彰显劳动者主体的功能性价值。质言之，劳动教育是通过实践获得的对事物认知向人传递的过程，人在认知基础上通过实践改造事物。劳动的内在性与外在性双重属性决定教育与劳动结合的劳动教育具有双重本质：内在性体现为实践经验向知识相关性的转化，外在性表现为认知向实践现实的转化。

教育是以服务实践的方式传播知识，实现物在人的尺度上的存在目的，进而达成人的本质实现。在此意义上，基于劳动的双重属性及其实践中介本质，劳动教育的价值不仅体现于"知物"层面的对象性价值，更在创造性对象化过程中彰显"成人"价值。若劳动是主客观统一的核心实践中介，则教育的二元性本质上是以服务实践的方式服务于人——即作为中介的中介。劳动教育是由劳动实践体验与劳动对象认知体验构成的辩证发展过程，包含实践体验与认知体验两个维度。在劳动教育中需对两类经验进行整合，通过认知逻辑方法将其转化为关于人类超越性需求满足的客观认知。

在数智化技术背景下，大数据、机器学习、学习分析、自适应系统、情感计算、虚拟现实等先进技术，使"教育与生产劳动相结合"的传统命题发生内涵转变。要想在现代教育体系中有效应用这一客观历史规律，构建从知识形态劳动教育向现实形态劳动教育转化的桥梁，实现从理论到实践的科学转化、整体转化与动态转化，构成数智时代劳动教育的实践新课题。

（一）数智时代教育与劳动的历史性归一

1. 从历史发展的视角看"教育与劳动相结合"的发展下的劳动教育

在古典商品经济时期，经济发展的核心在于物质资本积累，"教育"与"生产劳动"的结合仅服务于劳动力再生产需求。美国经济学家保罗·罗默提出，教育产生的知识具有双重属性：一般知识产生规模经济效应，专业知识则形成生产要素递增效应，两者结合不仅能实现知识、技术与人力资本的自我增殖，更能驱动资本、劳动力等要素的回报递增。卢卡斯认为，正规和非正规教育都能产生"内在效应"，即高人力资本能带来高收入（劳动报酬递增）；在岗培训和"边学边干"可以产生"外在效应"，即人力资本带来资本等生产要素的收益递增。然而，这种将知识直接视为生产要素的增长理论，本质上仍以"资本创造"为外衣，掩盖了资本对劳动的剥削本质，与马克思劳动价值论存在根本矛盾。

客观而言，教育作为现代化生产的有机组成部分，必须传授包含专业基础知识与文化背景的"一般知识"体系，以此提升劳动者"内在素质"。因此，构建劳动教育与普通教育、通识教育及专业教育的协同机制，实现专业基础理论与实践技能的有机融合，是统一大市场建设背景下劳动与教育融合发展的新要求。

在数字技术驱动的劳动教育实践中，需要构建专家系统、知识体系与计算机系统三位一体的智能融合系统，实现人类思维成果、经验智慧与数据信息的深度整合，达成定性认知与量化分析的辩证统一。在市场经济发展的时代，构建社会主义统一大市场，既要建立完善的国内市场，又要形成开放的国际大市场。在社会主义市场经济中，市场引发并促进新的教育需求，由此产生劳动与教育相结合的新要求。一是劳动教育本身需增加思想教育内容，使学生认识资本主义与社会主义制度下劳动社会性质的差异，从而通过比较形成对社会主义优越性的理性认知，通过校企合作、产学研结合等方式推进劳动教育实践创新。二是要把握数字技术引发的产业形态与知识形态转换机遇。从宏观层面看，需要使劳动教育适应国民经济发展水平，着眼青年全面发展，遵循青年身心发展规律，贯彻"人人普遍受教育，人人普遍参加生产劳动"的原则。从中观层面看，要求各级各类学校根据不同年龄段青年的教育需求，制定劳动与教育结合的目标体系，探索劳动与教育的最佳结合点。在数字技术背景下，随着自动化技术替代传统岗位，特别是智能技术的应用，人类行为模式发生转变，具备创造力、想象力、合作精神、系统思维和高情商的个体将成为智能机器的操控主体。可以预见，教育与劳动的融合共生发展将促使未来合格劳动者突破单一岗位局限，发展为精通数智化全流程的复合型人才。要实现面向人工智能时代的智慧劳动教育，必须坚持应用导向和行动学习理念，推动计算机科学与数学、工程等学科的交叉融合，通过增强学习任务的探索性与实践性，促进学生计算思维、工程思维、设计思维的协同发展。

2. 数智时代劳动教育下教育与劳动的新结合

数智化技术重构劳动方式，重塑劳动教育的制度结构，创新教育生态与社会生态的对接模式。作为"现实的人"，其生存状态深植于特定社会发展阶段与社会关系网络之中。宏观视角下，个体生存问题的解决依赖于社会生产创造社会财富，并通过社会分配机制实现价值转化。在此过程中，人类作为社会关系系统的构成要素，依据社会需求进行劳动分工，从而获取维持生存的物质资料。

要实现个体对社会生产的有效贡献，必须通过教育体系培育相应的劳动能力。

随着数智化技术的不断发展，具有类脑神经网络特征的人工智能系统强调人机交互作用，仿人演化自适应机制的移动机器人等智能实体的相继涌现，标志着技术发展逐渐突破形式化限制，朝着"类人化"方向实现突破性进展，为劳动与教育的目的性历史统一开辟新的实践场域。从知识表征维度分析，日常世界的复杂性难以通过形式化建模来完整呈现。在模拟神经网络领域，人类生命系统的整体性远超人工神经网络架构，智能本质源于传感器信息转化与外界环境交互的动态过程。因此，数字技术若要通过建模来模拟人类大脑功能，或实现类脑智能的进化发展，必须以劳动与教育的深度融合为前提。人类劳动实践的持续演进为教育内容供给提供源源不断的经验支撑与创新动力，而教育体系的迭代更新又反向强化劳动内容的技术内涵与知识密度。

数字技术的持续颠覆与变革使全社会在科技赋能下经历着系统性升级与飞跃式发展。教育需将技能、知识、技术价值等要素有机融入劳动教育各环节，系统提升学生的劳动素养。在数智化体系支撑下，当代劳动教育呈现网络化、知识化、数据化、智能化的协同赋能特征。数智时代的技术、社会与教育深度耦合，使虚实融合的劳动教育形态成为现实可能。基于数智化技术构建的新型教育生态，确保"劳动"观念在知识传授中实现自然嵌入，使劳动教育的"劳动性"本质赋予学生更完整的劳动体验。

从劳动发展的社会动态机制分析，劳动持续突破必然性限制，构成自由活动逐步实现的内在矛盾运动。劳动教育是以解放人的全面发展为根本目标、以适应未来社会需求能力为培养导向的教育范式。劳动作为人的身心对象化的基本途径，对个体发展具有基础性推动作用。在生产力低级阶段，劳动者在劳动过程中必然消耗体力或脑力，繁重单调的劳动强度常超出身心承受极限，导致疲劳、痛苦、厌恶等负面体验。劳动教育侧重于工具性教育特征，为的是解决个体生存问题。劳动成为人的被动选择。随着社会发展，劳动的外部支撑体系持续优化，特别是数智化条件下劳动水平的提升，为通过劳动教育实现人的自由全面发展创造了更充分的社会条件。生产力的跃升与劳动形态的变革，使劳动的存在价值得到历史性凸显——尽管劳动仍具有工具性价值，但其对个体自我实现、存在意义感知等本体性功能的意义日益重要。在数智技术驱动的生产力跃迁背景下，劳动对人的身心统一性和自由能力提出更高要求。劳动教育以现实劳动为基础，在既有劳动解放前提下，进一步促进人的自由全面发展。这种教育形态为人的解放与全面发展构建了新型社会交往基础，通过丰富劳动环境、创新劳动方式，持续拓展人的智慧维度、道德境界与审美潜能。因此，劳动教育与人的发展目标具有内在一致性，其历史归一性将随着技术解放生产力的进程持续深化。

（二）数智时代教育与劳动的过程性合一

1. 数智时代教育与劳动的关系

无论何时，劳动都是人类存在的必要条件。在数智的时代，物质的丰富使人们不再需要为了一块面包而学习或工作，也不再需要为了维持生计而经营人际关系。人从事劳动不仅是为了生存，更是为了探索存在的意义与价值。人类始终无法脱离劳动，因其存在意义正源于劳动本身。通过劳动，人与世界中的"存在"建立联系，从而使"人化世界"得以呈现。传统教育一直致力于人的理性培养。虽然理性发展至关重要，但情感与意志等非理性因素对个体成长的作用同样不可忽视。成有信指出："现代教育和生产劳动的关系，既不像古代劳动者教育那样是和生产劳动融合在一起的，也不像古代学校教育那样是和生产劳动完全脱离的，而是处于一种独特的状态：它们既作为两个过程相互独立，又不可分割地联系在一起。"① 在数智化条件下，教育与生产劳动的互动需要进一步拓展：现代教育应与智能生产劳动形成持续有效的协同机制，促进个体在生理机能、情绪管理、心理素质、道德观念及审美能力等维度的均衡发展，实现个人成长与社会利益的统一。数智化技术对劳动教育的改造需遵循创新性融合原则：以人工智能平台为载体，依据学习者特征与兴趣定制教学内容，充分激发其劳动潜能。在传统的劳动教育中，其认识逻辑的起点是教育内容。教育者依据自身对劳动知识的理解，通过严密的逻辑结构组织劳动知识学习，制定教育计划并开展教学活动。学习者的认知停留于"看、记、做"三个层面：即通过直观感知、记忆与实践完成学习过程。这种模式虽能使学习者清晰掌握劳动知识，却忽视了其真实需求，未能充分激发其积极性与主动性——这正是制约劳动教育成效的决定性因素。数智化技术的应用使人类认知的科学基础、方法路径与思

---

① 成有信：《论教育和生产劳动相结合的实质》，《中国社会科学》1982 年第 1 期。

维模式发生根本性变革。数智时代的劳动教育基于教育对象特征与兴趣的人工智能平台，构建符合学习者需求的教学内容体系，从而有效释放其劳动潜能。

在数字技术持续发展的当下，人们应更有效地通过技术手段实现主体性目的与客观手段的实践统一。数智时代的劳动教育需要使学生在理解人类在通过劳动实现目标的实践过程中，掌握以工具操作系统为核心的数智化技术应用方法。数智时代劳动教育应揭示新型劳动中技术发展规律与其社会功能担当的辩证关系，通过重构个体与自然、他人及社会间的多维关系网络，使劳动者在创造性实践中实现人生价值。

2. 通过教育与劳动的过程性合一实现劳动教育的本真价值

社会的发展规律与国家治理逻辑共同印证了实现可持续发展的核心在于前瞻性布局与战略性储备。习近平总书记强调："人才是第一资源。"[①] 劳动教育与人才培养在实现人的全面发展目标上具有内在统一性。国家综合实力的竞争本质上是人才竞争力的角逐。据麦肯锡全球研究院预测，至2030年我国制造业从业人员对体力劳动的需求将下降12%，而对数智化技术、先进信息技术及编程技术等技能型人才的需求将增长58%。[②] 劳动形态将突破传统范式，转向以人的主体性发挥为核心的创造性劳动。为构建多维能力培养体系，劳动教育既要关注学生个体职业倾向与价值取向，又要通过数字技术整合跨学科知识、多元领域技能及复合型素养，重构"复合型技术技能"的内涵边界，为协同智能时代的复合型人才培育提供教育支撑。

数智化进程不断催生新型经济形态，社会结构呈现扁平化发展趋势，市场组织转向合作型网络架构。在此背景下，劳动教育应贯穿生产—流通—分配—消费的全链条，使学生系统掌握劳动世界的运行规律。当数字技术渗透现代生产体系，引发生产流程持续重组与劳动职能动态调整，这不仅标志着工业生产方式的革新，更对劳动教育提出时代性要求：教育须通过知识传递与技能训练，建立科学与生产的有机联结，促进科技成果向现实生产力的转化。通过培养适应生产要素流动的复合型人才，使劳动教育最终指向人的全面发展。

---

① 习近平：《在庆祝改革开放40周年大会上的讲话》，《人民日报》2018年12月19日第2版。
② 麦肯锡全球研究院：《中国的技能转型：推动全球规模最大的劳动者队伍成为终身学习者》，麦肯锡公司研究报告，2021年，https://www.mckinsey.com.cn/wp-content/uploads/2021/03/MGI_Reskilling-China_-Full-CN-report.pdf。

劳动教育的实质是教育与劳动的过程性生成关系，两者的结合基于以下两点：其一，劳动的社会存在性决定了劳动主体能力与基本素质的发展必须通过教育实现，尤其与生产劳动紧密关联的劳动教育更需遵循这一规律；其二，劳动本身具有独特的育人功能，其教育价值唯有通过实践过程方能显现。随着科技发展进入数字智能劳动时代，人类劳动形态已突破简单体力劳动范畴，这要求我们重新审视劳动教育目标设定。反对将经济收益作为"教育与劳动"结合的主导目的，数智时代的劳动教育更应聚焦于思维能力的培养而非特定问题解决能力的提升。

作为横跨职业域、技术域、教育域与社会域的教育类型，劳动教育需平衡工具理性与价值理性，既培育"职业人"又塑造"生命人"。苏霍姆林斯基强调劳动的崇高道德性与公益目的性。《中共中央 国务院关于全面加强新时代大中小学劳动教育的意见》指出，要"把准劳动教育价值取向，引导学生树立正确的劳动观，崇尚劳动、尊重劳动，增强对劳动人民的感情，报效国家，奉献社会"[①]。"劳动创造美好生活"的本质在于实现个人价值与社会价值的统一，要发挥劳动在个人与社会之间的纽带作用。二元对立思维导致劳动的个体价值与社会价值割裂，但社会价值并非外在于个体——这种认知偏差源于历史局限：近代工业革命、市场经济与自由主义思潮在确立个体独立人格的同时，也造成了个体与社会关系的疏离。对此的反思催生了社群主义思潮，具体到教育领域则体现为杜威提出的"合作共享型新个体"理念与鲁洁倡导的"世界历史的人"培养目标，两者共同揭示社会价值实现与个体价值实现的内在统一性。

数智时代的劳动教育不仅是育人载体，更是渗透德智体美各方面的综合性实践，具有树德、增智、强体、育美的多重功能，其终极目标在于引导学生通过社会服务实践体悟生命价值的崇高性。

数智时代，劳动教育是以合作劳动为主要组织方式、以脑力劳动为核心内容的新型教育形态。其本质应体现为教育与劳动的过程性结合，依托实践的逻辑理性构建清晰的内容体系与实施路径。唯有如此，方能充分释放各类劳动形态的教育功能，彰显不同劳动教育形态的独特价值，进而完善教育逻辑体系的整体自洽性与明晰性，使学生在接受劳动教育过程中形成正确的劳动价值观与

---

① 《中共中央 国务院关于全面加强新时代大中小学劳动教育的意见》，《人民日报》2020年3月27日第1版。

深厚的劳动情感认同。

(三) 教育与劳动的科学性、政治性、人文性的价值相结合

有部分学者，担心数智化技术的引入会导致教育主体性的消解，引发教育"主体客体化"与"客体主体化"的双重异化。然而事实上，技术本身无法直接赋予劳动教育意义，技术的教育意义的本质是将技术所蕴含的知识、技能、态度及价值观等通过劳动这一现实的实践活动发挥作用。数智时代必须强化人的主体能动性，通过技术优势弥补人类局限，从而更好发挥人在社会发展中的主体地位。人在劳动中的人与物质世界的感性互动构成"实践"或"对象性活动"，是主体意识通过实践活动形成的主体创造性活动，主客体在实践过程中呈现本质同一性。因此任何技术都无法替代人类情感与高阶智力劳动。劳动教育作为实践场域，持续整合人类物质创造与精神创造的普遍性文化成果及其价值内核。从本质上讲，劳动包含知识运用与创新的人类基本实践形态，是物质生产与精神生产的核心环节。

曾几何时，在功利主义思潮的裹挟下，劳动教育逐渐淡化，陷入"可有可无"的窘境。当今社会，科学技术的发展必然导致劳动价值的多样化，但我们也要防止无高度、肤浅的价值追求在劳动领域的蔓延。人在"物象化"道路上的跌落，必然导致劳动远离生命美感，人也失去归属感。数智时代的劳动教育应重视逻辑与理性的知识教育，注重人性和文化的精神教育，并将二者有机融合：既要深刻理解人与智能机器的本质差异，又要聚焦人的成长需求，使学生掌握适应未来社会的知识与能力，实现劳动教育的本质回归。

数智化条件下的劳动教育应以培养适应未来社会的高阶能力为目标，强化情感与道德等人文素养。劳动本身是凸显劳动主体性、重视劳动关系范畴的实践活动。事实上，"以知为本""以德为本""以技为本"的教育模式，都可能导致教育主体的缺失。数智化技术在提升人际协同效率与决策能力的同时，也对人类寻求完整生命意义的感性能力构成挑战。当前，技术已将人类带入信息爆炸的时代，人甚至沦为"人机协同"的逻辑环节。因此，如何超越技术理性的"物"尺度，回归"人"的内在尺度，在技术进步中实现人的完整生命价值，成为劳动教育的重要价值指向。

劳动中"知"与"行"都与人的因素密不可分。人们在进行科学探究的同

时，通过意义阐释等途径将外在之物转化为人化存在。从某种意义上讲，劳动为人类的生存赋予了历史意义——正是这种意义为世界创新提供了强大的原动力、目的性与价值依托。

我们不能只是将机器视为控制劳动力的重要工具，因为技术作为核心生产要素发挥作用时，必须依赖人的创造性实践。当人类运用技术改造自然时，技术本身也被赋予人的内在规定性。即便是使用简单工具从事体力劳动的实践，也因彰显人的自由自主性而在身心发展中具有不可替代的独特价值。可以预见，当人工智能等技术突破人类知识生产边界、重塑知识生产主体、实现知识生产范式跨越时，人类自由劳动的能力将获得更大提升。也就是说，人对劳动实践的要求越来越多地打破它的工具价值限制，体现出它对自由全面发展的目的性价值，即在更高级的阶段，人对劳动的需要本质上就是一种"教育性"的需要，也就是说，劳动不是为了满足物质追求方面的价值，而是为了促进人的全面协调发展。因此劳动教育不仅其内容本身可以与数智时代的技术发展相匹配，而且在手段方面也并非一种狭隘的工具主义，数智时代的劳动教育具有科学性、政治性和人文性的高度结合性，它不仅反映出了教育在对新科技的适应与跟进中所表现出的进步主义，同时也反映出了教育通过自身的价值显现，不断呈现出劳动和科技对人的自由、生存体验、生命价值等方面的积极影响。

因此，在顶层设计层面上，劳动教育要从技术的人文关怀、价值精神等角度出发，通过对数字技术手段的工具性规制，以规避其中的道德风险。因为如果对数字技术放任不管，极易导致"数字至上"和"人的主体性消解"等一系列问题。劳动教育在进行技能性教育的同时，也要引导学生关注并积极思考我国目前关于如何进一步完善数智基础设施，缩小数字鸿沟，共享数字技术；如何坚持人民立场，制定数智技术红线，共建数字体系；如何规避数智技术垄断，构建数字公域，共享数字成果等问题，进而使学生对社会主义新型劳动的科学性、政治性、人文性产生深刻的价值认同。与此同时，从实践教学维度看，劳动教育始终属于"技术的教育"范畴，而非"教育的技术"[①] 工具。因此，在劳动教育数智化教学资源建设、数字媒体应用及人才培养模式构建中，必须凸

---

① 朱德全、熊晴：《职业教育现代化发展的逻辑理路：价值与路向》，《云南师范大学学报（哲学社会科学版）》2021年第5期。

显技术的价值理性与人文关怀，重点培育学生的数智化素养，使其免于被数字技术异化或虚拟世界裹挟，从而在劳动实践中实现人的全面发展。

三、数智化时代劳动教育的实践新导向

（一）发挥劳动教育在培养复合型数字人才方面的积极作用

劳动教育在培养复合型数字人才中的作用需通过以下路径实现：其一，运用大数据、虚拟现实等技术手段，将课程体系、教学资源、教学过程及师生活动等实体纳入更广阔的系统框架，识别不同主体、领域、要素、结构与形式间的最佳结合点，为提升学生数字素养创造条件。同步强化技能的意义建构、人文关怀、职业情怀与工匠精神等素质培养，使学生在掌握高阶数字技能的同时，形成合作共享、创新协作的综合素养，成长为适应数智时代需求的高素质技能人才。其二，深度开发教育大数据的潜在价值，为教育改革提供创新思路与方法论支撑。从数据赋能的潜能看，数智化转型的本质是对数据资源的深度挖掘与优化配置，通过构建数据生态延伸价值生态①，实现教育新生态的系统重构。为此需建立政府、行业、学校、社会多方联动的开放共享教育数据平台，推动各利益主体协同参与数据挖掘与生成。通过智能技术构建集体智慧型教育智库，揭示数据背后的规律与趋势，为课程教学改革、校企合作深化、管理服务优化等提供决策依据。其三，促进文化价值取向的形成，支撑教育数智化转型。数智化思维强调自我导向信念与情境适应性信念，其思维方式本质上等同于支持数智化转型的组织文化氛围。② 当前，数智化技术对教育的赋能仍处于资源建设初级阶段。如何有效处理、分析、呈现与反馈数智化技术生成的海量数据、教学数据及评价数据，充分挖掘其信息价值以促进教育数智化转型，是当前教育领域亟须解决的核心问题。正如阿尔文·托夫勒所言："我们既不能返回过去的非理性主义，也不能消极地顺其自然，更不能陷入绝望或虚无主义。"③ 在教育实践中应用数字技术时，需将工匠精神转化为教育数智化建设的核心资

---

① 祝智庭、胡姣：《教育数字化转型的本质探析与研究展望》，《中国电化教育》2022 年第 4 期。
② Solberg, E., Traavik, L. E. M., & Wong, S. I., "Digital Mindsets: Recognizing and Leveraging Individual Beliefs for Digital Transformation", *Califonia Management Review*, 2020, 62 (4), pp. 104 – 124.
③ 阿尔文·托夫勒：《未来的冲击》，黄明坚译，中信出版社 2018 年版，第 398 页。

源,将"联通互造、自我创造"的数字基因融入精益求精的工匠精神内核,推动数字技术向善发展。通过传承与弘扬数字工匠精神,培育尊崇劳动的社会风尚,为构建教育数智化生态系统奠定精神价值根基。

表2 现有数字平台系统

系统类型	典型代表	适用对象	核心价值
区域/校级平台	—	K12学校、区域教育部门	解决本地化资源短缺问题,强化数据驱动评价
国家级资源平台	国家智慧教育平台劳动教育专区	全国中小学	提供标准化课程资源与跨区域协作支持
企业级解决方案	中慧云生态、AI劳动教育云	职业院校、企业培训部门	对接产业需求,支持高危操作模拟与技术创新

说明:学校或区域可根据需求选择"轻量级部署"或"深度定制";职业院校与高校可以联合企业部署中慧云等系统,开展产教融合项目(如数字孪生工厂实训等)。

(二)在客观、中观、微观层面推进劳动教育数智化转型

劳动教育的数智化转型已成不可逆趋势,如何实现从粗放式、概念化向精细化与操作性的范式转变,是当前亟待解决的核心问题。

在宏观层面,高校应将数智化项目纳入劳动教育改革发展的主线,从国家经济高质量发展的战略高度出发,聚焦重点领域(如教学资源、技能培训、质量评估等),系统规划劳动教育的整体设计与实施。具体而言,以数智化人才培养模式转型为切入点,拓展具体研究内容,如数智化资源构建、智慧治理体系、数智化评价模型等,厘清数智化劳动教育建设的多重逻辑与核心难题,为劳动教育数智化转型提供全面系统的理论指导。

在中观层面,深入推进劳动教育的数字工程"点"与教育行动"面"的深度融合,以数字工程为支撑,全面提升学生对未来数字化劳动世界的适应能力,为学生未来的劳动实践奠定坚实基础。同时,劳动教育应结合实际需求,深化校企合作,以产教融合试点为契机,加强基础设施建设,培养高技能人才,提升师资队伍素质,制定科学合理的课程标准,推进数智化进程。重点围绕数智化人才培养、数智化专业建设、数智化课程模块化开发以及数智化"双师"教

师培养等方面展开工作。

在微观层面，应充分挖掘并创新数智化项目中的技术资源，充分利用多媒体、网络、虚拟现实、人工智能等技术特性，积极构建智慧课堂，开发在线课程，更新教学资源等。

在数智时代，5G、虚拟现实、全息投影等新技术为劳动教育传统的具身教育模式创新带来了新机遇。劳动教育课程内容的安排应突出数智化劳动教育重点，在劳动模拟情境与真实情境的共融下，劳动教育呈现多元化、开放式、研究性特征，劳动教育表现为学生身心与外界环境不断相互作用的综合性过程。在具身体验与虚拟的体验共同发挥作用下，学生个体将自己的目标、智慧、知识、技能和体力投射到劳动对象上，获得沉浸式体验。学生在劳动中不仅实现了对外部事物的改造，确立了自己的自我认同，而且在学习技术的过程中形成了对新型劳动形态的具身认知，体验到满足、快乐和幸福，从而激发其劳动创造能力。

（三）实施数字治理"智慧共治"，构建劳动教育全域数字生态圈

数智化劳动教育改革的最终目的是构建全面开放、可持续发展的教育新生态，将数字技术与数字思维融合于教育治理全过程，形成"基础架构数智化—数据链联通—智慧数智—安全数盾"劳动教育全域数字生态。

首先，通过数智化手段完善我国劳动教育数智化基础设施建设网络体系，实现教育链、产业链、价值链的一体化。自上而下构建"国家—省市—学校"三级数据中心，引导学校更新传统工艺设备，加速升级智慧课堂、虚拟仿真学习平台等硬件设施，为劳动教育数智化转型提供基础支持。

其次，依托智慧教育平台，将优质的劳动教育数智化教学资源有效利用起来，积极与企业协作，建立数智化、智能化的劳动教育基地。构建"智造+"综合课程体系，开发集成式、任务式、立体式智慧课程，探索线上线下混合教学模式，建立智能复合学习生态，为学生的个性化学习提供便利。

再次，建设"政、企、行、校、社"的"数智"一体化服务体系。未来的教育要从"经验治理"转向"智慧治理"，强调教育主体和智能机器的合作，而不仅仅是依赖经验治理。要实现这一目标，需要整合多种教育力量与资源，构建协同生态，提高人机协同效能。要深化校企合作，构建智能互动的智慧教育供给平台,建立一个延续稳固的教育生态系统,让专业、课程、教师、教学和技术等要素在一个有序、和谐的生态系统中互动共生。

(四) 在劳动教育中关注劳动具身化体验

具身认知理论以身体结构与身体活动为视角,强调身体在认知与思考过程中的重要作用。《中共中央、国务院关于全面加强新时代大中小学劳动教育的意见》明确指出:"实施劳动教育重点是在系统的文化知识学习之外,有目的、有计划地组织学生参加日常生活劳动、生产劳动和服务性劳动,让学生动手实践、出力流汗、接受锻炼、磨炼意志,培养学生正确的劳动价值观和良好的劳动品质。"①

当前,人工智能将虚拟现实、增强现实、智能教师等智能教育应用引入学校课堂中,推动了教育教学方式的变革。在劳动实践中,学生可以亲身体验到劳动者的艰辛,从而牢固地树立起对劳动的尊重和热爱,改变好逸恶劳、一夜暴富等不良思想。基于虚拟现实技术构建的学习环境可以让学生在虚拟环境中体验真实情感,并以仿真的方式参与自主探究,促使认知学习从"无身"到"情境"再到"具身"的范式转换,从浅层次知识向深层次认知转变。这顺应了人工智能时代重视情感劳动、协作劳动的发展趋势,对于推动沉浸式情感教学与互动教学具有积极意义。随着人工智能时代的到来,虚拟现实技术为开展劳动教育营造了新的教育生态环境。尤其对于某些高风险劳动,学生可通过可控"虚拟现实"操作完成,实现对劳动的全面理解与"具身"情感体验。但同时,我们也应注意到,随着虚拟现实技术的沉浸感越来越强,用户可能会有一种与真实世界隔离的感觉。国内虚拟现实技术专家赵沁平教授指出:"当前的 VR 教学产品设计与开发还不成熟,虚拟与现实的偏差会导致学习者产生谬误,即虚拟与真实之间的失切性会导致学习者产生认知偏差。"② 在此背景下,将数智化技术应用于劳动教育改革,既要利用虚拟现实技术激发学生的学习兴趣,又要回归现实世界中的劳动,实现虚拟与现实相结合。具体方式如下:

---

① 《中共中央、国务院关于全面加强新时代大中小学劳动教育的意见》,《人民日报》2020 年 3 月 27 日第 1 版。

② 沈阳、逯行、曾海军:《虚拟现实:教育技术发展的新篇章——访中国工程院院士赵沁平教授》,《电话教育研究》2020 年第 1 期。

首先，在设计虚拟环境时，应根据学生的实际发展需求，使虚拟情境设置贴近生活实际，回归现实与生活体验，引导学生在实际操作与应用中修正与强化劳动认知。现实是虚拟之源，虚拟又推进了现实，因此劳动教育应促进虚拟环境与现实环境相结合，使学生在虚实相融中建立自身的劳动知识体系。

其次，在数智时代，劳动教育涉及新型人才培养结构的调整。当前，多数行业对劳动者知识能力的要求日益提高，劳动者需具备较为完备的理论知识体系，以及综合分析与解决问题的能力，方能更好地适应岗位需求。这一趋势已成为我国劳动教育发展的主流方向。为此，应重新界定劳动教育的内涵，使其超越传统范畴，不再局限于适应简单技能与满足生活需求的道德教育，同时承担起为现代社会人才结构培养技能型人才的重要使命，成为涵盖专业领域的教学活动。

在数字技术条件下的劳动教育中，数字技术的应用不仅能够涵盖惯常化的作业程序，还能够促使学生对自身的主体性进行全面反思，并实现智能的提升。然而，算法、数字逻辑以及教育指标均由人类设定，这要求我们运用全面的反思能力对算法及其结果进行深入追问。唯有如此，劳动教育才能有效培养学生的良好劳动思维，使其能够适应数智时代的新要求与新挑战。

第四节　数智时代高校劳动教育新实践

用马克思的实践观点审视教育，意味着秉持一种从实践出发、通过实践并最终服务于未来的教育观。劳动教育必须与时俱进，与人类劳动的发展紧密结合，实现教育全面性与劳动发展全面性的有机融合。它理应扎根于人性发展的深处，以促进人的自由而全面发展为价值基础，致力于将个人培养为自由创造的劳动主体，进而推动整个社会的劳动意识、劳动方式、劳动关系、劳动文化以及劳动价值观的持续变革与发展。

一、树立"大劳动"教育观

尽管劳动教育可以通过合理运用工学、农学等传统劳动教育方法达成既定教育目标，但置身于数智时代，鉴于新的数字技术条件以及新型劳动技能和劳动素质对学生发展的关键重要性,更应积极倡导在日常劳动技能实践环节中,探索与现代数智化生产体系相适应的劳动教育模式。数智时代的劳动教育,不仅涵盖劳动知识与技能的传授,更强调受教育者在智能化环境下新的学习能力与劳动道德性的有机结合,是对人与技术关系的提升与重塑。在数智时代,应通过树立"大劳动"教育观来培养学生的综合劳动素养。

首先,在数智时代"大劳动"教育观下,劳动教育所涵盖的劳动范畴相较于传统意义上的"劳动"更为丰富多元。它对学生的本性成长和全面发展保持着高度敏感性,注重引导学生通过劳动实践尊重劳动、热爱劳动、熟悉劳动、珍惜劳动,并借助劳动理解人类生存本质、社会发展进程以及民族兴衰历程。可以说,在"大劳动"教育观下,任何尊重生命、认真生活的活动皆具有劳动教育价值。

当前,在数智技术的推动下,新兴劳动形态不断涌现,这对过去主要基于第一、第二、第三产业构建的劳动形态格局构成了日益显著的挑战。劳动形态呈现出多样化的叠加特征,生产与技术、知识与价值、信息与文化、时间与空间等劳动要素的耦合较之以往任何时代都更为复杂多样。劳动形态的变迁不仅体现在数量的大幅增长,更反映在其更新速度的显著加快。新劳动形态的持续产生与旧劳动形态的逐渐消亡,成为数智时代劳动场域的基本特征。数智时代劳动形态的全面变革,必然要求学校劳动教育确立开放发展的课程内容观。劳动教育必须主动拓展内容边界,以涵盖劳动现实的动态变化。倘若学校劳动教育忽视了这一趋势,必将面临落后于时代的困境。因此,数智时代的劳动教育必须秉持可持续发展观,一方面关注社会劳动形态的演变,及时调整更新教育内容;另一方面着重培育学生的劳动基本态度和基本能力,而非单纯传授具体生产技术,使学生能够以稳定的心态应对劳动形态的快速演变,实现以不变应万变。

其次,数智时代劳动教育的实践性体现在对数字化、智能化劳动场景中实际问题的自觉反思与合理领会,而不仅仅是培养学生劳动技能。这种反思能够为劳动体系的持续完善提供新思路。数字技术的广泛应用已深刻变革劳动力结构,劳动力不再局限于传统知识体系下的固定行为模式,而是被赋予更广泛的内涵,需要劳动者具备更全面的知识素养和技能。

劳动教育是一门将动作技能与思维能力紧密结合的实践性学科。劳动教育旨在数字场景中实现"劳动思想教育、劳动技能培训和劳动实践训练"的有机结合，构建"三位一体"的教育模式。数智化技术的发展对劳动者提出了更高要求，尤其是在数字产业与数字技术的融合过程中，社会亟须既懂传统业务又掌握数字技术的复合型人才。高校在从传统劳动向数字劳动转变的过程中，应承担起"模式转化"的角色，将数字技术素养有机融入各个专业学科教育、校园文化教育和德育中，贯穿于知识获取、技能培养和态度塑造的各个环节。教学内容的选择必须体现新质生产力发展的时代要求，反映劳动信息化、自动化、智能化的趋势。高科技的智能技术扩展了技术与劳动之间的内在联系，也为教育与劳动的结合注入了新的时代特征。数智时代的劳动教育，通过数字技能、素质和积极劳动观的融合，培养学生的新型劳动能力，提升其技术理性和自我本质力量。

再次，劳动教育自身也应朝着智能化方向发展。传统手工练习虽能为学生提供一定的劳动体验，但已难以满足智能劳动生产对人才的需求。劳动教育不应局限于简单劳动方式和方法的传授，而应从生产力发展的高度，重新审视传统简单劳动的历史价值与意义，引导学生从传统劳动向现代劳动转变。高校可通过工学结合、产教融合的方式，引入物理增强、虚拟现实等智能化技术，提高智能化劳动实践的比重，做到"着力推进劳动教育与专业教育相结合，与思想政治教育相结合，与社会实践、实习实训相结合，与创新创业教育相结合"[①]。此外，学校的专业课程内容应进行分段、分层、分类的重组，通过强化现实劳动活动指导、引进企业师资、开拓实践基地等方式，使劳动教育体系更加贴近现代生产劳动的需求。

最后，在新的历史时期，劳动教育的内容不应仅局限于生产性劳动，还应关注消费性劳动。当前，我国生产领域存在结构性产能过剩的状况，生产和消费是劳动链中最重要的两个环节。青年大学生中出现的"符号消费""过度消费""攀比消费"等问题，反映出我国劳动教育内容的缺失。因此，引导大学生合理、适度地消费，应成为新时代劳动教育的重要内容。同时，在智能化社会背景下，体力劳动、手工操作技能和基本认知能力的重要性逐渐降低，而非物质劳动技能，如社会情感能力和情感交流技能的重要性日益凸显。劳动教育应

---

① 刘向兵：《让劳动教育为新时代的奋斗者插上翅膀》，《中国高等教育》2018年第19期。

加大对情感性、社会性教育内容的关注，结合现代科技，突出非物质性劳动内容，重点发展情感劳动、公益劳动、服务劳动等，实现物质劳动与非物质劳动的有机结合。

劳动教育的实践不仅需要身体力行的参与，思想实践同样重要。劳动素养的提升涵盖数智化劳动技术与劳动品质两个方面。在数智时代，人机协同的劳动更注重科学决策和运行，劳动者还需具备高超的数智化职业技能和数字伦理素养，这是工匠精神在当今社会的体现。技术应用本身包含价值维度，伦理因素贯穿于技术活动及相关因素之中。因此，具备工匠精神的劳动者需从多方面思考问题，在数智化劳动流程中完成各项工作任务。劳动教育应突破学科界限，以学生的职业兴趣、经验、情感为核心，构建多学科交叉融合的教育体系，促进自然科学、社会科学和艺术的交叉融合，提升学生的实践和创新劳动素养。同时，高校应继续挖掘实习实训课和创新创业技能竞赛等特色载体，拓展"校内基地生产化，校外基地教学化"的教育生态优势，积极联系合作企业、工业园区等，开展数智化劳动教育实践基地建设，开发劳动场景典型案例，挖掘劳动育人元素，发挥各方优势，协同培养技能人才，形成动态的协同育人机制。

二、创新高校劳动教育课程

当前，人工智能等技术正以前所未有的方式重塑劳动方式，劳动教育需要全面构建体现时代特征的劳动教育体系。然而，劳动教育目前面临着数智化、网络化、智能化等"现代性"应然愿景与"传统性"实然型人才培养模式之间的矛盾。为此，高校应积极构建劳动教育的实践新模式，引导大学生树立正确的劳动观，自觉运用脑力与体力，通过劳动实现自我价值，为社会创新发展积聚人才优势。

（一）建立规范化的劳动教育课程发展方向

传统的劳动教育模式已无法满足个体发展需求，以市场需求和学生发展为导向的劳动教育模式成为新趋势。劳动教育应从课程观念、课程标准、课程保障、课程评估等方面，构建机制灵活、开放创新、适应个性化需求的学习支撑系统，推动我国劳动教育课程体系的规范化发展。通过构建互联、共享、智能的数字化学习生态，实现线上与线下无缝结合的学习环境，促进优质资源共享，优化资源配置，提升课程质量。

首先，强化劳动教育的课程价值。目前，我国劳动教育在重视度和理解度方面存在不足，且教师的劳动素质有待提升，劳动教育的成效不理想。学校应以数智时代劳动教育课程标准为依据，详细规划劳动教育的目标、内容、实施要求和方式，并明确其与综合实践活动课程、通用技术课程、科学课程、研学旅游等现有课程的联系，最大程度发挥相关课程和教学资源的作用，避免课时和课程资源的重复浪费。

其次，数字技术的发展使劳动教育具有终身教育的特征。因此，需要全面审视劳动教育的教学目标，进行顶层设计，明确各个学段劳动教育的地位，统筹安排全学段、全过程的教学安排，规划课程内容，制定教学制度等，确保从学龄前到大学的全过程形成无缝衔接、融会贯通、螺旋上升的发展过程。

最后，加强劳动教育场地建设和评价改革。加强校内和校外实习基地的数智化建设，是提高学生综合素质的重要途径。高校可以通过"政府主导、社会捐助、校企合作"等方式，构建"区域共享"的校外"劳动教育"实践基地。尤其要鼓励有条件的地区、学校在校园内建立劳动教育专用数智化课堂或实习场地。同时要充分利用闲置的资源，对已有的劳动资源进行有效的整合，例如将工厂、车间、社区等公共空间进行分区，使学生能够更好地参与劳动设计、规划和行动中。在此基础上，整合社会综合实践基地、创新创业教育基地、创客教育基地和研学基地，拓展已有"基地"的数智化功能转型，实现已有课程资源的最大效用。

（二）构建劳动教育课程发展逻辑

未来的教育是以尊重个性化为基础、以人的全面发展为目标的，因此，以特色为导向的教学模式已成为我国教育改革的一个重要方向。学校要依据自身的实际情况和外在条件的发展，对区域、学校资源进行挖掘、重组、利用，使其成为自身的教育特色或优势。在建构劳动教育课程时，应从学校教育总体特征出发，避免出现课程与办学"两张皮"。

为此，劳动教育课程的开发与实施需从三个方面着手，首先，劳动教育课程必须增强与学校内部和外部环境的匹配度。学校应深入分析自身的发展优势与劣势，紧抓面临的机遇与挑战，依此制定劳动教育课程的目标、内容、实施路径和评估方式。例如，工业学院可以充分发挥其与行业发展紧密相连的优势，紧密关注产业动态，开发具有行业特色的教育课程资源。其次，劳动教育课程应与学校的办学思想和教育目的保持高度一致。对于以科技创新为特色的学校，其劳动教育课程应融入培养创造性的元素，借助劳动教育推动学生创造力的发展。对于注重人文素养培育的学校，劳动教育课程则应聚焦于传承和发展劳动历史、劳动精神与劳动文化，在劳动教学中提升学生的人文素养。最后，劳动教育课程的设计需与学校现有的课程体系有机结合。劳动教育不应脱离整体课程框架，而应与之融合，或作为校本课程实施的新载体。通过将劳动教育与学校内外环境、办学理念、育人目标和课程体系等四个方面协同联动，在构建特色劳动教育课程的过程中，形成良好的教育生态，推动劳动教育的特色发展。

（三）形成高质量的劳动教育课程发展体系

数智时代，优质的劳动教育课程需要将课堂的想象空间充分地利用起来，从封闭的界限思维转变为保持一种开放的、跨界的、一体化的思想，使劳动教育课程与学科发展、日常生活与数字技术有机融合。

首先，高校可以以数智劳动（能力）为主要目标，构建"学科+劳动"课程体系，推动劳动教育与学科的整合。这里主要是通过建立以发展学生劳动素质为主旨的学科育人框架，把劳动教育的内容与各学科的课程、教学和教材进行全面、深入的融合，充分挖掘各学科中的劳动教育元素。例如，工业类院校可以在"全息育人"思想的指导下，以单元教学为载体，全面解读和设计教材，充分挖掘产业发展中的"劳动育人点"，围绕"数字工具应用、数据思维、人机协作、安全伦理"四大核心能力设计课程目标，将传统劳动技能与现代数智技术（如人工智能、物联网、数字孪生等）深度融合，培养适应智能制造、数字服务等新兴产业的复合型人才，从而最大限度地发挥学科的劳动教育作用。

其次，高校应以劳动为途径，建立"五育合一"的"劳动+X育"课程体系。"劳动+X育"课程的构建以劳动为载体，以学生的全面发展为出发点，引导学生在劳动中发现问题，并将所学的基本知识融入劳动课程内容的设计中，让学生在劳动过程中获得体验性知识，建立一个完整的知识体系，学校劳动教育可以通过 VR/AR 设备搭建虚拟工厂、智慧农场等场景，支持学生进行高危操作（如高空焊接、化工生产等）的模拟训练，降低实践风险并提升操作规范性，利用数字孪生技术实现"虚实联动"，例如将虚拟客舱服务系统设计方案同步至真实场景，或者通过物联网设备实时监测货物运输数据等。在数字技术加持下，实现"知识与技能、过程与方法、情感态度与价值观、行为与习惯"的有机结合，促进学生实现"德、智、体、美、劳"的全方位发展。

再次，高校可以以实践活动为媒介，建立"生活+劳动+智慧"的课程体系，实现劳动教育与现代生产生活的有机融合。"生活+劳动+智慧"的核心在于：学生的生活世界由学校生活、家庭生活和社会生活构成，三者缺一不可。要在生活世界中构建一个开放的劳动教育课程体系，尤其要主动引导学生参与数智时代的创造性劳动实践，将学生的创新能力与创新精神转化为实际的劳动应用场景，从而创造更多的社会价值，造福社会。将教育与生产劳动相结合是马克思主义教育原则的基本要求。劳动教育源于生活，是与生产生活最为密切的一种教育类型，其本质特征是体现人的生命活动的发展。劳动产生于一定的生活情境，在生活的各个角落都可以找到劳动教育的场所。数智时代的劳动教育课程可以利用数字技术使劳动教育实现具身化效应，让学生在劳动实践中获得身体和精神的融合体验，从而实现劳动教育从"知识世界"向"生活世界"的过渡。

最后，建立以劳动为主要内容的"数智技术+劳动"教育教学体系。学校劳动教育可以通过"数智技术+劳动"的方式，对劳动课程中的劳动形式进行数智化更新，比如将一些基本的新技术，如智能算法、数字编程等引入劳动教学课程。尤其是对于高等职业院校，更应以专业为基础，积极开展生产性劳动实践，通过专业知识的学习增强学生的劳动能力，并在此基础上开展有特色的劳动实践活动，如通过"技术研发""技能大赛"等多种形式，加强学生的动手操作能力，使专业知识向工艺、技术，再向产品转变。高校还可以利用合作创新平台，整合学界、行业、家庭和社会各界的力量，构建多功能、全方位的劳动教育平台，将现代劳动意识、劳动情感等内容贯穿于创新劳动的各个环节，让学生感受到劳动的不同意义，体会到劳动过程中创造物质财富与享受精神快乐的统一。学校还可以通过"高科技+劳动"的方式，扩展学校的劳动课程资源，建立"劳动教育数字博物馆""劳动教育资源库"等网络平台,实现共建共享。同时,以"科技+劳动"为载体,对学生的劳动教育进程和效果进行深度分析和监测,并基于对学生劳动素质现状和兴趣爱好的评估,开展个性化教学,以此提升劳动教育的成效。

(四) 构建可持续发展的劳动教育课程开发系统

在发达国家与发展中国家的"双向挤压"以及国内经济高质量发展背景下,市场对产品种类与质量要求大幅提升,对产品和工艺研发人才的数量与质量提出更高要求。这促使教育培养目标与要求发生根本性转变,教育内涵也随之更新,教育需增强对技术进步的适应能力,加强核心技能培养及职业迁移能力培育。劳动教育亦是如此,应着眼于提升劳动者综合劳动素质,助力劳动者适应经济关系转型与社会结构调整需求,同时在提高劳动者综合劳动素质上取得突破性进展。部分学者认为,中国制造业的转型升级客观上推动了劳动标准的提高,劳动教育是培养创新品质的重要途径。有学者从未来发展趋势出发,结合现代科技前沿,提出新时代劳动教育应关注创意经济、互联网思维、创客思维、大数据、云计算服务、个性化学习、个性化定制生产等发展趋势。①

在时间维度上,数字技术条件下的劳动教育课程应突破时空限制,将历史与未来紧密相连,兼顾劳动教育的继承性与时代性。一方面,课程需融入中华民族爱国敬业、勤劳质朴、艰苦奋斗的劳动精神,充分展现中华民族劳动的传统历史与劳动形式;另一方面,课程应面向未来,依据新时期的经济社会发展对劳动的新要求,顺应科技发展与产业变革的趋势,创新劳动教学方式,使学生在劳动实践中形成创造性劳动能力,为其未来的职业发展与幸福生活奠定坚实基础。

在空间维度上,劳动教育课程应体现地方性与国际性的统一。欧美国家劳动教育历史悠久,如"新教育"运动中,雷迪、德可乐利、凯兴斯泰纳等教育家提出的劳动教育思想,至今仍对美国、德国、英国、日本等国的劳动教育产生深远影响,其内容与形式均体现了各国对未来人才的需求。我国应

---

① 徐长发:《劳动教育是人生第一教育》,《中国教育报》2015 年 5 月 6 日。

立足现实人才需要，以中国学生核心素养发展为基点，结合地区经济社会发展实际，构建兼具中国特色与国际视野、面向世界人才培养趋势的劳动教育课程体系。只有从时空双重视角出发，妥善处理历史与未来、国内与国际的关系，劳动教育课程才能兼具历史传承、民族底蕴、发展前瞻与国际视野，保障数智时代劳动教育的可持续发展。

劳动教育不仅要引领学生实现个人幸福，更要指导他们追求社会幸福，将个人幸福与社会幸福、人民幸福紧密结合。数智时代的劳动教育应从现实需要和现实问题出发，通过生产劳动实践引导学生深化对马克思主义劳动观的理解，使学生在辛勤劳动、诚实劳动和创造性劳动中，切身体会劳动人民的真实生活，深入了解各行各业杰出代表的思想和事迹，学习工匠精神，做到精益求精、无私奉献。劳动教育需深入社会生产、分配、交换、消费全过程，指导学生将正确的劳动理念转化为日常劳动实践，让学生认识到通过劳动实现自身创造价值，深刻感受个体劳动与为人民谋福祉的协调统一价值，自觉将个人发展与国家发展、民族振兴以及为人民谋幸福的伟大实践紧密结合。

二、开展个性化教育，提升学生的数智化劳动素养

目前，在精确持久的操作方面，智能机器已远超并可全面替代人工。然而，在智能机器替代并拓展人力的同时，人类更需强化自身的灵活应变能力，并实现与机器的深度结合。在数智时代，人的劳动更侧重于个体发展，技能不再局限于流水线上的机械作业，而是依据个体的成长、兴趣和能力等实际因素，开展"个性化"劳动。但需明确的是，这种个性化劳动并非孤立的个体劳动，而是在数字技术支持下，人与人之间协作更加紧密的劳动形式。这使得劳动呈现出更强的包容性、多元化和个性化特征。

未来劳动者在劳动中光了解原理已不足够，他们需具备比以往更广泛的价值观和概念，并拥有在实践中应对潜在后果的能力与意志。这要求从技术学、生物学、人类学和经济学等多学科整体视角来审视人类的劳动行为。

可以说，数智时代的劳动体现了技术目标的价值取向、社会文化的价值取向，以及项目参与主体间的互动过程。人在劳动实践中通过反思与创造，获得存在价值感和意义感，这是实现自主性和全面性的关键前提。

表 3　数智化劳动素养

数智化素养	能　力	内　　容
智能工具与系统操作能力	人机协同操作	1. 掌握智能制造设备（如数控机床、自动化生产线等）的编程与调试技能，适应人机协作的生产模式； 2. 熟练使用虚拟现实/增强现实设备模拟高危或复杂劳动场景（如机械维修、精密仪器组装等），可以提高操作的精准性和安全性
	数字平台应用	1. 能够操作企业级数字化管理系统（如 ERP、MES 等管理软件等），实现生产流程的实时监控与动态优化； 2. 运用协同办公工具（如云端文档、项目管理软件等）提高团队协作效率
数据分析与决策能力	数据采集与分析	1. 通过传感器、物联网设备采集生产数据，结合工具（如 Tableau、Power BI 等）生成可视化报表，支持业务决策； 2. 利用大数据技术分析市场趋势或用户行为，优化产品设计或服务策略（如精准营销、需求预测等）
	算法与模型应用	1. 通过应用机器学习算法，优化生产参数（如能耗控制、良品率提升等），推动智能制造的落地； 2. 通过数字孪生技术建立虚拟仿真模型，预判设备故障并制定预防性维护方案
数字安全与伦理素养	内化的数据敏感性	培养个体对数字信息的敏感度和识别能力，使其能够主动发现和利用真实的、准确的数字信息
	数字信息真伪与价值认知	教育个体如何判断数字信息的真伪和价值，避免被虚假信息误导
	数据安全维护	强调数据安全的重要性，培养个体在协同学习和工作中分享真实、科学、有效的数据，并主动维护数据安全的意识和能力
	价值观、道德观、法治观	形成正确的价值观、道德观和法治观，遵循数字伦理规范
	数字伦理规范	教育个体在数智化社会中应遵守的伦理规范（如尊重他人隐私、不传播虚假信息等）

续　表

数智化素养	能　力	内　　容
数字创新与协作能力	技术融合创新	1. 结合AI、区块链等技术开发新型解决方案（如智能供应链、数字化非遗传承项目等），通过训练使个体在分析问题和解决问题时能够主动抽象问题、分解问题，并构造解决问题的模型和算法。鼓励个体在解决问题的过程中不断进行人机互动，形成迭代和优化解决方案，生成高效解决同类问题的范式； 2. 利用生成式工具（如AIGC等）辅助创意设计（如产品原型生成、营销文案创作等），提升创新效率
	跨领域协作	1. 在课程设置中增加数智化素养相关内容（如计算机科学、信息技术、数据科学等）； 2. 加强学校与企业之间的合作，助推学生参与"产教融合"项目； 3. 联合高校与企业解决实际生产难题（如智能设备研发、工艺优化等），共同培养具备数智化素养的人才； 4. 鼓励学生参与社会实践项目，如数字技术创新竞赛、志愿服务等，提升学生的数智化素养和实际操作能力
持续学习与适应能力	数智化资源利用	引导个体利用数智化资源、工具和平台进行学习。通过在线课程、虚拟实训平台（如慕课、数字孪生实验室等）更新知识体系
	探索与创新	1. 要求个体运用数智化资源、工具和平台用于提升学习效率，并将其作为探索和创新的基础； 2. 主动学习新技术标准（如5G、工业互联网等），适应快速迭代的数字化工具，养成探索和创新的思维习惯

在数智时代，新技术与新知识的获取已不再仅仅依赖于经验和直觉，也不再仅仅是知识精英基于行为和事物统一规则进行的发现过程。相反，这些技术与知识是在持续的交流、协商和应用问题解决过程中即时形成的。在劳动实践中，自然而然地形成了"人—知识—物"的技术认知与应用的三维结构。这种过程性的知识进化和劳动教育对综合性素质提升的要求相适应，在数字技术的

支撑下，技术的进步速度和规模正在不断突破传统教育结构的更新层次。在这一过程中，知识不再专属于教育专家，学生和教师都将转变为海量知识的拥有者，学校和教师的组织功能及其价值正在经历重构。技术融入生产过程，通过数字技术尤其是人工智能的支持，弥补了知识生产的传统时空限制。人工智能支撑下的科学知识生态系统要求知识产生的过程与结果的透明化，从而促进多主体协同和群体智能协同的知识生产与组织过程，展现出多学科协同、多学科融合的知识传播新格局，为学生个性化劳动素养的发展创造了有利的社会环境。

面对快速变化的技术环境，高校需要主动适应，探索优质的教学协同模式，使劳动教育模式能够利用技术平台实现因材施教。这包括根据学生的年龄、智力特征和身心特点，制定"量身定制"的系统化劳动教育内容，实现因人而异、因时而异的教育方法，确保学生在劳动实践中得到锻炼和成长。

三、构建"一体化"劳动教育体系，提升学生综合劳动素质

习近平指出："把劳动教育纳入人才培养全过程，贯通大中小学各学段和家庭、学校、社会各方面。"① 这就要求将大中小学课程"一体化"建设作为一项重要的教育工程进行纵深发展。"一体化"蕴含着深刻的哲理，"一体"是指以一种全局的眼光来认识、把握大中小的劳动教育制度，以劳动教育为主线，贯穿于整个教育体系之中，"化"是指大、中、小职业教育一体化构建的螺旋式上升和辩证发展的进程。因此，在小学、中学、大学等各个阶段，都要按照学生成长的规律，把教育发展的需求和个体的成长发展需求有机地结合起来，合理地设置教学内容。

当前，我国中小学劳动教育还存在着不同程度的断裂，中小学的劳动教育缺乏有效的衔接，教育内容的混乱和冗杂，给"一体化"建设带来了许多困难。因此，要完善小学、中学、大学各个阶段的课程体系，实现各个学段的课程目标和课程体系的有机结合，必须在三个层面上进行全面的实施。

一是加强对课程总体目标的设计。劳动教育要对每个学段的劳动教育进行整体设计，大、中、小学劳动教育都要全面、协调地发展，要打破各学段由于

---

① 《习近平主持召开学校思想政治理论课教师座谈会强调：用新时代中国特色社会主义思想铸魂育人 贯彻党的教育方针落实立德树人根本任务》，《人民日报》2019年3月19日第1版。

时段差异所带来的教学内容上的隔阂,要将劳动教育的内容相互结合,使各学段的教育内容相互渗透,逐步设计出各学段的教育内容。首先,在小学教育中要重视对劳动的认识、对劳动的感情的培养。在教学内容上,尤其是对劳动常识的解释与运用,要将通俗易懂、富有哲理的经典劳动故事融入思政课的教学之中,使学生逐渐了解正确的劳动行为和劳动规范。其次,要注重对中学生进行正确的劳动价值观念的教育,并形成良好的劳动习惯;要将先进劳模和光辉事迹融入思政课教学之中,以榜样的力量,引导大学生正确对待自己的劳动态度,增强自己的劳动意识,珍视自己的劳动荣耀。中学学段要有目的地将劳动教育贯穿于家庭和社会实践的每一个环节,并组织学生参与各种社会实践与公益活动,使他们在学习、生活、生产等各个方面都能学到新的知识,掌握新的本领。再次,在高校阶段,劳动教育要以马克思劳动价值论为理论基础,引导大学生形成正确的择业观和劳动价值观,使其社会服务意识、创新意识、奋斗意识、奉献意识得到充分发挥。高校是学生走向社会的最后一步,所以不同层次的高校所承担的职业教育任务也各不相同。尽管高校专业划分有自己的学科逻辑,但各专业又和劳动力市场有着紧密的联系。大学生作为人才市场的生力军,其受教育程度的高低直接影响着他们在就业市场的竞争力,同时也将极大地影响国家和经济社会的健康发展。大学劳动教育相对于中小学而言,具有很强的职业属性。这就要求高校劳动教育应关注劳动形态的发展和大学生的劳动素质需求。高校劳动教育课程可将职业共通能力课程设置于通识教育课程之中,同时又与专业课程相整合,注重对学生在劳动实践中的创造性思维的培养,培养劳动素质和劳动精神,引导他们树立正确的职业选择观和劳动价值观,深刻认识劳动创造未来的理论逻辑和现实价值。

二是优化专业设置。要科学地组织和设置劳动教育内容,防止教材内容冗杂、断裂、散乱。把先进的劳动教育思想融入人才培养方案之中,与整个教学体系相结合,综合优化劳动课程的结构,使劳动教育和课程教育相互补充,相互渗透,互相联系,为学生的自由、全面发展打下坚实的基础。此外,学校还要依托区域、行业的特色教学资源,特别是各个年级的学校,要对劳动教育的必修课程进行合理的安排与设置,并在恰当的范围内增加特色实践课程。把劳动教育和思想政治理论课有机地联系在一起,使学生更加深刻地了解马克思主义劳动观,在这种潜移默化的熏陶下,学生形成科学的劳动价值观、正确的择业观和社会主义劳动法治意识。

　　三是开展各种形式的数智化劳动教育类型活动。比如创客活动、编程活动，机器人教育和各种教学活动，无论在中小学还是在高校都可以开展。这些活动都可以很好地将多种形式的劳动思维训练渗透进去，让学生学会以跨学科知识解决问题。总而言之，只有通过具体的劳动过程来推动人的发展，劳动教育才能真正落地生根，劳动教育才有直接的、真实的内容要求和育人价值。

第七章　人工智能时代劳动教育的未来向度

随着人工智能技术的深入发展和广泛应用，一个全面智能化的生产时代已然来临。人工智能正迅速渗透各行各业，包括金融、医疗、交通、制造、零售等领域，改变了产业结构与工作流程。从范围来看，人工智能所涉及的产业范围远大于自动化技术。从更深层次而言，人工智能与自动化技术相结合，创造出新的生产过程。以汽车制造业为例，在自动化技术条件下，生产过程只需少量人工操作，机器人即可按照预先设计好的程序完成大量装配动作。智能自动化生产线不仅能按预定程序完成指定型号产品的组装，还能替代生产线人员，自主感知生产线的运行状况与装配要求，并对周围机器人进行调度。在人工智能推动柔性制造的背景下，生产一线员工的工作模式正从标准化向综合化转变。劳动者不再仅仅是设备的驱动者或辅助者，而是成为生产设备的操作经理，劳动者的综合化、专业化程度显著提高。

从历史唯物主义的观点来看，知识生产的发展史就是一部人类社会生产活动史。每一轮生产工具的革新，都将极大地影响知识的形成与技术的应用。数智化技术为知识传播提供了强有力的媒介，同时也改变了知识的内涵、特点和产生规律。换言之，信息技术越来越多地与其他学科知识相结合，使知识呈现出许多新的特点，"信息技术介入状态下的差异性知识"或"信息技术平台环境下的交叠形式知识"正成为知识的常态。随着柔性电子、智能传感、新材料、泛物联网、大数据、5G、人工智能等信息科学与技术的跨代跃迁，这轮信息革命真正实现了"人机共生""万物一体"的全链接形态。知识生产与技术应用均在即时生产环境中进行，该生产环境是指通过数智化技术提出问题、改进方法、推广应用结果的全过程。技术"创生物"的内部生成机理是技术创新和快速发展的基础，而技术支撑下的生产环境如同一个平台，让知识生产者和用户聚集在一起，共同制定研究方案，分配资源。劳动过程和技术成果在工业、政府、社会等各方面的应用价值能够获得即时体现。数字技术可使劳动教育的各个环节从各个方面向混合式转化，数智化学习环境的创设、学习数据的分析、学习资源的全面匹配等，都能有效解决多主体和多渠道系统割裂、技术孤岛、用户体验差等问题，促进个性化劳动教育实践的实施。为此，学校信息化建设必须支撑大数据密集的劳动教育教学与研究范式，为教师、学生提供多种物理与虚拟学术交流与教学互动空间。

智能技术在强调人与人之间高水平协作与信息决策能力的同时，也挑战着人们寻找意义、把握意义的理性能力。与传统信息网络技术不同，人工智能通过机器学习、数据分析等方法赋予机器类人的能力，不仅突破了技术在时空上的限制，还表现出技术属性和社会属性的高度融合。然而，人的劳动是一种有目的的改造活动，与机器的表现不同，它既是一种合规律的活动，也是一种有目的的活动。劳动是人按类的尺度进行的，并进而产生价值次序和价值选择。在劳动过程中，合规律性已内在于目的性之中。值得注意的是，数字化生存世界也在消解作为人类精神生活根基的身体性劳动体验，导致人类对现实生活的感知能力退化，引发人类意义感的丧失，并滋生价值虚无感，进而导致人与自我以及人与人之间关系的深度异化。但值得期待的是，如今，人类的数字化技术和生产生活正创造出一个日益鲜活的数字化生存世界，人类正在经历由直觉本能主导的认知思维方式向由数字信息和智能化主导的认识方式的转变。

第一节　人工智能时代劳动教育的发展图景

自工业革命以来，人与机器的关系一直是人类关注的焦点。机器的发明和应用极大地提高了人类生产力，但这种进步往往是以牺牲人的发展为代价的，使人沦为机器的附属物。机器仅是一种剥削劳动者的工具，是资本对剩余价值无限追求的手段。将人从机器的奴役中解放出来，实现人与机器的和谐相处，是实现人的解放的必然要求。

智能机器的应用改变了人类的劳动方式。在万物互联、平台支撑、数据驱动、算法定义的智能生产模式中，数据成为驱动生产制造的核心要素，智能化生产过程表现为生产的系统性和自动化。一方面，在"物理空间"中，智能机器、数控机床等先进的自动化生产装备在智能系统的驱动下实现智能生产，无须劳动者直接参与即可完成生产目标。另一方面，在"赛博空间"中，数据信息流驱动的生产方式正在兴起。物联网、大数据、超级计算及新一代通信技术推动了数据的获取、稳定传输和智能处理，实现了数据的自动流动、过程的精准决策以及生产的自动化。

智能生产线的出现旨在以机器生产代替人工劳动，推动整个生产过程向智能化方向发展，从而提高生产效率。智能工厂减少了人工干预，借助信息技术实现了生产过程的可控性。

习近平总书记指出："人工智能是引领这一轮科技革命和产业变革的战略性技术，具有溢出带动性很强的'头雁'效应。"[①] 数智时代是科技蕴智的时代。以人工智能、量子信息、神经工程、基因编辑、生物仿生等为代表的新技术和新产业正形成智能科技的群聚效应，成为当前社会生产力的重要形态，并继续推动人类智能文明的深度发展。人工智能的主要应用场景包括使用机器人实现生产流程的自动化、柔性生产、定制生产、质量检验等。生产工具作为劳动材料中最重要的组成部分，是劳动能力转化为现实劳动过程的必要条件，经历了从简单工具到高级机械的演变过程。人工智能作为一种实现生产智能化的生产工具，带来了劳动方式智能化的最直接变革。

在智能工厂中，人的重要性不仅没有下降，反而变得更加重要。人类发挥创造性，设计智能系统，改善生产过程，以实现更多的柔性生产。智能机器的操作更加人性化，人机协同的工作方式改变了人对机器的被动适应，转变为一种合作关系。人类对于自我与自我关系的建构要求日趋深刻，人与人之间的互动更为紧密。数字技术不仅带来了人在劳动中的地位与作用的变化，同时也为技术发展提出了新的要求，即满足人们不断增长的交互需求。为了持续满足人们越来越高的交互需求，互联网的形式也在不断地被技术发展所驱动和改变。可以预见，网络的终极形态必将是以"人"为核心、完全"社会化"的

---

① 《习近平关于网络强国论述摘编》，中央文献出版社 2021 年版，第 119 页。

网络空间。元宇宙的出现恰逢其时，互联网一旦跨进元宇宙，就意味着互联网的功能重心从资讯转移到人身上，标志着数字世界的"世界化"形态彻底成形。

人工智能在三个方面促进了劳动者综合能力的提升，也推动了劳动能力的增强和对知识的全面掌握。"机器换人"的现实形势推动了这一进步。劳动力质量的提升并非一蹴而就，而是随着智能化工业的兴起，旧工业部门的淘汰或改造升级，以及新兴工业部门对高素质劳动力的需求而逐步实现的。生产技术与组织模式的变革，对劳动教育的内涵提出了内在要求。这种变化已经在实践层面显现，需要在理论上加以变革，否则劳动教育的应有地位与其所承担的职能之间的矛盾将难以消除。

具体而言，人工智能提供了一种便捷的知识积累方式。机械的使用有助于缩小人们在体能上的差异，而有效利用人工智能工具有助于缩小人们在智能上的差异。[①] 在人工智能时代，人不再直接参与生产活动，而是更多地参与生产体系的设计与完善，进而掌握市场需求与产品结构，成为恩格斯所说的"通晓生产体系"的劳动者。脑力劳动与体力劳动之间明显的分工将逐渐改变，两者都将回归人类自身本质特征的实现。

《新一代人工智能发展规划》明确指出，人工智能的全面发展不仅要强调技术服务的智能化，还应将人工智能应用于拓展产业链条、升级产业结构的过程中。在科技革命和人工智能等新技术迅猛发展的背景下，我国经济结构正经历深刻的转型，对劳动者素质提出了更高的要求。"当代工人不仅要有力量，还要有智慧、有技术，能发明、会创新。"[②] 习近平总书记指出："我们要始终高度重视提高劳动者素质，培养宏大的高素质劳动者大军。劳动者素质对一个国家、一个民族的发展至关重要。劳动者的知识和才能积累越多，创造能力就越大。提高包括广大劳动者在内的全民族文明素质，是民族发展的长远大计。面对日趋激烈的国际竞争，一个国家发展能否抢占先机、赢得主动，越来越取决于国民素质特别是广大劳动者素质。要实施职工素质建设工程，推动建设宏大的知

---

① 华德亚、朱仁泽：《资本主义分工消亡的基础及路径"选择"——基于人工智能的分析》，《当代经济研究》2019 年第 6 期。
② 习近平：《在庆祝"五一"国际劳动节暨表彰全国劳动模范和先进工作者大会上的讲话》，《人民日报》2015 年 4 月 29 日第 2 版。

识型、技术型、创新型劳动者大军。"① 因此，持续提高劳动者素质已成为时代的紧迫任务。

在这一背景下，我们必须对教育的目标、教学方法、教学评估制度进行反思，更好地适应新一轮科技教育变革。"未来社会更是一个创新的社会，它需要每个人都具有创新的意识、创新的思维、创新的能力和创新的人格，而劳动教育正是培养这些品质的重要途径。"② 劳动教育应重视创新经济、互联网思维、创客思维、大数据、云计算服务、个性化学习和个性化定制生产。

同时，劳动不仅是人类生存的一种手段，同时也是人类解放和获得尊严的一种方式。人工智能是一种超越了自然劳动能力极限的技术，能够实现自然劳动能力所不能及的任务。任何一项科技都是人类能力的外在表现与强化。人类应避免掩盖人类的价值。过去，人的主体意识是在与他人的交流中形成的，双方都以对方为标准来审视自己。在人类与人工智能的相互作用中，人类对人工智能的反思日益加深，却忽视了人与人之间的情感沟通与心灵沟通。例如，在社交媒体中，智能算法阻碍了人们与具有异质性的人的交流，从而导致用户被限制在有限的社交圈子内。人工智能可以模拟出人类的一些能力，同时也表现出超出人类本性的威胁性，致使有人担心在人工智能面前，人类反而成了弱者。事实上，随着数智化技术尤其是人工智能的介入，若只把劳动视为一种体验活动的表象形态，把劳动中的生产价值视为对劳动成果的评定依据，将劳动过程与劳动价值相隔离，那么技术就必然成为一种相对于人的劳动而言的外部手段。人工智能从本质上而言是人类将自身力量外显于人造物品的结果，其设计、制造与使用无不蕴含着人类的智力，是对人类自身能力的一种肯定。当人们利用人工智能进行虚拟交流时，可以在某种程度上满足特定的交往需求和精神、情感上的需求。从本质上来说，人的交往是建立在现实的物质交流和精神交流基础之上的，交往的丰富性反映在真实关系的丰富性之中。在发展和利用人工智能的过程中，必须正确地认识到人工智能的基本特性是人类本质能力的对象化，要防止人陷入由人工智能构建的虚拟世界中，从而使人的真实价值不被贬低。

---

① 习近平：《在庆祝"五一"国际劳动节暨表彰全国劳动模范和先进工作者大会上的讲话》，《人民日报》2015年4月29日第2版。
② 谢丽玲：《劳动教育在学生全面发展教育中的作用》，《湖南师范大学教育科学学报》2003年第6期。

从"人工智能"的概念提出，到"智能"的实现，就是将人类的力量固化于外在对象之上，并使用该对象来实现人类有目的的活动，是人类"体能"与"智能"的综合外化、固化与强化过程。人工智能技术的发展，直接体现了人类劳动能力的发展。因此，在数字技术下的劳动中，技术表面上是为人提供和创造财富的手段，但作为人类主体性的外在表现，技术本身也是人类劳动的构成要素。人与技术的和谐共处，人在技术变革中实现了主体结构的重构。借助现代科技这一"座架"，人类实现了对本质力量的对象化，技术加持下劳动目标的实现，这本身就是人类最高形式的幸福。劳动并非实现人生目标的外在手段，它本身是真善美的和谐统一的实现过程。在人机高度协同的情况下，我们无法将人与技术作为对象的物的尺度区分开来。相反，技术的不断发展显示出其人格化特质的不断强化，从而为人类劳动在合规律性中实现合目的性提供了一种现实可能性。作为为达到特定目的而进行的规范性劳动，是把"人"转变为"人本身"的过程。马克思"教劳结合"的思想，不是片面的经验方法，也不是抽象的形式主义预设，而是通过实践对人本身进行改造的思维成果。基于此，在人工智能环境下，为了实现特定目标而进行的合规律性行为，始终是为了使"人"作为"人"，即便是在高水平的人机协作环境下，也无法真正将人从物的尺度中区别开来。劳动教育所要达到的，正是对这一片面的技术合理性进行反思，在合乎规律性的生存活动中，寻找到合目的性的统一，让人真正地成为人。这也是在智能社会中通过劳动来唤醒个人对生命意义的追求。如果仅仅把劳动教育看作一种生存技能的培养，那么就并没有把人从单纯的技术合理性的窠臼中解放出来。劳动应以人为尺度，以技术理性为基础，扩展劳动关系的人文内涵，凸显个人的情绪与思考，让个人能够更好地面对人工智能时代带来的冲击，真正深化对人生意义的体验，创造美好而幸福的人生。

随着劳动的生命意义逐渐被揭示，人们不再把"人"当作工具，不再把"人"看成纯技术性、功利性的劳动工具，而要尊重人的主体性、自觉性、能动性和实践性，尊重"完整的人"的精神生活和情感生命，从更广义的意义上理解人。教育领域"人的回归"等因素的日益凸显，劳动教育也逐步转向科学理性与人文价值双向融合。劳动教育的生命意识在逐步增强，逐步脱离过去单纯"社会"功能价值取向的束缚，从人的主体性、精神成长、道德修养、审美追求、意义等方面对劳动教育的本质与价值作出新的诠释。为此，劳动教育要把劳动作为一项知识创造活动，是一项具身的、综合的活动，通过实施过程性教育内容来体现劳动世界的完整性。要通过劳动教育引导学生积极融入智慧生活，运用深度学习、跨媒体协同处理等手段，提升学生改造环境的创新能力，充分挖掘科技改变生活的价值与意义，塑造学生作为生命意义构建主体的地位与价值。为此，人工智能发展下的劳动教育应从注重技能向培养"素养"转变。这里的"素养"不是单一维度的，而应是"多维"的，是超越了行为主义范畴的，指的是包含态度、知识、能力三个层次的综合素养，即人的"知""情"与"意"的内在统一。从个体层面来说，人的"素养"并非与生俱来的，而是随着教育的动态发展而不断丰富和发展的；从社会角度来看，社会的发展是一种持续进步与超越的过程，其对人的劳动素养的需求不断调整与更新，素养的内涵也随之提高。因此，劳动教育所包含的劳动素养具有前瞻性、动态性和持续优化性。

教育要随着社会生产的蓬勃发展而全面繁荣，就必须将培养全面发展的人作为目标。同时，面对人工智能引发的道德、伦理、法律、审美、安全等问题，需要开展多学科的交叉研究。这将推动基于文理分科的专业划分与重新整合，使人们不再局限于一个具体的专业领域，而是能够自由地发挥聪明才智。当前，劳动教育要充分发掘科技对生活方式的价值和意义，特别要注重人工智能在现实生活中的运用及其对法律、社会伦理的影响，探索劳动与智慧生活之间的内在联系，建立更加符合社会发展规律、更具弹性的社会行为规范。另一方面，劳动教育应当主动与智慧生活相融合，通过深度学习、跨媒体协作处理等技术活动，提高人类解决问题的创造力，并将解决问题之外的理性能力扩展到更广阔的意义空间，突出人作为生命意义构建主体的地位和价值。具体来说，就是在开展劳动教育的过程中，既要重视人工智能的技术优势，又要充分发挥人的主观能动性，让人工智能成为教育者和受教育者挖掘自身劳动潜力的助推器。

第二节 人工智能时代劳动教育的机遇与挑战

在经济全球化的浪潮中，大国间的战略博弈不断推动着社会的转型和教育体系的革新。新一代数字技术，如云计算、人工智能与区块链等，正以前所未有的速度发展。它们不仅改变了我们的工作方式，也重塑了我们的生活。人工智能技术的渗透，对社会生活的方方面面都产生了深远的影响，尤其是对传统劳动教育带来巨大冲击。未来教育的核心将围绕人机交互式的生成式知识生产展开，人与机器之间的界限将变得模糊，教育将不再受物理边界的限制，"泛在"将成为其最核心的时空属性。尽管目前劳动教育的数智化转型尚处于起步阶段，但它正面临着前所未有的挑战和转型升级的难得机遇。

首先，数智化转型的内核是技术推动。无论是处理策略、过程还是范式的改变，技术始终是转型的驱动力。随着人工智能的普及，一些传统工作岗位正在被自动化技术所取代。这不仅改变了劳动的定义，也引发了关于"何为劳动"和"为何劳动"的深刻思考。在传统体力劳动观念不断受到冲击的情况下，青年一代可能会对劳动的价值产生怀疑，甚至认为人工智能可以取代所有的劳动形式。因此，如何引导学生在新的时代背景下树立正确的劳动观，深入理解劳动的内涵与价值，成为劳动教育面临的首要课题。未来，劳动教育不应仅仅被视为职业发展的辅助手段，也不应被简单地视为一门既定的课程，而应将其视为一种人的数字化生存的自然的存在。劳动教育要在构建一套完整的"全面发展"思想体系的基础上，确立一种大劳动观，使劳动成为一种普遍的社会诉求。即通过劳动教育，为社会发展注入朴素而坚韧的劳动价值观念，促进社会的健康与可持续发展。在人工智能发展背景下的劳动教育，应更加注重对学生创造性思维和批判性思维的培养。学生通过劳动教育，可以通过参与复杂项目设计与问题解决等活动，学习如何在变化中寻找机会，运用科技手段创新劳动方法，并培养学生独立思考与判断的能力。当然，随着人工智能技术在社会生活中的应用日益广泛，由此引发的伦理问题也日益突出。劳动教育也成为培养学生社会责任感与道德伦理意识的重要阵地。劳动教育通过对人工智能发展过程中出现的伦理困境、道德问题等进行探讨，引导学生树立正确的科技价值观与世界观，使科技进步真正惠及全人类。

其次，劳动教育改革的逻辑起点是让学生适应数智时代竞争环境的快速变化，改善与优化教育过程以培养适应未来社会生活的职业人才。如今，教育数智化已发展成为适应经济与社会发展、解决社会发展与人才供需矛盾、提高社会生产力的新要求。人工智能技术的快速发展带来了劳动技能结构的深度调整。

新技术既取代了那些崩溃了的技术或工业，又可以轻易地建立起新的"机会利基"，去静待更新的技术来占据它。① 高技能和创新人才在劳动力市场上的需求急剧上升。数智化转型源于数字技术革新，技术革新驱动了劳动教育数智化转型的产生与发展。劳动教育内生的发展需求不断提升，外部冲击带来的教育韧性建设和稳定发展的需求也在助推着劳动教育数智化转型的延拓。劳动教育要避免把教育数智化转型异化成数字技术与教育活动的简单嫁接，使其独特的教育价值被技术决定论所掩盖与消解。劳动教育要主动把握数字技术演进规律。劳动教育改革要权衡由技术所产生的适应与创新张力，建立起自身的数智化改革内在秩序。从外部逻辑而言，劳动教育的数智化发展必须与区域数字经济的发展相结合，使劳动教育的知识结构、课程模式、教学内容与区域数字经济产业结构、数智化人才需求规模以及企业数智化转型发展所需要的岗位技能相匹配。从劳动教育内在发展逻辑而言，产业数智化程度的提高，尤其是元宇宙的发展，为劳动教育提供了一个良好的平台环境。劳动教育需通过对数字技术的合理认识和明智把握，主动融入技术链、人才链、产业链、创新链的生态网络。尤其是高校劳动教育，更要积极参与从技术孵化到研发生产的整个过程，并从中挖掘特色劳动教育资源。总之，人工智能时代劳动教育的外部环境和内生发展会衍生出新的教育改革内在发展要求和外在环境变化，最终形成劳动教育转型的推拉合力，驱动劳动教育的时代转型。

一是采取自上而下与自下而上相结合的方式，推动教育数智化转型。自上而下是以数字教育变革策略为依据，构建总体政策性框架以满足教学改革需求；自下而上是从教育产品、服务、过程、模式、组织等具体形式的变化入手，逐步变革现行教育模式。要使教育数智化变革产生协同效果，必须在教育改革目标与数字方式、各教育主体之间，教育制度与数字建设等层面进行集成与协作，以实现教育数智化的系统性变革。

二是增强高等院校教师对劳动教育数智化教改的理解与积极性。高校可以若干成功的数字转型为切入点，推动其转型实践，抓住教育高质量发展这一中心，以需求为导向，促进数字技术与劳动教育的深度融合。将数字技术融入教

---

① [美]布莱恩·阿瑟：《技术的本质：技术是什么，它是如何进化的》，曹东溟、王健译，浙江人民出版社2014年版，第194—200页。

学、学习、评估、测试和管理等各个环节，促进数据、数字技术和空间资源的共享与融合，并在学习进程中融入个性化的资源推荐。

三是建立教师、学生、学校管理者、家长、技术管理者等多主体的交互作用机制，构建多层次的多主体协同服务模型和智能化创新模式。在此基础上，构建"机器""教育"和"环境"三个层次的协同网络，以多样化的支撑与服务为手段，促进劳动教育产品、流程、服务、模式、组织等数智化转型活动的有效融合。

四是推动线上与线下教学模式的融合。通过人工智能平台，劳动教育能够突破地域限制，形成线上线下融合的新模式。虚拟现实（VR）、增强现实（AR）等技术使学生能够在虚拟环境中亲身体验劳动过程，增强学习兴趣与参与度。同时，通过人工智能辅助的实践教学，使学生在理论联系实际的基础上，培养其在智能环境下解决实际问题的能力。随着人工智能技术的不断发展，劳动教育的个性化学习已成为现实。教师可以利用人工智能对学生的学习习惯、兴趣点进行智能分析，为学生量身定制学习资源与实践活动，激发学生的创新与探索欲望。此外，及时反馈信息也有助于学生加快技能的掌握过程。

总之，数智化劳动的自由张力发展，既需要有自由的可行能力，也需要有驾驭自由的可行素质。当前人工智能已呈现出"大数据+高算力+深度学习+小任务"的应用形态。劳动教育应构建以个性化、差异化为目标的自适应学习系统，积极探索劳动教育中人工智能的可解释性，在劳动教育领域嵌入更具技术"责任感"的重要议题，使人工智能成为有效推动劳动教育教学变革的重要工具。

第三节　元宇宙视域下劳动教育的形态重构

元宇宙是指一种集体虚拟共享空间，它通过虚拟地增强物理现实的收敛性和物理持久性，在虚拟空间中创建出虚拟世界。"Metaverse"一词由前缀"meta"（意为"超越"）和词干"verse"（源自"universe"）组成，该术语通常用于描述互联网未来迭代的概念，它由连接到感知虚拟世界的持久、共享、3D虚拟空间组成。

元宇宙利用虚拟现实技术，为学生提供沉浸式学习体验，使学生能够在虚拟环境中进行实际操作，并亲身体验工作场景。学生可以通过虚拟仿真的方式，模拟不同的工作情境，通过实际操作与角色扮演，加深对劳动技能与知识的掌握，激发学习兴趣，提高学习效率。此外，元宇宙技术还可以应用于计算机科学、人工智能、艺术设计等多个领域。在元宇宙背景下开展产教融合劳动教育，能够促进多学科交叉融合，学生可以通过元宇宙学到多方面的知识与技能，发展跨领域的综合素养与解决问题的能力。

一、构建元宇宙的劳动教育平台

在人工智能、大数据、虚拟现实、物联网、区块链等技术的支撑下，基于元宇宙平台的可重构课程教学中，教师、学生、教学环境、教学资源等诸多要素之间时刻发生着互动关系，构成了多元的教学场景。在元宇宙搭建的教育平台中，师生可以深度发掘多模态技术的潜能，实现各教学元素的相互补充，充分发挥各教学要素的长处，使学生与教师、环境和资源之间进行更加多元化、个性化的互动。

（一）元宇宙的基本特点

元宇宙最突出的特征包括：深度沉浸体验、具身社交网络、群体自主创作、社会文明生态化、虚实融合共生。

1. 深度沉浸体验

元宇宙的深度沉浸体验，其实质是"感受如真"。扎克伯格将脸书（Facebook）打造成一种虚拟与现实相融合的"虚拟网络"，为用户提供真实的社会体验、身临其境的情境感知和多种生存方式。在增强现实、生命记录、镜像世界、虚拟现实等技术的支撑下，元宇宙不仅能让用户在虚拟世界中拥有与真实世界一样的真实感受，还可以将人生经历全程记录下来，增强沉浸感。它以数字孪生、增强现实、物联网、脑机接口等技术为基础，构建了一个既平行于自然界又独立于自然界的高度真实感空间。这种深度沉浸式体验使用户不仅可以在虚拟世界中享受身临其境的感觉，还可以在现实与虚拟两个世界之间自由穿行，从而产生一种超现实的沉浸感。

2. 具身社交网络

元宇宙支持下的具身性社交网络具有感知社交、共存性、情绪经验等显著优点。"元宇宙"使人们可以在这一空间中进行娱乐、游戏、工作和生活等各种活动,并真实地呈现人在这个空间中漫游、与人交流的感觉。元宇宙将为用户提供全景式的社会化感知体验,产生一种虚拟与现实相结合的临场感效果,特别是能够带给使用者更多的社交情感体验。大卫·巴苏基从"身份"和"朋友"两个维度阐释了元宇宙社会网络的虚实融合作用,认为元宇宙中的人们可以利用自己特有的"元宇宙"身份,与亲朋好友进行全方位的社会交往。元宇宙所提供的跨界社会经验,使每个人可以在不同的元宇宙中扮演不同的角色,并享受独一无二的社交体验。

3. 群体自由创作

"共创""共治""共享"是元宇宙生存、发展与持续迭代的核心驱动力。元宇宙为群体协同治理、分布式协同创新以及创新成果保护提供了强有力的支持。个人创新是群体创新的基石,而元宇宙提供了一个基于个体创造的平台——一个虚拟的创作空间、一套创新的工具,以及一个促进智慧交流的环境。它能够激发用户的创作兴趣和灵感,推动创作成果的分享,从而助力元宇宙的可持续发展。

4. 超越物质世界的新型社会生态文明

元宇宙是一个去中心化、可持续的体系,不可避免地呈现出一种分散化的社会形态。这一特征既取决于用户的参与方式,也取决于其网络结构的分布特点。为此,元宇宙需要在一个完善的经济制度和符合实际的法律框架内,基于区块链技术构建元宇宙信用系统。在公共秩序的保障下,用户可以形成一种能够与互联网巨头抗衡并抑制商业垄断的新型社会生态文明。

5. 虚实融生共在

元宇宙的虚实融生发展经历了三个典型阶段:"虚实共生""虚实难辨"和"真元宇宙"。"虚实共生"以现实与数字世界的相互贯通为特征;"虚实难辨"则以大量子元宇宙的出现为标志;而"真元宇宙"主要依托"脑机接口"和"人工智能+系统互联"技术。近年来,数字孪生、物联网、高速通讯、脑机接口、可穿戴设备等技术的进步,使得在元宇宙中,个人的虚拟形象成为现实世界中"自我"的映射。其外形、行为和认知等方面都与现实角色高度一致,同时用户还可以具备一些超现实的特性,例如,飞行、体型变化和角色转换等,使得虚拟与现实之间的融合与共生成为可能。

（二）元宇宙为高质量的劳动教育教学提供新动力

元宇宙所具有的沉浸式体验、群体自由创作、虚实融合共生等特点，为高质量的教育提供了强大的支持。元宇宙时代的"教与学"，将突破课堂内外的限制，使课前的自主学习和课内的深度讨论相融合。通过元宇宙中已有的、自创的或共享的创作工具，学生可以在课前、课中、课后进行跨时空的教学和学习的沉浸式体验。元宇宙的出现，将彻底解决时空限制、资源失衡、社交障碍等诸多难题，从而实现高品质的教与学。

1. 元宇宙为劳动教育教学提供了全新的全景教学领域

元宇宙的发展正在为我们提供一种全新的全景视野。我们说学习过程是实现学习目标的根本途径，在元宇宙的持续支持下，人们学习的过程和效果将得到全方位的提升。在传统课堂教学中，教师虽然可采用翻转课堂、线上线下结合、小组协作等多种方法来提高学生的学习效率，但是学习过程仍受时空限制、学习资源有限、学习空间分散等因素的影响。课前学习与课堂讨论分离，课堂上的深入讨论常以抽象的方式呈现，难以对讨论结果或创意灵感进行及时检验与改进，最终导致许多有效的教学理论或模式因缺乏有力支持而失败。元宇宙的建设和发展，将为师生在教与学的过程中提供全方位的技术支持。作为一种虚拟的无限数位空间，元宇宙打破了传统教育在物理空间上的局限，为开展劳动教育开辟了更广阔的空间。例如，斯坦福大学开设的"Virtual People"课程是一门完全基于虚拟现实的课程，学生只需戴上虚拟现实头盔，即可在任何地点进行远程教学。课程设置了多种学习场景，如虚拟博物馆、生活场景等，并结合个性化学习路径及智能推荐系统，为学生提供个性化学习体验。在元宇宙环境下，师生可在任何时间、任何地点进行学习与实践活动，增强学习的灵活性与有效性。全景式的"新场域"是基于数字孪生、物联网、脑机接口、可穿戴设备等技术建立的一种新型"教育元宇宙"，具备极强的社会性、深度沉浸性、高保真度和可自由创作的能力，可为劳动教育实现精细化过程式教学提供全面支撑。

以"认知—计算—重建—协同—互动"为主要内容的劳动教育课程元宇宙，将促进"教"和"学"两个层面的变革，构建符合新一轮课程改革要求的数字课程。充分利用课程的元宇宙优势，构建基于虚拟化身、虚拟环境、虚拟资源和多感觉互动的课程元宇宙课堂模型，实现课堂内外的有效连接，促进课程教学的改革与发展，有效提升课程教学的趣味性和有效性。在此过程中，劳动教育环境将从传统的面对面劳动教学和在线网络劳动教学过渡到将真实场景与虚拟世界融合的线上线下混合教学，为学生提供一种新的可感知、可视化的沉浸式劳动场景。这种沉浸式的互动体验使学生对所学知识和技能有直观的认识和了解，促使他们主动参与学习，提升学习认知能力，培养共情和知识迁移能力。师生主体由真实的"教师"与"学生"延伸至虚拟的"教师"与"学生"。在"元宇宙"中，"教师"与"学生"都可以自由选择或自定义身份，并可以以"虚拟身份"参与课堂教学、综合实训、课程实践等多种情境，开展灵活的多人同步、实时交互的教学活动，从不同视角观察、体验和感知，拓展"人—机—场"的多维度交互，获得丰富的情绪和行为体验。

2. 元宇宙为未来的劳动教育虚实融合学习提供了一种新途径

"虚实融合"式协同知识产生是指通过元宇宙的"虚实融合"特征，学习者和元宇宙居民能够在虚拟与现实世界中自由切换，并适时对理论与实践进行验证与改进。其中，"虚实结合"是"教育元宇宙"的初始阶段，即"扩展现实"；发展阶段为数字孪生；高级阶段为"脑融合"或"在线永生"。基于虚拟现实的协作式知识生成方法，教师、学生、元宇宙居民等能够围绕实际问题、实验过程、研究假设和解决方法进行分析，完善知识，进而实现元宇宙中个体或群体的协作式知识创造。

传统的虚拟现实学习环境利用感知设备识别并获取真实学习环境中的信息，并将其与真实的学习环境结合起来，从而产生主题探究、协作学习、分布式学习、科学实验以及机器人程序设计等新的学习方式。然而，目前虚拟现实与现实的融合仍面临诸多挑战，如虚拟环境畸变、虚实同步错位、远程协作难度大、社会化抽取难度大、缺乏自组织支撑等问题。脑—机接口将是人类与元宇宙融合的最终形式，通过这种方式，人们可以通过自己的意识控制元宇宙中的虚拟角色，并拥有属于自己的感官、认知和体验。元宇宙所提供的超真实与虚拟融合功能，为教学和学习环境的融合开辟了新的道路，使其能够在不同区域进行深层次的参与式学习、无障碍的远程协作与探索、可验证的实验环境、可自由创建的创新空间等。

利用元宇宙平台，学习者的学习时间、参与程度、兴趣点和路径等数据可以即时被采集的优势，人工智能（AI）技术可通过分析学习数据，识别学生的个性化特征，如学习方式、兴趣爱好、知识掌握程度等，实现对学习者的个性化学习资源推荐。同时智能推荐系统根据学习者的学习进度及反馈，对推荐内容进行动态调整，以保证学习者始终处于最佳学习状态。

数智时代的劳动教育课程建设应成为课程具身化构建的过程。具身化的核心特征是具象性、情境性、生成性和整体性，注重劳动体验。这种体验包括过程性的劳动认知、感悟和理解，以及结果性的劳动体验的整合和认知重构。在元宇宙环境中进行课程开发，可以利用三维造型技术实现虚拟场景、人物、道具的生成，也可以引入游戏引擎如 Unity、Unreal Engine 等进行开发。此外，虚拟现实技术提供完全沉浸的虚拟环境，AR 技术则将虚拟信息与现实世界叠加，为课程开发提供技术支撑。人工智能技术可应用于元宇宙的自适应剧情、智能 NPC 等领域，为学习者提供更智能的学习体验；区块链技术则可应用于元宇宙的虚拟经济系统，使学生直观感受经济发展中的劳动需求与未来趋势。

3. 泛在可验证的智慧学习范式推进劳动教育经验学习成效

泛在可验证性是指教师和学生能够在元宇宙中进行跨时间和空间的验证性学习，按照自身的学习需要，适时进行假设检验和方案改进等学习活动。作为教育元宇宙技术支持下的一种重要应用，泛在可验证学习能够有效解决传统教学中抽象讨论、自主学习困难以及创新灵感获取困难等问题。在此基础上，通过泛在可验证性，建立面向元宇宙的泛在智慧学习模型，为元宇宙学习者的研究假设、验证和不断完善提供强大支持。教育元宇宙的高逼真度、创新性和灵活性，为实现高真实性和高可移植性提供了有力保障，并为学生提供可验证的泛在智能学习环境。可验证的泛在智能学习过程包括：创设问题解决情境、探究问题解决方法、建立问题研究假设、验证和分析研究假设、探索和完善结论。问题解决情境是基于教育元宇宙营造的教学情境，教师、教育机构或研究者可以为学生提供情境，学生也可以通过元宇宙中的已有情境进行学习。学生获得建构个性化劳动学习模式的机会，在元宇宙的学习环境中，师生间的强社交、深层次互动，以及在课前、课中、课后等各个环节，都可以通过元宇宙进行探究问题的解决方案和研究假设。学生能够充分利用元宇宙的群组创造能力，持续操作装置、调整参数、观测与分析教与学的状况，并获得智能化的反馈信息与决策支持。教师、学生或专家可以基于这些数据进行深度讨论，反复构建、验证、分析、讨论，提高问题解决能力。此外，也可以建立学习小组，共同完成各种学习任务或专题，培养学生的合作能力及团队精神。在学习完成后，评价劳动教育成果时，可将重点放在学生参与度与意义建构的过程上。

评价机制方面，这种泛在可验证的模式也大有可为。通过构建科学的测评评价机制，可评价并反馈劳动教育实施主体参与的效果。对不同类型的劳动教育，如理论传授型、经验感悟型、技能培育型、创造创新型等，其评价机制不尽相同。例如，在开展以"数智时代的创新创造"为主题的劳动教育中，可以通过对劳动作品的评估，从"作为劳动的工具，促进劳动""劳动产品的基本特点"和"技术的价值"四个方面进行评估。在完成劳动实践后，可以通过合作支持、任务协同、分析整合、模拟等多个层面的评估，提升学生参与合作的体验性。我们说，人类的认知过程是大脑、身体和环境三者耦合的复杂过程，采用 AI 辅助的方法，可以获取学生学习过程中的知识、情景数据、眼动、心率等数据，并通过数字画像等手段，直观反映其学习、理解和掌握的情况，进而构建个人劳动思想发展的"成长曲线"。这种个性化的学习报告完整追踪了学生在劳动教育过程中的认知改变，并能对其做出有效评估。定期调取、交流和反馈学习档案，对个体的学习状况和发展轨迹进行分析，并有效制订下一步的劳动教育方案。

4. 元宇宙的沉浸式体验为劳动教育提供真实感的学习场景

过去，劳动教育面向学习者的学习资源主要是文字、图片、视频等有限的实物，存在交互性差、可操作性差、反馈信息不足、时空跨度受限、决策支持不足等问题。教育元宇宙将为学生的探索学习提供多元支持。在元宇宙背景下，学习者通过具身体验、反思观察、抽象归纳、行为运用等多种学习行为完成深度沉浸式体验学习，有效打破传统课堂、在线学习空间、混合学习环境的局限，利用元宇宙的集体创造力进行反思与行动。

教育元宇宙的虚拟体验不仅可以给学生带来真实感的视觉劳动体验，还可以借助可穿戴设备、脑机接口、人机交互等技术，实时、顺畅地与人、设备、自然环境进行交互，并对元宇宙中的人物、设备、自然环境等做出智能反馈。教师、学生及其他参与方借助元宇宙中的集体生成与具身社会化功能，进行实时反思，通过反思性观测融合具身经验与观察反思，实现发散学习与内涵转换。同时，元宇宙还能帮助师生实现抽象泛化，即师生作为学习共同体在元宇宙中通过协同编辑、智能分析、全生命周期的记录与预测等方式，对学生的学习行为进行抽象归纳、因果解释或结论阐明。教育元宇宙所提供的"自主创造"和

"团体协作"的功能可以帮助学生完成假设验证、实际应用和知识迁移等过程。元宇宙还可以通过以问题为中心,对学习资源和教学流程进行设计,为学习者提供学习资源,让学习者进行自主探索或小组探索,同时利用元宇宙的沉浸体验、具身社交、群体自由创作等特性,实现学习者就具体劳动场景进行跨时间和空间的深度协作探索。

5. 构建元宇宙劳动教育资源融合平台,促进校企深度合作

过去,劳动教育受到职业技能训练或身体训练等因素的限制,课程设置一般都是从"可能的生产力"或"思想意识的形成"的单向维度出发,导致劳动教学课程设置的碎片化、零散化和活动化。元宇宙下,随着劳动教育课程体系的升级,劳动教育可以在学会生存、学会交往、学会超越的理念视角下,从学生的全面发展出发,利用元宇宙课程群的形式进行统筹,构建多元化、系统化的课程体系。同时,高校劳动教育还可以通过"购买服务""校企合作""家校合作""校校合作"等多种方式,构建"普通大学—职业院校—地方—家庭—社区—中小学协作育人体系",推进区域协作和资源共享,构建面向社会的立体劳动教育课程,使学生在学习、生活的整个过程中逐步形成螺旋上升的劳动教育体验。最后,高校劳动教育还可以利用元宇宙不断激发劳动教育的活力,整合资源,打破传统观念,与创意劳动、体面劳动、虚拟劳动、创客思维、大数据和云计算服务等多种方式相结合,形成一个元宇宙的资源整合平台。

二、构建元宇宙发展背景下的劳动教育课程体系开发

随着元宇宙的深入发展,有必要将"劳动"这一新生产力理念巧妙地嵌入学科教学,使教学和学习更具"劳动性",让人对劳动有更真切的接触和体验。元宇宙背景下的课程开发集虚拟现实、增强现实和混合现实于一体,劳动教育改革视野要从学校拓展到"物理—社会—信息"三方空间协同支持的教育实践上,揭示数智化环境下劳动价值生成的新规律,探寻三重空间支持下的劳动教育组织形态与教学策略,为我国劳动教育的创新性发展提供新思路。

(一)劳动教育模式:实行劳动教育无界管理模式

在人工智能时代,劳动已打破现实与虚拟的界限,学校劳动教育管理也要突破原有界限。劳动教育要打破行政"空间边界",拓展为"虚拟空间",在网

络空间实现有效管理。对于网络空间中的众创活动、志愿者劳动、数据编辑、文化生产等活动，应制定相应的管理制度，促进大学生在虚拟空间劳动成果的认定。同时，劳动教育要打破时空限制，建立弹性管理体系，将课外实践时间纳入劳动教育。

当然，未来劳动教育是跨界、融合与重构的新教育形式。劳动教育要改变单一学校管理模式，构建"政府—社会—学校—家庭—企业"的劳动教育管理体系，调动各方参与劳动教育，构建协同实施机制。劳动教育资源库项目不仅涵盖传统劳动课程内容，还结合岗位需求与学生成长动态。课程整合中，产业、专家、教师、学生等多主体应发挥协同效应。社会学家米德指出，技术发展打破了教育的可能性，新科技使旧技艺、伦理范式和交流方式逐步失去用途。例如，汽车制造全自动化工厂取代人力组装，熟练工人失去重要地位，后代也无需学习这些技能。问题在于我们无法预料这一刻何时到来。因此，一方面要提高学生在数智化场景下的劳动专业素养，另一方面要将劳动教育内容与未来数字发展需求相结合。数智时代学校的劳动教育模式是课程、教学、学习、实践内化、共同开发等多方面相互影响的动态化过程。

（二）劳动教育内容：科学素养和人文素养的有机结合

元宇宙赋能劳动教育，构建了沉浸式虚拟劳动场景，通过数字化和智能化手段提升劳动教育的时效性和实效性。学生能够掌握数字化劳动技能，培养创新思维和职业能力。课程内容模块化设计从虚拟与现实结合的劳动场景出发，延伸至数字化劳动技能培养和职业体验与规划，形成系统化的劳动教育体系。

在元宇宙课程中，人文素养与科学素养相辅相成，构成学生全面发展的重要因素。人文素养涵盖文学、历史、哲学、艺术、社会科学等领域的知识、能力和修养，注重精神世界、文化传承、社会责任感，培养审美能力、文化意识、价值观、道德情操等。科学素养涵盖自然科学领域的知识、能力与修养，强调科学精神、科学方法、科学思维、科学实践，培养逻辑思维能力、创新能力、解决问题能力、批判思维能力。

在元宇宙劳动教育课程中，人文素养为科学学习提供文化背景与价值取向，使学生对科学知识的社会意义与文化内涵有更深刻的认识。元宇宙课程需融合人文与科学知识，成为综合性学习平台。同时，科学素养为人文学科的理论探索提供科学方法与实证支撑。元宇宙的沉浸特性为多学科融合提供可能。元宇宙课程以学科知识为基础，包含专业知识与技能，以及创造性、批判性思维和社会责任感等能力以提高学生综合素质。例如，虚拟历史场景再现使学生既能学历史知识，又能用科学方法分析探索知识；科学实验仿真让学生从人文角度审视实验结果的社会效应与价值意义。

劳动教育课程应重视人文素养与科学素养的培养，培养学生的审美意识、文化意识、社会责任感、科学精神和逻辑思维能力。建立虚拟人文社会科学教室与科学实验室，使学生在同一平台上接触不同领域的知识，实现人文素养与科学素养的统一。目前实践中，多所大学及研究机构以元宇宙为平台开展跨学科教学，通过虚拟实验室、虚拟教室等方式提供了丰富的学习资源与互动机会，取得了良好的教学效果。劳动教育也应加快改革步伐，在课程和内容等方面搭建超越现实或虚实共生的学习场景，将涵盖人文素质和科学素养的劳动教育内容融入元宇宙课程，形成综合学习单元。例如，在探索元宇宙技术时，介绍相关历史背景、哲学思想、社会影响等，加强学生对科技的整体理解；利用元宇宙平台的多媒体资源，如虚拟博物馆、历史情景再现、科学实验仿真等，提供直观形象的学习素材，帮助学生理解人文素养、科学素养内涵，增强沉浸式学习体验；可设计虚拟人文社会科学教室，让学生进行角色扮演、情景模拟等活动，感受不同文化魅力与科学精神。元宇宙让课程互动和合作多维即时，劳动教育可通过合作完成作业及专题，增强团队精神及解决问题的能力，促进思想碰撞与融合。

表1 劳动教育的元宇宙赋能目标

目 标	描 述
构建沉浸式劳动教育场景	利用元宇宙技术，创建高度拟真的虚拟劳动环境，增强学生的学习体验。通过全息影像技术模拟现实中的劳动场景，如农作物捉虫和喷药、观察庄稼长势、农耕劳作等，使学生体验高度拟真的生产场景
提升劳动教育的时效性和实效性	通过数字化、智能化手段，优化劳动教育过程，提高教学效果。元宇宙技术可以在虚拟空间中模拟昂贵的劳动教育设备，有效节约成本，依据个性化劳动教育教学情境，动态考评学生的劳动专业知识、实践技能等，实现对劳动教育全过程的综合评价

续 表

目标	描述
培养学生的数字化劳动素养	使学生掌握数字化工具和技能，适应未来劳动形态的需求，包括智能设备操作（如智能家居、物联网设备）、编程与机器人控制（学习机器人控制与自动化操作）、虚拟建筑设计（利用3D建模技术设计虚拟建筑或场景）等数字化技能的培养
培养创新思维和职业能力	通过虚拟实践和多样化职业体验，激发学生的创新意识，提升其职业素养和实践能力。例如，职业仿真体验（模拟医生、工程师、教师等职业场景，体验职业工作环境）、职业规划指导（帮助学生了解不同职业的特点和发展前景）、职业责任感培养（通过虚拟任务和团队合作，增强责任感）

表2 劳动教育课程内容框架

模块	课程内容
虚拟与现实结合的劳动场景	1. 虚拟工厂：模拟真实工业环境，让学生参与虚拟生产线操作、工业设备维护等 2. 虚拟实验室：提供虚拟实验环境，进行科学实验操作、数据分析等 3. 虚拟社区：模拟虚拟城市或社区，开展虚拟社会服务、应急演练、社区管理等
数字化劳动技能培养	1. 智能设备操作：学习智能设备的使用与维护，如智能家居、物联网设备 2. 编程与机器人控制：培养编程能力，学习机器人控制与自动化操作 3. 虚拟建筑设计：利用3D建模技术，设计虚拟建筑或场景
职业体验与职业规划	1. 职业仿真体验：模拟医生、工程师、教师等职业场景，让学生体验职业工作环境 2. 职业规划指导：通过虚拟现实技术，帮助学生了解不同职业的特点和发展前景 3. 职业责任感培养：通过虚拟任务和团队合作，增强学生对职业责任的认知

（三）劳动教育过程：增强现实和虚拟现实等多种应用

长期以来，许多高校通过工学结合、产教融合、虚拟实践等途径，积累了丰富的社会化大生产相关教育经验。在元宇宙背景下，高校应将自身特色与数智时代劳动形态相结合,通过体验式、智能化、共创式教学,创建具有体验性、智能化和共创性的新教学模式,让学生亲身体验现实劳动的变化。将混合现实、场景模拟等智能技术融入劳动教育中,通过增强现实和虚拟现实等多种应用,为学生带来真实学习体验,增强教育感染力。一是采用情景模拟、360度全景录像、混合现实等手段,搭建具有真实生产环境的现代虚拟工厂,让学生有身临其境之感。同时,引入激光雷达、智能穿戴、智能颜色等传感装置,为学生提供充分感知的劳动教育环境。劳动教育环境应由传统实践性向虚实结合、由艰苦向艺术化过渡,强化真实性、愉悦性和自由度,将学生带入诗意、自由的劳动空间。二是开设数智化劳动、智能劳动技术等课程,提升学生的人工智能时代基本劳动技能和数智化素质。通过搭建"无界限"自主学习空间,将线上名师工作室、大师工作室、企业培训基地、模拟非遗传承基地等与劳动教育相融合,实现劳动精神的浸润。三是将智力伦理、劳动伦理等课程纳入教学,让学生清晰认知人工智能时代劳动的伦理道德、劳动自由等哲学问题,更好地了解社会主义劳动的优越性。

同时,在元宇宙背景下,传统以教师为核心的劳动教育方式转变为以师生为教学主体,劳动教育过程表现为以教育活动或问题为核心,共同解决劳动实践目标的过程。

元宇宙支撑下的教育知识生态需对知识生成过程与结果透明化,智能学习工具为学习者提供直观科学知识生成概念,创造海量知识生成机会。传统劳动教育课程资源创建类似专业生产内容(PGC),而元宇宙中用户生产内容(UGC)、专业生产者和一般用户共同生产内容(PUGC)大量涌现。师生创造力得到极大发挥,学习者既是参与者也是课程资源创建者,全方位融入学习知识和场景,甚至成为课程资源的一部分。教学方式从"传授"转向"共同创造",学习方式以学生、创新、情感为主体,重视学生情感、社会交往等方面的发展。学习组织层面,适应智能时代的灵活学习时间,实现弹性劳动与个性化劳动。在"本真""愉悦""自由"的学习环境下,通过大数据挖掘、精准推送、精准画像等智能技术为学生提供个性化学习服务,满足多样化学习需求,帮助学生建立个性化学习模式。教与学过程激发师生共创课程资源,创作者和创作内容多元化,课程资源创建不再是自上而下完成,而是结构化、非结构化数据以自下而上和自上而下相结合的方式集成,实现科学技术、操作技能、专业知识、职业认定等信息迅速更新换代。

（四）劳动教育评价：通过多元评价机制促进学生的个性发展

运用元宇宙技术构建多维教学效果评估机制是教育评价领域的重大创新。元宇宙技术能提高评价精确性、全面性，促进学生个性发展和整体素质提升。

元宇宙多元评估机制能全面、客观评价学生学习成绩与发展潜能。利用大数据、人工智能等技术，对学生学习过程、个性发展、潜能发掘等进行长期、全方位评价，为教师了解学生学习状况与需求、开展个性化教学提供数据支撑，帮助学生在自我评估与反思中发现不足与长处，促进学生个性发展。具体包括：

记录分析学习过程：元宇宙充分记录并分析学生学习过程，教师可通过观察虚拟情境下学生行为表现、学习路径及进度，评估学习态度、注意力及自主性，帮助学生及时发现问题并给予指导。

多维度知识测试：元宇宙具有丰富知识测试、仿真实验功能，能从多维度评价学生知识掌握情况。如劳动教育中，学生可在虚拟环境进行劳动仿真与案例分析，根据仿真结果评价劳动知识掌握程度，培养其实际操作与解决问题的能力。

劳动全面素质评价：元宇宙多维互动特性使学生劳动全面素质评价成为可能。教师可根据学生在虚拟环境的劳动过程中的社交行为、团队合作能力、创造性思维等综合素质进行综合评价，同时借助虚拟导师、智能助手等工具测评学生的领导能力、交际能力等，结合大数据、区块链等技术构建个性化测评报告，为学生制订个性化教学计划。

实施多元化评价方法：新的劳动教育评价模式应从单一评价标准转变为多元化评价标准，从注重结果评价转变为注重过程评价，从单一评价向个性化评价转变。在元宇宙时代，学生需树立正确劳动观念、价值、目的，扩展劳动情感，提升创造能力。劳动素质评价融合人工智能数据挖掘、云计算、EEC 注意力监测等技术，实现全程监测与过程评价，从"知""能""情""意"四方面评价学生，融合"过程评价"与"结果评价"，对学生教育行为、习惯和成果进行自我评估，生成动态完整的学生劳动综合素质个性化画像。

总之，元宇宙通过智能化综合问题解决，为学生创建由好问题向坏问题持续演化的学习环境。学习者可利用元宇宙对象的可探究性、工具可控性和数据生命周期监控能力，持续协作解决问题。教师可借助学习分析、大数据、人工智能、自适应学习等方法，生成多元化求解方法并应用于实践，检验并筛选最优解。此外，数智时代利用元宇宙技术优势进行劳动教育实践活动多维覆盖和量化总结的同时，需在群体互惠基础上与教师、学生、家长共享评价权利，实现对学生劳动技能、习惯、态度等外显与内源性发展目标的多重考察，给予学生更多精神关怀。未来，元宇宙将在教育资源、环境、内容、评价四个方面赋能劳动教育，为课程资源共创、教学交互体验、劳动教育拓展、学习效果评价的跃进升级提供更优解决方案，使劳动教育在共创、共享、共治的虚实融合开放系统中达到更理想的教育效果。

第八章 数智时代高校劳动教育的创新实践

——以某所行业性院校为例

党的十八大以来,我国加快了经济结构调整和转型升级的步伐,产业结构进一步优化,内部动力显著增强。新技术、新产业、新业态和新模式成为我国经济增长的新亮点。随着云计算、大数据、区块链、人工智能、量子信息等新兴技术的迅猛发展,把握新一轮科技革命和产业变革的机遇,关键在于推动数字技术与实体经济的深度融合,实现传统产业的转型升级。而这一切的支撑力,正是劳动者数智化素质与技能的提升。

劳动教育是一门综合性学科,具有鲜明的时代性和社会性。其核心在于培养基本劳动技能,树立劳动价值观,端正劳动情感态度,培养劳动伦理品德。当前,互联网、人工智能、生物、新能源、新材料、先进制造业等新一轮科技革命方兴未艾。绿色、智能、普惠和可持续发展的新科技革命打破了传统产业边界,促进了新技术、新产业、新业态和新模式的出现。以劳动者就业适应能力和岗位转换能力为特征的劳动新形态正在形成。高校劳动教育须与数智时代劳动的新变化以及当代马克思主义劳动理论研究的最新成果相结合,立足中国实际,构建新型劳动教育模式,推动新时期劳动教育可持续发展,更好地适应生产劳动的新变化和产业变革中劳动力发展的新需求。

第一节 劳动教育数智化发展背景

随着社会发展,劳动结构发生显著变化,劳动不再局限于体力和行动能力,而是拓展到更广阔的领域。劳动教育也应从单纯的体力劳动锻炼转变为培养学生服务性和创新性素质。当前，尽管"专业+劳动教育"已成为高等院校的主流研究方向，但如何进一步处理专业教育与劳动教育之间的相互促进、和合共生关系，仍是劳动教育需要关注的领域。

随着新经济的发展和"互联网+"的兴起，劳动教育呈现出教育内容交叉融合加速、多主体合作协同创新不断重构的特征，正朝着兼顾知识与技能的全面性、系统性与实践性方向发展。

本章以某所民航行业院校为例，探索数智时代劳动教育的新举措。该院校积极对接职业标准，体现先进生产力发展方向，提升劳动技术含量，揭示劳动世界的复杂性，了解劳动的社会与利益关系，加强学生对劳动精神、劳模精神、工匠精神的教育，增强行业职业劳动的荣誉感和责任感，不断探索数智化发展背景下劳动教育的新成果。

一、数智化转型为劳动教育实践创新提供了契机

当前，从飞机制造到航班运营，从空中交通到地面保障，从组织管理到商业模式，数智化正在全方位重塑民航产业发展格局。作为国际化水平和数智化程度较高的国民经济先导性产业，民航业在航空公司、空管、机场等各个领域已较好地应用数字技术，如无纸化出行、自助值机、人脸识别、高级场面引导与控制等，100余家民航单位实现数据共享，3 800余架飞机实现飞行品质监控。

"智慧民航建设是我国民航业在数智时代推动创新驱动发展战略，培育扩大行业发展新空间，提升行业安全发展质量与效益的重要推动力和主攻方向，也是实现多领域民航强国建设的必由之路。"① 中国民航正处于全面建设多领域民航强国的新阶段，亟须抓住新一轮科技革命和产业变革的战略契机，强化科技创新支撑，深化体制机制改革，积极应对资源环境约束，加快推进民航效率变革、结构变革和动力变革，把握"十四五"时期"基础设施集中建设、创新驱动模式加速形成、全面深化改革和重大风险主动应对"的阶段性特点，打好主动仗。以"智慧民航"为主线，从数字型向智能型进而向智慧型转变，集中精

---

① 中国民用航空局：《智慧民航建设路线图》，https://www.caac.gov.cn/XXGK/XXGK/ZCFB/202201/P020220121596946741010.pdf。

力抓智慧化建设，补齐质量、效率、效益短板，推动行业创新驱动发展，培育扩大行业发展新空间、新生态，助力新时代民航强国建设。中国民航以"智慧民航"建设为抓手，探索智慧发展之路，数字技术在航空安全、机场智能化、运营管理等多个领域发挥积极作用。先进技术是行业及其战略的重要组成部分，反映出新型劳动者在快速重塑的市场环境中对行业成功的重要支撑作用。民航业作为传统行业，拥有实现数智化转型的重要资源，如硬件资产、品牌、全球布局、客户关系、数据和数十年积累的管理技能等，这些都可以成为民航院校劳动教育的开发资源。

二、民航行业数智化转型实践调研

近年来，学院劳动教育研究课题组以 S 机场集团数智化转型和 C 航空的信息化布局为例开展市场调研，旨在发掘未来行业发展所需的行业人才劳动素质元素。

（一）S 机场集团数智化转型

当前，民航行业传统的依赖基础设施建设和挤压饱和运行资源的发展模式已难以满足行业发展需求，亟须从注重数量、总量的增量式发展，转向注重质量、效率、效益的质优式发展。

S 机场集团积极落实交通强国民航新篇章建设和 S 市国际数字之都重要部署，统筹部署数字孪生机场支撑体系，加速推进业务数智化转型，基于数据共享、智能升级等创新业务模式，以数字驱动智慧化发展，实现整体性转变、全方位赋能、革命性重塑。

目前，S 市已初步实现数字孪生机场，机场运行数据资源实现共享，基于人工智能的感知、分析、决策能力取得突破，机场运作全环节的数字映射实时呈现，整体态势可看可控，支撑精细化管理。

2025 年，S 机场集团实现智慧化跨越发展，跻身国内智慧机场建设领军者行列，全面智慧赋能安全、运行、服务等领域，形成对机场运行整体状态的即时感知、全局分析和智能处置，推动保障资源高效、精准调配，大幅提升安全裕度、运行效率和服务品质。

到 2030 年，S 机场集团将通过持续创新，深化各业务智慧能力，成为卓越的全球智慧机场标杆。智慧化深度融入机场集团日常生产运行和经营管理，智慧机场成为 S 机场治理体系和治理能力现代化的鲜明标识（见图1）。

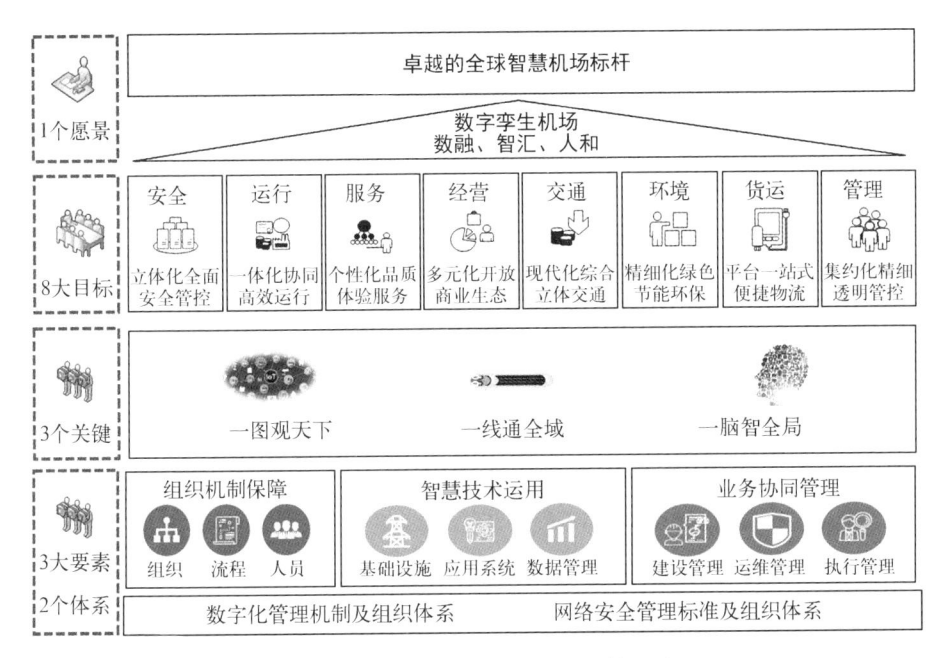

图 1　"18332"智慧机场建设总体思路

一个愿景：打造全球示范引领的新型数字孪生机场，成为具有世界影响力的卓越全球智慧机场标杆。

八大目标：聚焦安全、运行、服务、经营、交通、环境、货运、管理八大领域，推动重点领域智慧化建设，形成立体化全面安全管控、一体化协同高效运行、个性化品质体验服务、多元化开放商业生态、现代化综合立体交通、精细化绿色节能环保、平台一站式便捷物流、集约化精细透明管控等标杆场景。

三个关键：将时空大数据平台、数据总线、机场大脑三个项目作为工作抓手，纵向上实现集团宏观管理和一线智慧化运行需求的协同，横向上打通系统，实现数据协同共享。

三大要素：强调组织机制保障、智慧技术运用、业务协同管理的协同，立足具体业务需求推动智慧化技术运用，从顶层组织对业务管理和技术运行进行统筹协同。

两个体系：打造集团数智化管理组织机制体系、网络安全及标准体系，实现数智化转型及智慧化发展的可持续性。

S 智慧机场建设主要内容：

点：集团各机场围绕八大业务领域开展的智慧化项目集群，是数字孪生机场的输入端。

线：建设数据总线，串联现有各类应用系统和智能平台，实现机场信息资源整合、共享和共用。

面：建设 S 机场体系"全场景、全要素、全流程"运行一张图，通过时空大数据平台实现运行态势实时感知和展示。

核心引擎：建设超级大脑，以人工智能和数据中心为载体，将机场运行管理规则和案例库抽象为算法引擎，辅以强大运算和存储能力，为各项业务"注智"。

体：构建以数智化转型为导向的管理组织，强化统筹技术应用和数据规范，促进技术运用与业务管理融合协同。

（二）行业企业的数智化转型调研结果：以 C 航空为例

C 航空自 2004 年成立以来，始终将信息化作为提升公司经营管理水平和效率的重要手段和技术支撑。按照业务发展逻辑，公司陆续开展了销售系统、离港系统等系统的建设，逐步建立起覆盖经营销售层、旅客服务层、运行安全层、综合管控层的四条产品线架构，初步实现了业务流程的信息化，有序地将信息化渗透到公司生产经营管理的各个环节，有效提升了业务运作能力，初步实现了"信息化与公司发展战略相一致、信息化与公司管理模式相一致、信息化与业务需求相一致"的目标。

1. 信息化总体架构

信息化建设的整体规划思路为：以支撑公司战略实现为总体要求，以一体化集中运作为关键特征，以 IT 与业务深度融合为核心内涵，以满足内部建设后大力支持外部服务为特色，优化整合信息资源，促进业务应用融合发展，全面支撑公司各项业务发展需要。深化建设一体化的集中信息系统，重点增强基础技术平台的承载能力，推进业务应用之间的深度集成，提高智能分析决策能力，提升信息安全防护水平。通过机制创新和各项制度、措施的落实，加强信息化工作的统一领导和组织，建立健全信息化保障体系。同时，将信息化建设进度和应用成效纳入对标考核体系，提高公司信息化建设成效。在优先满足内部信息化建设需求的前提下，对外输出信息化经验和能力，形成自己的优势产品，扩大行业内影响力和服务规模，真正提升利润率，使信息化服务成为公司新的收入和利润增长点。

基于上述整体规划思路，在 EA 规划方法论的理论基础上，结合 C 航空信息化现状和未来发展需求，形成了"C-4321"信息化规划蓝图，支撑公司高效营销、技术创新、生产保障，助力安全运行和队伍建设，推进 IT 与业务深度融合。其中，"4"代表四条产品线应用，"3"代表三大支撑架构，"2"代表信息化管控与治理两个维度的管控体系，"1"代表一套 IT 服务保障体系（见图2）。

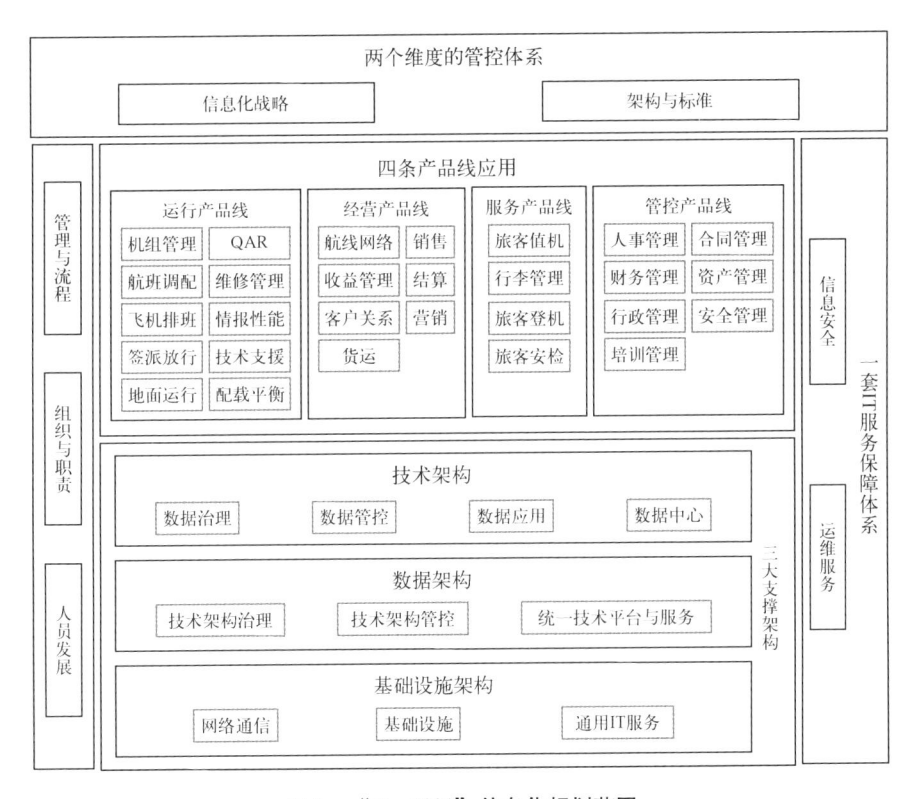

图2 "C-4321"信息化规划蓝图

应用架构以业务架构为基础，依据企业信息化发展蓝图的四条产品线应用，以"大应用"为目标，全方位、多层次推进应用集成和融合创新，实现纵向管控的体系化、横向协同的流程化和企业运营的一体化。总体应用架构描述了 C 航空顶层业务应用及其系统分布情况（见图3）。

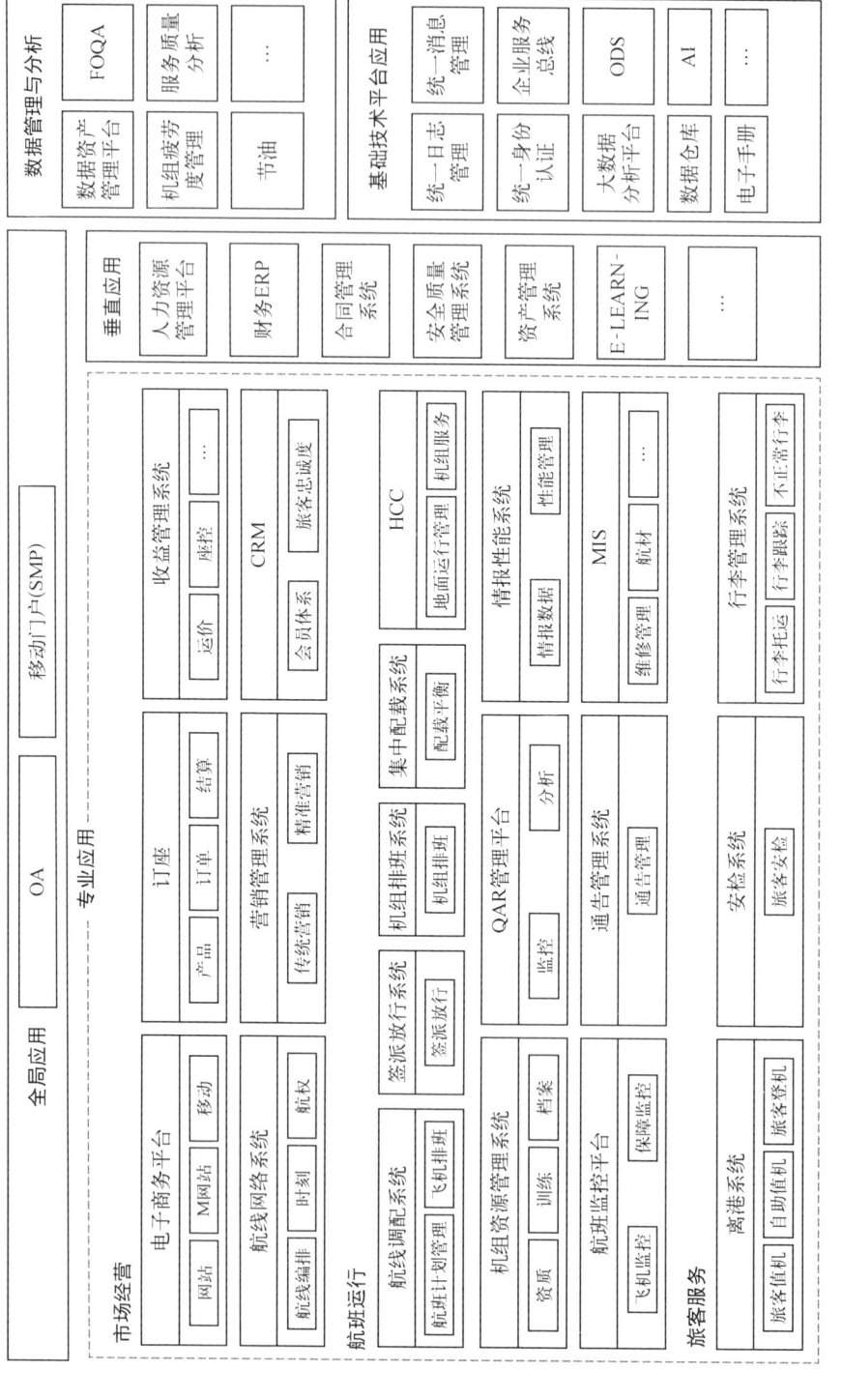

图 3 数智化总体应用架构

该行业企业在业务管理类应用上，按照"查漏补缺夯基础，融合发展为重点，关键应用上水平，智能决策谋突破"的整体思路，建设市场经营、航班运行、旅客服务、综合管控四大业务线应用，全面覆盖C航空生产经营和精益管理体系要求，推进两化深度融合。

2. 企业对劳动者的劳动素质要求

民航行业的数智化转型对从业人员的工作模式和岗位产生深刻影响。企业以信息化建设和发展需求为导向，以能力培养和素质建设为目标，加快建设与公司发展水平相适应的信息化人才队伍，注重综合能力和专业化水平建设，全力提升人才队伍建设质量，构建科学合理的人才梯队，加大信息骨干人才培养力度，保持人才队伍建设的稳定和可持续发展。

为应对数智化转型，企业正健全信息化决策管理队伍，重点培养或引进能承担信息化管控、指导和协调工作的决策管理人才；充实信息化建设实施队伍，注重培养或引进能承担信息化规划、设计、研发、集成实施和监理工作的建设实施人才；加强信息化运维服务队伍建设，培养或引进能承担信息系统调度指挥、运行监控、系统检修、客户服务和技术支持等工作的运维服务人才；建立信息化安全保障队伍，特别培养或引进能承担信息系统安全测评、安全督导检查、攻防演练、应急响应、监测预警和安全咨询等工作的安全保障人才；加强信息化应用管理队伍建设，与业务部门共同培养能承担需求分析、流程梳理、业务指导和应用培训工作的信息化系统应用管理人才。通过上述队伍建设，带动企业信息化人员整体水平提升，促进企业信息化各项工作协调发展，为企业信息化工作提供技术支持和人才保障。

（三）调研结果分析

在数智时代，数据成为新生产要素，算力成为新基础能源，数字技术、人工智能等成为新生产工具，共同构成新质生产力的重要驱动因素。对民航行业而言，民航运行具有海量数据、应用场景复杂以及受环境影响大等特征。"人工智能+民航"带来行业数据规模激增和应用场景全方位拓展。人工智能技术不仅能有效处理数据，还具有提高预测准确性、优化决策过程、提高系统性能等功能。例如，在航站楼内，人脸识别技术在人工智能加持下日益精进，旅客可更高效地进行安检和通过边检，减少出示身份证件或登机牌的次数，加快通关速度，减少安检时长，提升安检准确性，方便旅客，提高安检效率。在飞机上，成千上万个传感器收集飞机性能和健康状况数据，人工智能技术分析这些数据，预测技术问题，实现预测性维护，减少意外停飞风险，使飞机在最佳状态下运行，节省燃油，减少碳排放。此外，人工智能技术还在航班调度管理、智能货运物流、飞行模拟培训等民航运行的重要节点改变民航业的运行方式，释放航空公司、机场、空管等业务场景数据价值，实现数据分析与预测、业务自动化决策、资源优化调度、识别潜在风险等。

未来，如何通过新技术推动民航提质增效，挖掘数据价值，促进民航高质量发展，成为"人工智能+民航"面临的新挑战。作为民航系统内的行业院校，如何在劳动教育中积极应对行业数智化转型带来的机遇与挑战，将课程改革与人工智能的数据处理技术、模型优化技术和算法相适应，显得尤为紧迫和必要。

第二节　劳动教育的数智化发展要求

数字技术的应用为教育领域带来了新的发展契机，推动教育数智化转型已成为当下教育领域面临的一个巨大挑战。许多教育组织在数智化转型的实践中，还停留在技术引入阶段，存在对技术使用即为转型的粗浅认知。事实上，教育数智化转型需要关注系统性的数智化创变，包括宏观层面的国家政策和标准、中观层面的组织和微观层面的教学与环境。劳动教育的数智化转型需要从技术应用转化为融合创新，并转换教育组织的数智化意识、文化、方法和管理。

一、数智化转型背景下的劳动技能开发要求

数字技术的快速发展，导致了民航从业人员劳动技能需求结构的重构。从业人员的一般劳动技能和专门劳动技能被赋予了新的内涵和要求。数字技术对民航业从业人员一般劳动技能和专门劳动技能的影响因素如下：

（一）数智化工作环境的复杂性

数字技术的引入增加了民航从业人员工作环境的复杂性。过去依赖人工操

作和传统管理系统的工作流程，如今大多需要通过信息系统、自动化设备或其他数字工具完成。从业人员不仅要掌握这些系统，还要应对复杂的工作场景。在这样的工作环境下，一般劳动技能如沟通协调、团队合作和应急响应的难度增加，专门劳动技能也变得更加复杂，从业者需要具备系统操作、数据分析和技术解决能力。

（二）信息透明化与实时数据处理需求

数字技术使信息更加透明和可实时访问，对民航行业的劳动技能提出了新要求。过去封闭式管理的航班信息、乘客数据等核心信息，在数智时代要求从业人员具备实时数据处理和信息管理能力。信息透明化要求从业人员能够实时监控和分析大量数据，对一般劳动技能中的信息处理和决策能力提出更高要求。从业人员不仅要掌握传统技术操作（如设备维护、飞行操控等），还要掌握数据的读取、分析和报告生成等技能。

（三）智能系统对劳动技能的重塑

智能系统（如人工智能和自动化系统）的普及正在重塑民航劳动技能体系。在智能系统的支持下，许多传统的人工操作被自动化流程取代。例如，人工智能可以通过预测性分析提前预警设备故障，帮助机务人员进行精准维护；自动化系统可以帮助乘务员管理乘客需求和提高服务效率。智能系统的引入要求从业人员具备更高的技术理解能力和应急管理能力，他们需要在系统失效或异常时进行故障排除，保证智能系统的维持和恢复运行。

（四）全球化与行业标准的变化

民航业是一个高度全球化的行业，受全球标准和规章制度的影响较大。近年来，数字技术在航运管理、飞行调度和乘客服务等领域的广泛应用，提升了民航业的工作效率和安全性。随着全球范围内数智化技术的普及，行业标准也在不断更新和提升。国际航空运输协会（IATA）等国际组织正在推动制定更加严格的数据安全、服务标准和操作规范。民航业在数字经济迅速发展推动下面临转型挑战，传统劳动技能体系已无法满足现代技术对效率、安全和透明度的需求。这要求民航从业人员不仅要掌握本地化的工作技能，还需具备国际化的视野和全球化操作能力。尤其在全球数智化浪潮的推动下，区块链、人工智能、大数据等技术在民航业得以广泛应用，这要求民航从业人员需要具备更高要求的数智化素质。因此，在民航高职院校中，培养学生的数智化劳动技能和素质已成为亟须解决的时代课题。

二、数智时代民航行业劳动素养的指标状态

劳动的演进是在技术与社会基础相互交织中发展的，涉及主体与客体、主体与主体间复杂关系的建构与交互。数字化技术的广泛应用影响了劳动过程和形态，劳动者需适应"数据+算法+算力"的生产模式，并在多变环境中灵活解决问题，这需要更高的数字化劳动素养。要求劳动者具备信息科技能力、数据思维、编程技能、数字化操作技能、人机协作技能、数字化创新能力、数字安全意识、数字伦理与社会责任等综合性素养。这种演进体现了数字化技术与社会实践的交融，影响个体的认知、能力和精神。

在数字化技术推动下，以"数字化赋能"为主线的生产方式正通过技术升级、转型和再造传统产业链全要素，引起生产流程的重构与转型。随着劳动形态发展和劳动教育深化，亟须建立一套具有鲜明时代特色、领域类型清晰、素养取向明确的评估指标体系。欧盟数字能力框架体系是在不同利益相关者广泛协商基础上形成的。DigComp2.2 的研制经历了概念研究、专家咨询、实践调研、利益相关者广泛论证等环节，经过信息素养、数据素养、人工智能、物联网、编程、隐私及个人数据、安全和保护、数字与环境、电子办公等 12 个工作组多轮修订，最终确定了 259 个实例，旨在帮助欧洲公民自信、批判性、安全地使用数字技术。①

数智时代对民航从业人员的综合劳动素质提出了新要求。传统劳动素质评价体系集中在技术操作能力、职业道德和团队协作等方面，但在数智化转型背景下，这些基础素质已不足以应对现代民航行业的复杂性和高度技术化需求。如今，信息安全意识、数据处理能力和技术适应性等数字技能，已成为评估民航劳动素质的重要指标。

---

① 汪庆怡：《从欧盟数字素养框架（DigComp2.2）论全民数字素养的提升》，《图书馆杂志》2023 年第 3 期。

表1 数字劳动素养分类

素养	定义	内涵	外延	重要性
数字化劳动素养	个体在数字化环境中进行工作和解决问题的基本技能与态度	基本的技术操作能力、批判性思维、创新能力等	1. 技术操作能力（如计算机、互联网、大数据等工具的使用）； 2. 批判性思维（如信息真伪的辨识）； 3. 创新能力（如数字工具的创造性应用）	在数字社会中，数字化劳动素养是劳动者适应数字化工作环境、提升工作效率的重要能力
高阶思维能力	较高级别的思考能力，如分析、评价、创造等	通过分析、评价、创造等能力，形成独立判断和理性决策	1. 分析能力（如信息真伪的辨识）； 2. 评价能力（如信息优劣的判断）； 3. 创造能力（如新思想的提出）	高阶思维能力是数字化劳动素养的核心组成部分，是劳动者在数字环境中解决问题的关键能力
综合性应用能力	将多种知识和技能综合应用于具体问题解决的能力	通过跨领域的知识和技能，解决复杂的实际问题	1. 多元知识的综合运用（如技术、伦理、社会等）； 2. 多种技能的协同应用（如数字技术、批判性思维、创新能力）	综合性应用能力是劳动者在数字化环境中应对复杂问题的核心竞争力
创新性解决问题能力	在遇到新问题时，能够创新性地找到解决方案的能力	在数字环境中，能够提出新观点和新思路，解决实际问题	1. 创新思维（如数字工具的创造性应用）； 2. 解决问题的方法（如数字技术的创新性应用）	创新性解决问题能力是劳动者在数字化环境中适应变化和应对挑战的关键能力
数字化能力框架	一个评估个体数字化能力水平的框架，通常包含多个评价维度和应用领域	通过多维度的评估，全面了解个体的数字化能力水平	1. 数字获取能力（如信息的获取与筛选）； 2. 数字传播能力（如数字成果的传播与分享）； 3. 数字创新能力（如数字工具的创造性应用）	数字化能力框架为数字化教育和培训提供了方向指引，是评价个体数字化能力的重要工具
持续性互动过程	个体在不断与环境互动中进行学习与实践的过程	通过持续的互动和实践，提升个体的数字化能力	1. 持续学习（如数字技术的不断更新）； 2. 实践应用（如数字技术的实际运用）	持续性互动过程是数字化能力提升的重要途径，是评价个体数字化能力发展的重要依据

续 表

素养	定义	内涵	外延	重要性
核心素养	个体在学习和生活中必须具备的基础技能与素质	数字化劳动素养、高阶性思维能力、综合性应用能力、创新性解决问题能力等	1. 数字化意识（如数字工具的敏感性）； 2. 数字化技能（如数字工具的操作能力）； 3. 数字化伦理（如数字安全与伦理意识）	核心素养是劳动者在数字化环境中必须具备的重要能力，是评价个体综合素质的重要依据

（一）问题解决与决策能力

在民航运营中，快速且准确的决策能力至关重要。无论是处理突发事件还是应对复杂的航班调度问题，民航从业人员都必须具备出色的问题解决能力和决策能力。数字技术的应用增加了决策过程的复杂性，决策不仅依赖于传统的操作经验，还需要根据实时数据进行分析和判断。在现代民航环境中，决策者需要通过数据分析和模拟技术来应对紧急情况，尤其是在恶劣天气、设备故障或突发事件时，快速作出决策将直接关系到航班的安全和运营效率。

结合民航业发展的具体要求，问题解决与决策能力具体包括：

1. 信息安全意识

信息安全在民航行业的数智化进程中至关重要。航班安排、乘客信息和飞行计划等隐私数据需要在网络环境中进行存储与传输。随着越来越多的民航数据借助网络平台进行管理，从业人员不仅需要了解基本的数据保护原则，还需具备防范网络攻击的能力。近年来，全球范围内民航信息泄露事件屡见不鲜，信息安全意识不足将对整个系统的稳定性和安全性构成威胁。因此，信息安全能力的培养是数智时代民航从业人员的核心素质之一。

2. 数据处理能力

在数智时代，数据成为民航业运营和决策的关键驱动力。大数据分析技术广泛应用于航班调度、乘客管理和飞机维护等领域，实时数据处理能力成为衡量劳动素质的重要标准。例如，在航班调度时，调度员需要快速分析天气、机场流量、乘客需求等多个数据点，以调整航班计划，做出最佳决策。

3. 技术适应性

技术适应性是民航从业人员能够快速掌握和灵活应用新兴技术的能力。在数智化转型的背景下，民航行业不断引入新技术，因此从业人员需要具备强大的技术适应能力，在技术升级时，迅速掌握新系统的操作，并将其应用到日常工作中。

4. 协同工作与团队合作

民航行业本质上是一个高度依赖协作的行业，无论是机组人员之间的合作，还是航班调度、地勤、乘务等不同岗位的协同工作，团队合作都是确保安全和效率的关键。数智时代，协同工作能力需要进一步拓展，要求从业人员能够通过数字平台与不同岗位的同事高效沟通，甚至远程协同完成任务。

表2 数智时代民航业从业人员问题解决与决策能力需求分析表

能力类别	能力子项	定 义	实 践 应 用
问题解决能力	问题识别能力	能够快速识别问题的关键点，并结合数据和情境进行初步判断	利用大数据分析航班延误原因，结合天气、空管、航空公司等多维度数据进行问题识别
	数据敏锐度	能够及时发现数据中的异常和趋势，如航班延误的潜在原因	通过数据分析技术，识别航班延误的高频原因，如设备故障、天气变化等，提前采取措施
	跨领域视角	能够从不同领域（如运营、技术、服务）综合分析问题	结合空管、天气、航空公司等多因素分析航班延误，提出系统性解决方案
	分析能力	将问题置于系统整体中分析，考虑各因素的相互影响	利用系统思维，分析航班延误对航空公司、乘客、地面服务等的连锁影响，制定全面解决方案
	数据挖掘与预测	运用数据挖掘技术分析历史数据，预测潜在问题	基于历史数据预测航班延误的可能原因，提前优化航班调度
	解决方案设计能力	提出创新且可行的解决方案，结合新技术提升效率	利用人工智能优化航班调度，减少延误影响
	跨部门协同	协调多方资源，构建高效解决问题的团队	在航班延误处理中，协调技术部门、客服部门、地面服务部门，共同制定解决方案

续　表

能力类别	能力子项	定　义	实践应用
问题解决能力	实施与执行能力	有效执行解决方案，监控进度，及时调整策略	在航班延误处理中，实时监控延误原因和解决方案执行情况，动态调整应对措施
	结果评估能力	评估解决方案的效果，收集反馈，为未来决策提供依据	在航班延误处理后，评估解决方案的效果，总结经验教训，优化未来预案
决策能力	数据驱动决策	基于实时数据分析快速生成决策	根据实时天气数据调整航班计划，减少因天气原因导致的延误
	数据收集与分析	通过数据分析为决策提供支持	利用全面预算管理系统分析历史数据，为财务决策提供依据
	决策模型应用	使用预测模型和算法评估不同决策的影响	基于AI算法预测航班延误的影响，评估不同延误处理方案的成本效益
	风险管理能力	识别决策中的潜在风险并制定应对措施	在新技术实施前，评估其可能带来的安全风险，制定相应预案
	风险评估	通过数据分析预测潜在风险，如航班延误的连锁反应	结合历史数据和实时信息，预测航班延误可能引发的旅客不满和服务问题，提前制定应对措施
	应急预案	为高风险决策制定详细的应急预案	针对航班大面积延误，制定旅客安置和补偿方案，减少负面影响
	变化适应能力	快速适应新技术和新环境，调整决策	在数字化转型中，快速学习和应用新技术（如区块链技术）以优化行李追踪和管理
	灵活决策	在突发情况下迅速调整运营策略	在自然灾害导致航班延误时，灵活调整航班计划，确保旅客安全和航班运营的连续性
	战略眼光	从长期发展的角度制定决策，推动企业竞争力提升	投资大数据和AI技术以提升航班调度效率和服务质量，增强市场竞争力
	创新发展	推动服务创新，提升客户体验	利用个性化服务满足旅客需求，提升客户满意度和市场竞争力

续　表

能力类别	能力子项	定　义	实　践　应　用
其他相关能力	沟通协调能力	有效沟通，确保信息透明，协调各方共同解决问题	在航班延误处理中，协调航空公司、空管部门、地面服务部门，共同制定应对方案
	跨部门协作	确保各部门信息共享，共同解决问题	在全面预算管理中，协调财务部门、运营部门、技术部门，共同制定预算计划和优化方案
	客户沟通	在问题解决过程中，及时与客户沟通，管理期望	在航延服务中，及时向客户告知延误原因和解决方案，减少不满情绪
	持续学习能力	保持对新技术和行业动态的持续学习	学习云计算、物联网等新技术，提升技术应用能力；关注行业法规变化，及时调整业务策略
	技术更新	快速学习和应用新技术，如 AI、区块链等	在行李追踪中应用区块链技术，提升透明度和效率
	知识更新	不断更新行业知识和管理实践	参与民航危机管理培训，掌握最新的危机处理方法和工具
	团队领导力	激励团队成员发挥潜力，共同应对挑战	在航班延误处理中，激励团队成员积极解决问题，提升整体应对能力
	团队协作	促进团队合作，确保决策过程中的信息共享和协调一致	在全面预算管理团队中，确保财务部门、技术部门、运营部门的信息共享和协作，提升决策效率

（二）职业道德与责任意识

职业道德和责任意识一直是衡量民航从业人员素质的重要标准，在数智时代依然至关重要。随着航班信息、乘客隐私等数据的数智化处理，从业人员需要具备更高的职业道德水准，确保数据不被滥用或泄露。

借助罗特提出的"教育人类学"和劳耐尔的"设计导向"概念，"劳动素质"的广义内涵应包括劳动的专业能力、社会能力和人格能力三个维度。专业数字能力包括专业技能和方法能力。数字专业技能是劳动者胜任工作的最基本能力。方法能力指的是劳动者在劳动中所需的具体方法和可持续学习能力，包括在数智化背景下解决实际问题的思路、独立学习新技术的方法等。社会能力包括对数字场景的适应能力和人机、人人之间的交际能力。它强调劳动者对数智化产业结构变化下劳动环境的适应性，以及良好的人机交往能力。人格能力包括应对不断更新的数字技术的学习动力和技术价值观。人格能力体现了劳动者作为主体，其心理状态和心理条件对数智化劳动场景的决定性作用。

数智化转型背景下，行业职业院校劳动教育学生需具备的基本综合素质（包括基本劳动技能、素养和劳动价值观），以及影响劳动教育的具体因素，以寻求提升数智时代背景下行业职业院校劳动教育实效性的有效途径。

表 3　职业道德与责任意识

职业道德及责任意识	定义	具体要求	应用场景
责任意识	对自身行为和后果有高度责任感，确保旅客、货物及设备的安全	1. 严格遵守操作规程，避免因疏忽导致事故； 2. 面对紧急情况（如气象突变、设备故障等）时冷静应对； 3. 明确岗位职责，确保每个环节无误	飞行驾驶舱、机务维护、空中管制、安全检查
服务意识	以旅客需求为核心，提供优质服务，满足顾客期望	1. 主动倾听旅客需求，解决行程中的问题； 2. 保持良好的服务态度，避免因服务不佳引发投诉； 3. 提供个性化服务，提升旅客满意度	空乘服务、地面服务、客服等岗位
团队合作意识	在复杂系统中协同工作，确保任务顺利进行	1. 各岗位间有效沟通，避免信息传递失误； 2. 遵循分工责任制，明确各自角色； 3. 在紧急情况下快速响应，协同解决问题	机组人员协作、地面服务团队、安全检查小组
程序意识	严格按照标准操作程序执行任务，避免偏离规范	1. 熟悉并严格执行飞行手册、维护手册等技术文档； 2. 遵守机场运行规定，避免违规操作； 3. 在突发情况下，按应急程序处置	飞机起降、机务排故、空中管制指挥

续 表

职业道德及责任意识	定 义	具 体 要 求	应用场景
工匠精神	对工作的精益求精，追求技术与服务的完美	1. 持续学习新知识、新技术，适应行业发展； 2. 注重细节，确保服务质量无瑕疵； 3. 在日常工作中追求效率与准确性	飞机维修、机务排故、飞行操作
忧患意识	对潜在风险保持敏感，预防事故的发生	1. 在日常工作中预判可能出现的问题； 2. 在飞行或维护中始终保持警惕，避免麻痹大意； 3. 学习以往事故经验，提升风险应对能力	飞行前准备、机务检查、安全检查
企业意识	对民航企业的归属感和责任感，维护企业利益	1. 认识到个人工作对企业形象和效益的影响； 2. 自觉遵守企业规章制度，避免因个人行为影响企业声誉； 3. 在职业发展中与企业共同成长	乘务员服务、地面服务、安检等工作
诚信品质	诚实守信，遵守职业道德和法律规范	1. 如实报告工作中的问题（如设备故障、服务失误等）； 2. 遵守法律法规，确保航空运输合法合规； 3. 在服务中杜绝欺诈、弄虚作假行为	安检工作、航班签派、机务维修
公平公正	平等对待每一位旅客或服务对象	1. 不因旅客身份、种族、经济状况等差别对待； 2. 在处理投诉或纠纷时，保持客观公正； 3. 在安检中公平对待所有旅客及其行李	安检工作、地面服务、客服岗位
吃苦耐劳	意识到民航工作的辛苦，并能长期坚持	1. 应对不规律的工作时间（如夜间航班、节假日值班）； 2. 在高压环境下保持良好的心理状态； 3. 适应高强度的体力和脑力劳动	空乘服务、机务维护、安检工作

三、以"系统进化+创新突破"的原则，进行劳动技能开发

随着科技的飞速发展，尤其是人工智能、大数据、云计算等新一代信息技术的广泛应用，民航业正迎来数智化转型的浪潮。这一转型不仅提升了运营效

率，优化了服务质量，还显著降低了成本，增强了行业的竞争力。

目前，我国民航业正加大在人工智能、大数据、云计算等新技术方面的研发投入，推动这些技术在航班运营、安全管理、客户服务等方面的广泛应用。通过技术创新引领数智化转型，提升我国民航业的国际竞争力。同时，构建数据驱动的决策体系加快行业转型升级。我国民航业正积极建立完善的数据收集、分析和利用机制，构建数据驱动的决策体系。通过深入挖掘和分析运营数据，为航班调度、维修保养、客户服务等提供科学依据，提高运营效率和服务质量。此外，在数智化转型过程中，我国民航业应始终关注用户体验的提升。通过优化在线购票、值机、行李托运等数智化服务流程，提高服务的便捷性和效率；同时，加强智能安检和导航系统的建设，为旅客创造更加舒适、安全的出行环境。

随着信息技术的飞速发展，民航行业正逐步迈入数智化、智能化的新时代。为了适应这一变革，提升行业竞争力与服务质量，民航行业从业者必须不断提升自身的数字技能。以下将从八个方面为民航行业从业者的数字技能开发提供指导。

表4 民航行业从业者劳动技能开发指南

	内 容 概 述	提 升 建 议
信息技术基础	信息技术基础是所有数字技能的基石，包括计算机硬件与软件基础知识、操作系统原理、网络基础知识（如TCP/IP协议、网络架构）、数据库管理以及基本的编程概念等。掌握这些基础知识，有助于从业者更好地理解并应用后续的高级技术	参加信息技术基础课程培训，通过在线课程或专业书籍自学，结合实践项目巩固知识
自动化工具应用	民航行业中的许多流程如票务管理、航班调度、机务维修等，都可通过自动化工具提高效率。掌握这些工具（如ERP系统、CRM系统、自动化测试工具等）的操作与配置，对于提升工作效率至关重要	参加校企合作组织的培训课程，了解并熟悉常用行业自动化工具的功能与操作，积极参与实践应用
数据分析与挖掘	在大数据时代，数据分析能力对于民航行业至关重要。从业者需学会利用数据分析工具（如Excel、Python、R语言、Tableau等）对航班数据、旅客行为数据等进行深度挖掘，以支持决策制定与优化服务	参加数据分析与挖掘专业培训，掌握数据可视化、统计学基础及常用数据分析方法，结合民航实际业务案例进行实战演练

续　表

	内　容　概　述	提　升　建　议
数智化服务技能	数智化服务技能包括在线客户服务、社交媒体管理、自助服务设备操作等，旨在提升旅客的自助服务体验。从业者需熟悉各类数智化服务平台与工具，并具备良好的沟通与服务能力	定期参加服务技能培训，了解数智化服务趋势与最佳实践，通过模拟演练提升应对复杂情况的能力
网络安全与防护	随着民航行业的数智化进程加速，网络安全问题日益凸显。从业者需了解网络安全基础知识，掌握常见的网络攻击手段与防护措施，确保信息系统与数据的安全	参加网络安全培训课程，考取相关认证（如CISSP、CISA等），定期参与网络安全演练与应急响应培训
智能化系统操作	智能化系统如智能机场、智能导航、智能安检等已成为民航行业的重要发展方向。从业者需熟悉这些系统的操作与维护，了解其背后的智能算法与技术原理	通过在线培训、技术交流会等方式，深入了解民航智能化系统的功能与应用场景，积极参与系统的部署与维护工作
人工智能交互技术	人工智能交互技术如语音识别、自然语言处理、智能客服机器人等，正在改变民航行业的服务模式。从业者需掌握这些技术的基本原理与应用方法，提升人机交互的智能化水平	参加民航人工智能交互技术培训，了解最新的技术进展与应用案例，结合实际需求进行技术创新与应用
持续学习与适应	数字技术的快速迭代要求民航行业从业者具备持续学习与适应的能力。从业者需保持对新技术、新方法的敏感度，不断更新知识体系，以适应行业发展的需求	建立持续学习的习惯，关注行业动态与前沿技术，参加各类技术研讨会、专业实践课程，积极参与技术交流与分享

民航行业从业者数字技能的开发是一个系统工程，需要从业者从信息技术基础出发，逐步掌握自动化工具应用、数据分析与挖掘、数智化服务技能、网络安全与防护、智能化系统操作及人工智能交互技术等核心技能，并保持持续学习与适应的态度，以应对行业的快速变化与挑战。

第三节　劳动教育的数智化转型内容

从"十四五"规划到2035年远景目标纲要，再到全国各地"全面转型、全方位赋能、革命性重构"和"数治"新范式的探索，全社会的"数字转型"正呈现出质的变化。在此背景下，我国劳动教育研究面临着理论敏感性不足、理论响应相对滞后等问题，这在很大程度上限制了理论研究与实践创新。因此，对于这场深刻的劳动教育改革，我们不能视而不见，而是要着眼于数智时代下的劳动教育实践创新，在数智时代劳动形态转变的视角下，进行更加切合实际和前瞻的劳动教育变革。

高校要在现代劳动教育体系中有效应用"教育与生产劳动相结合"这一客观历史规律，积极探索如何将大数据、机器学习、学习分析、自适应、情感计算、虚拟现实等先进技术融入劳动教育，构建劳动教育从理论向实践的科学转换、整体转换、动态转换。要实现这一转换，就必须对劳动教育的实施机制进行探索。劳动教育应积极与智能生产相融合，利用深度学习、跨媒介协同处理等活动，提高学生对数智化环境的适应改造能力，并在此过程中拓展问题解决以外的人的理性能力的意义向度，塑造人作为生命意义构建的主体的位置与价值。

行业职业类院校的劳动教育尤其应贴近当代劳动生产实践进行教育活动，使学生获得与当代数字条件下的生产相契合的劳动体验和劳动技能。通过对数智时代劳动的认识和辨析，树立正确的劳动观念，体认新的劳动价值，培育正确的劳动价值观、劳动主体观、劳动过程观、劳动关系观，使学生成为数智时代的劳动者。培育劳动习惯和品质，引导学生形成崇尚劳动、辛勤劳动、诚实劳动、创新劳动的习惯和品质。

对标新一轮科技革命、产业转型及人口发展趋势，行业院校的劳动教育需聚焦新技术、新产业、新业态，深化产教融合，探索适应未来发展的劳动教育的载体和形态。目前，行业院校的劳动教育体制机制和工作体系有待完善，行业专业课程的劳动教育元素需要进一步挖掘，针对行业未来发展所需的劳动实践活动的内容和形式亟待进一步丰富，劳动文化特色品牌需要进一步打造，契合区域发展特点的行业职业类院校的劳动实践基地需要进一步建设，劳动教育师资队伍专业化能力需要进一步优化。

一、创新劳动教育思路，确定劳动教育改革目标

（一）民航行业数智化劳动场景中的劳动素质

为应对数智时代对民航劳动技能提出的复杂需求，有必要建立一套科学、

全面的职业技能发展要素开发体系。本节将探讨如何构建一个基于数字技术的技能开发框架，涵盖从基础技能培训到高级技能进阶的多层次、多维度的培养体系，以推动民航从业人员劳动技能适应数智化的转型要求。

1. 民航执行性工作在数智化劳动场景中的劳动素质

在民航执行性岗位（如机务维护和地勤服务）中，劳动者需要具备高度的数智化操作能力和数据处理能力。数字技术的广泛应用使得传统的手工操作逐步被自动化系统和数字平台替代。例如，在飞机维护和设备检查过程中，机务人员需要通过数字化平台监控设备状态，进行故障诊断和数据分析。为了提升这类岗位的劳动技能，必须建立以技能分层为基础的培训体系。基础技能层面应涵盖数据输入和系统操作；中级技能层面应侧重数据分析与故障预测；高级技能层面则应注重故障排除和应急响应。

2. 民航管理性工作在数智化劳动场景中的劳动素质

在民航管理岗位中，如调度、机场管理等，对数智化技能的要求更为复杂。管理人员不仅需要具备系统操作能力，还要掌握数据分析与决策支持工具。管理岗位的劳动技能构成相对复杂，涉及大量的数据处理、实时决策和信息共享等工作。在管理性工作场景中，劳动素质的提升可以通过"技术+管理"双轮驱动的要素开发体系进行培养。管理人员需要具备强大的数据处理和分析能力，以利用大数据平台对航班流量、天气信息、乘客需求等进行实时分析。管理者还应掌握智能系统的操作技能，如航班调度自动化系统、机场管理平台等，以确保在信息技术支持下的高效工作。决策支持能力也是管理岗位劳动素质的核心，管理者需通过智能工具进行预测性分析和决策优化，确保工作流程的顺畅进行。

3. 民航决策性工作在数智化劳动场景中的劳动素质

民航决策性工作岗位，如飞行调度、应急管理等，要求从业者具备较高的战略思维能力和数据驱动的决策能力。在数智化工作场景中，决策者不仅要依赖经验和判断，还必须依靠大量的实时数据和智能工具进行辅助决策。通过大数据分析和人工智能技术，决策者需要快速获取和分析多维数据，从而优化决策过程。为了提升决策性岗位的劳动素质，劳动要素开发体系中应涵盖战略性决策和智能工具的能力。基础层面应包括数据收集和分析能力；中层技能开发应注重通过智能系统进行数据建模与决策优化；高级层次应强化战略决策与系统整合能力，确保决策者在面对突发事件和复杂工作场景时，能够整合多方资源做出最佳决策。

4. 民航技术性工作在数智化劳动场景中的劳动素质

飞行操控、设备维护等技术性工作在民航行业中的复杂性和精确度要求极高。在数智时代，飞行员、技术人员等不仅需要掌握传统的操作技能，还要精通各种数智化设备和监控系统的使用。例如，飞行员需要通过复杂的飞行控制系统进行实时监控和操作，而设备维护人员则需要利用远程监控和数据分析工具对飞机设备进行监控和维护。在技术性工作场景中，劳动素质的提升可以通过模块化培训体系进行。基础技能层面应包括对数智化设备的操作和维护培训；中层技能应侧重于设备状态监控和数据分析；高级层次的技能应涵盖设备故障预测和智能系统集成，通过对大数据和智能工具的应用，技术人员能够在问题出现前进行维护，确保飞行安全。

总之，数智化劳动场景中的劳动素质不仅需要传统技能的延续，还必须与现代技术深度结合，动态推进数智时代民航劳动职业技能的发展，以应对未来复杂的工作环境。

二、以"价值评估+迭代优化"为原则，升级劳动教育内容

在民航事业快速发展的背景下，民航院校作为培养未来航空人才的重要基地，肩负着提升学生综合素质、强化劳动教育的重任。本方案旨在通过全面而深入的校本劳动教育，培养学生的劳动观念、提升劳动技能、融合思政教育、鼓励实践创新、促进志愿服务、养成良好劳动习惯，并建立科学的教育评价体系，为民航行业输送具备高度责任感、扎实专业技能和良好职业素养的优秀人才。

数智时代，行业院校应研究如何以实习实训课为主要载体开展劳动教育，开设围绕劳动精神、劳模和工匠精神等方面的专题必修课程，创新劳动教育特色课程建设。行业院校应根据行业发展特点，开发一批形式新颖、内容适切的实践体验性劳动教育选修课程，根据劳动形态的演进与时俱进，通过创造条件来革新劳动教育课程内容，开展分段、分层次、分类型的课程重构，创设多元劳动教育形态。如通过加强活动引导、革新课程体系、引入多元师资、开拓实践基地等举措，更新行业院校劳动教育的价值体系、形态体系、参与结构、时空体系，并落实到活动、课程、师资、实践场所中，让行业职业院校的学生获

得更贴近现代生产体系的劳动教育。

（一）劳动观念培养

理论引导：通过开设劳动教育课程，系统讲解行业劳动的意义、价值及行业劳动法律法规，引导学生树立正确的劳动观念，尊重劳动、热爱劳动。

榜样示范：邀请行业内的劳动模范、优秀校友分享经验，用他们的奋斗历程和卓越成就激励学生，增强劳动荣誉感。

（二）劳动技能实训

专业实训：结合行业专业特点，设计有针对性的实训项目，如飞行模拟训练、机务维修实操、空中乘务模拟等，提升学生的专业技能。

技能竞赛：定期举办行业劳动技能竞赛，激发学生的学习兴趣和竞争意识，促进其技能水平的快速提升。

（三）劳动教育课程思政开发

课程融合：将思政教育融入劳动教育全过程，通过劳动实践加深学生对社会主义核心价值观的理解与认同。

主题教育：围绕行业劳动精神、工匠精神等主题，开展系列教育活动，引导学生树立正确的世界观、人生观、价值观。

（四）开发劳动实践项目

校企合作：与航空公司、机场等企业建立合作关系，组织学生参与实际项目，如航线规划、机场运营管理等，增强其实践能力。

科研项目：鼓励学生参与行业科研项目，将理论知识应用于解决实际问题，培养创新思维和科研能力。

（五）开展创新创业劳动

创业指导：提供与行业发展相关的创业培训、政策咨询等服务，激发学生的创业热情，培养学生的创业意识和能力。

创新实践：帮助学生设立创新实验室、设置创业孵化器等平台，支持学生开展创新实践活动，将创意转化为实际成果。

（六）行业志愿服务活动

社区服务：组织学生参与行业志愿服务活动，如民航环保宣传、机场助老助残等，培养学生的社会责任感和奉献精神。

行业服务：结合民航行业特点，开展航空知识普及、应急救援演练等志愿服务活动，提升行业形象和社会影响力。

（七）劳动习惯养成

日常教育：通过具有行业特色的军事化日常管理、宿舍文化建设等方式，引导学生养成良好的劳动习惯和生活习惯。

自我管理：鼓励学生制定个人劳动计划，合理安排时间，培养自我管理和自我约束的能力。

（八）教育评价体系

多元化评价：采用学生自评、互评、教师评价、实习企业评价等多种评价方式，全面评估学生的劳动教育成效。

持续改进：根据评价结果，及时调整教育内容和方法，确保劳动教育的针对性和实效性。同时，建立反馈机制，鼓励师生提出意见和建议，促进教育质量的持续提升。

三、数智化劳动教育项目建设原则

（一）数智化劳动教育的战略需要：为民航业转型升级奠定坚实的人才基础

在经济转型升级和民航业产业结构调整的背景下，劳动教育素质的全面提高是确保每一位学生成为技能型人才的重要保障。数智时代，民航业数智化劳动教育的目标是培养能够适应民航业数字化、智能化转型的高素质人才。这些高素质技能型人才既要具备数字化技能，掌握大数据分析、人工智能、物联网等技术，同时也要拥有智能化实践能力，能够进行智能维修、数字化服务和智慧化管理。通过数智化劳动教育，可以提升从业人员的专业能力和创新意识，助力民航业向高效、安全、绿色方向发展，同时也有利于解决民航业人才短缺问题，培养符合行业需求的复合型人才，提升人才供给质量。技能型人才中"民航精神"的要素对于其提高职业技能水平、就业能力和职业迁移能力具有重要作用。

（二）数智化劳动教育精神标杆：体现民航职业院校劳动教育的行业文化软实力

以民航职业院校的办学理念为向心力，坚定以劳动教育促进学生技能就业与技能成才的信念。尊重以学生为主体的劳动观念，崇尚劳动、热爱劳动，通过校园文化建设潜移默化地促进技能型人才的培养。以"双师型"教师的言传身教激励学生对技术技能的执着追求，从而促使学生职业精神的养成，让学生成为具有健全人格的民航职业人。

（三）数智化劳动教育现实需要：促进民航职业院校学生职业生涯发展

职业教育的目的在于"社会本位"，培养符合社会和行业发展需要的专业型人才。这决定了劳动教育项目开发不仅要着眼于学生如何掌握劳动素质型知识，还要以学生的自我职业兴趣、经验、情感等劳动综合素质的全面发展为课程的价值核心，推动学生的个体劳动素养和能力的提高。数智时代下，复合型、功能型劳动教育课程资源开发是协调职业教育"个人本位导向"与"行业需求本位"之间关系的重要活性枢纽。

为满足行业发展与学生个体全面发展的需求，劳动课程资源开发项目应综合院校、教师、学生、用人单位、行业主管部门等多元主体协同开发，寻求课程资源开发合作的"公约数"。项目合作建立在企业以及行业发展之间强有力联系的基础之上，力求各方主体通力合作，顺利推动合作深度发展。通过积极培养满足企业需求的高素质民航劳动应用型人才，一方面满足行业发展的需求，另一方面满足学生个体全面发展的需求。

数智化劳动教育应力求打造与数智时代行业专业技能教育与综合职业素养相适应的企业产教融合发展特色典范项目，发挥劳动教育积极的价值引领和道德教育功能，为交通强国民航新篇章建设和智慧民航发展，培养一批高水平人才和高水平研究成果，最终形成综合素质课程资源共享和整合的教育网络体系。

第四节　构建特色劳动教育课程体系

数智化催生了新的经济形态，包括融合式发展、产业数智化转型和平台经济。构建数智时代下的劳动教育体系，既要培育劳动者拥有数字技术下劳动自由的可行能力，也要培养劳动者驾驭新技术下的劳动自由的可行素质。为此，院校不断通过创新劳动教育路径来完善劳动教育体系，为每位学生提升劳动素质提供坚实的基础。

一、以行业发展与学生劳动素质提升为本的校本课程体系建设

培养符合企业需求的高素质民航应用型人才，需结合数字技术特征与应用场景，构建契合行业需求的课程体系。课程内容覆盖行业基础知识、职业技能培训及实际操作等方面，确保学生全面掌握行业知识与技能。劳动教育课程创新着重于适应"互联网+"人工智能的民航新业态，推进行业需求与数字技能融合的微课和精品课程学习，促进信息技术深度融入技能型人才"民航精神"培育。例如，增设数字素质与技能项目板块，开设数字化项目管理、客户服务数字技能提升等选修课；以课程思政为依托，构建数智时代高职院校劳动教育协同整合的培养资源和立体化过程；以核心素养培养为重点，推进劳动教育多元化践行机制和导向指标；落实人文化劳动教育理念，健全劳动教育教学体系；坚持以学生为中心，使教育评价机制体现劳动技能提升与全面发展。同时，课程设置突出实践与创新，注重培养学生的动手能力和创新精神。数智化劳动教育旨在打造与数智时代民航专业技能教育与综合职业素养相适应的企业产教融合发展特色项目，为智慧民航发展培养高水平人才和贡献高水平研究成果。

（一）积极推进劳动教育校本课程体系建设

高校作为劳动教育的重要实施机构，需深入研究数智时代劳动教育课程改革，通过课程目标、内容、形式和载体的深度转型，开展系统化课程设计和实施，推动劳动教育理论与实践相结合，为劳动教育未来发展提供科学依据和实

践支持。近年来，学院立足行业数字化转型要求，增强劳动教育辐射性和实践性，力求劳动教育课程体系建设与专业教育、思想政治教育深度融合，形成协同效应。通过设立劳动教育必修课程、开发教材、开展实践活动等方式，将劳动教育融入学生学习和生活，形成辐射性强、实践性高的劳动教育课程体系新局面。

表5 课程内容的数字化：数智技术与民航行业的深度融合

课程模块	具体内容
数字工具与数据分析	1. 教授Python、R、SQL等编程语言，用于航班运行数据分析、旅客行为分析等； 2. 数据采集、清洗、分析和可视化的实践操作
人工智能与智能系统	1. 智能客服、行李识别系统、航班调度优化等应用场景的教学； 2. 通过案例教学和实践项目，掌握人工智能技术在民航领域的具体应用
区块链与民航数字化	区块链技术在票务、行李追踪、货运物流等场景中的应用设计
数字孪生技术	通过数字孪生技术模拟机场运营、飞机维护等场景，帮助学生理解数智化技术的实践应用
劳动价值观的融入	1. 在数字化工具使用时，强调劳动效率提升与劳动成果共享； 2. 将数据隐私保护、技术伦理等劳动伦理和职业素养教育融入课程

表6 实践活动的智能化

实践内容	具体内容
模拟飞行与智能物流	1. 利用VR和AR技术构建虚拟民航飞行场景，体验航班调度、空中交通管理、飞机维护等任务； 2. 智能物流项目：行李自动分拣系统、货运跟踪与优化
智能化实践项目	1. 智能客服训练：使用NLP技术解决旅客咨询、退票改签等问题； 2. 智能化安检与旅客服务：设计智能化安检流程，提升服务效率和体验

表7　数智化劳动教育课程体系的具体实施策略

内　　容	具　体　内　容
课程体系设计	1. 理论课程：《数智技术基础》《数据科学与民航应用》《人工智能与民航智能化》等； 2. 实践课程：《智能物流实践》《虚拟现实与民航应用》《人工智能客服实战》等； 3. 综合项目实践：参与实际民航数智化项目（如机场智慧化改造）
教学资源与支持	1. 数字化教学平台：提供视频、课件、案例库等资源，支持自主学习； 2. 虚拟仿真实验室：提供数智化技术的实验环境，支持学生进行实践操作和创新能力培养
评价与反馈机制	1. 多元评价体系：理论知识、实践操作能力、团队协作能力等多维度综合评价； 2. 实时反馈机制：帮助学生调整学习策略，优化学习效果

表8　民航行业的具体场景细化分析

场　　景	具　体　内　容
机场运营	1. 智能行李分拣系统：通过机器学习算法，优化行李分拣流程； 2. 智慧安检：智能化设备提升旅客通过效率和安全性
空中服务	1. 智能客舱服务：智能点餐系统、个性化服务推荐； 2. 虚拟现实飞行体验：模拟飞行场景，帮助理解客舱服务和应急处理
空中交通管理	智能调度与优化：数智化工具进行航班调度优化，减少延误和资源浪费

（二）紧密结合行业、产业需求打造创新劳动教育服务平台

创新劳动教育服务平台的开发不仅需涵盖传统劳动课程内容，更是一个随着岗位需求和学生成长而动态变化的综合化过程，涉及课程、教学、学习、实践内化、共同开发等领域的综合作用。该平台既需提升学生应对数智化场景下工作的专业素质，把握引领行业发展的需求，又要结合教学规律和实际，积极对接教学内容与行业发展需求。平台通过促进不同主体的协作，使产学研合作从企业的技术研发和学生的个人实践教学，转变为学校与企业、教师与学生之间的多维、深度互动场景，积极打造"技术技能型劳动创新服务平台"和"技术技能劳动人才培养高地"，让学生融入民航服务类专业的发展要求及岗位技能需求中，提升学生实际工作操作能力、岗位适应能力和综合职业素养，显现出以综合劳动素质为品牌优势的平台效应。

（三）以扁平化工作项目为导向，提升民航专业价值内涵

民航专业对行业综合素质要求高，以岗位功能型开发为依托，进行扁平化工作项目为导向的课程开发，有利于打破专业学科结构，将不同形态的课程以工作项目形式统合，将专业知识、岗位知识、行业综合知识作为促进师生综合素质和岗位经验增长的资源，注重师生"学习—研发"双主体功能的发挥，使学生在与岗位真实环境的交互中，深刻理解和运用职业综合素质要求。

项目	对应的数字化能力
1. 实景模拟一家民航运输企业的数字化转型旅程 通过情景再现展示数字技术在全价值链运营、技术系统、组织和人员等方面的最佳实践和颠覆性影响	1. 民航运输技术类能力 ◆ 工业物联网架构基础 ◆ 从商业和技术角度解读什么是工业物联网，分享物联网在民航运输行业的应用和未来趋势
2. 行业内制造业标杆工厂案例解读系列 深入剖析民航数字化转型标杆项目，体会经济高质量发展下我国制造业的深刻变化	2. 大数据分析的核心平台适应能力与工具能力 ◆ 理解数据如何通过存储平台、加工平台、分析平台转化为洞见的原理过程，包括实战中的成功要素数据的收集与预处理 ◆ 理解数据需求定义、数据采集、数据存储、数据清洗和预处理等整个数据采集过程
3. 体验民航转型历程 通过挖掘先进数字技术用例，体会社会主义工业化的伟大历程，畅想民航未来发展	3. 制造业的成功先进分析方法 ◆ 重点解读民航飞行制造业先进理论的主要应用场景，包括数据可视化、高阶模型和目标优化手段 ◆ 通过大数据与先进分析概论，展现先进数据分析技术在民航制造业产生的颠覆性影响，介绍数据分析的标准化流程和实战技巧
4. 低空经济与民航发展 分析低空经济产业链结构和低空经济主要应用领域，分析在无人机应用场景进一步拓展下民航专业发展的机遇与挑战	4. 数字化时代下的信息安全能力 ◆ 理解信息安全风险的来源、各国的信息安全政策，掌握应对信息安全风险的企业战略
5. 工业4.0时代的民航人才转型下的劳动能力量表分析 体会个人发展与工业4.0转型所需的人才和能力的转型的关联，为中国梦奋斗	5. 数字化转型中的设计能力

图 4 学院扁平化的数字项目案例

以扁平化工作项目为导向的劳动教育创新，以工作的情境性问题为核心，拓展岗位综合性开发，实现师生日常工作经验和劳动价值观念的融合。劳动教育可根据不同学生需求和核心问题选择相应的课程形态，如职业思想素质课程、产业融合课程、核心技能型课程和企业实践活动课程等。在扁平化工作项目研发中，以职业情景沉浸式、议题式、角色式、互动式等形式设置职业劳动素养和行业精神的契合点，打造师生专业技能提升的内驱力，加深学生对行业职业的认同感和对未来数智时代人才劳动素质的清晰感。

（四）通过社会实践活动教学提升学生的综合劳动素养

在准确把握产业发展趋势的基础上，行业院校劳动教育应主动、及时、灵活地与产业发展形成动态、开放的协同机制。在教学中，坚持"理论传授"与"实践体悟"并行，既讲清楚劳动基本理论，又根据岗位工作任务特点设计具体工作项目任务。使学生在项目合作中实现"学中做，做中学"，提高其理论联系实际、分析和解决现实问题的能力。

《民航红色印记》社会实践活动设计方案

一、活动主题

"传承红色基因，弘扬民航精神，照亮强国之路"

二、活动目标

1. 教育目标：通过实践活动，使学生深入了解民航行业的发展历程，特别是与红色文化相关的民航历史事件和人物，增强学生的爱国情怀和民族自豪感。

2. 能力目标：培养学生的团队协作能力、组织协调能力、实践创新能力，提升学生的职业素养和社会责任感。

3. 价值目标：引导学生树立正确的世界观、人生观和价值观，坚定理想信念，增强投身民航强国建设事业的使命感和责任感。

三、活动内容设计

1. 理论学习与知识储备

设计民航红色历史课程：

邀请民航领域的专家或资深党务工作者，围绕民航行业的红色印记设计专题讲座。具体内容包括：

- 民航业在中华人民共和国成立初期的发展历程。
- 红色文化在民航业的传承与弘扬。
- 红色基因在民航职业素养中的重要性。
- 通过案例分析和互动讨论，帮助学生理解民航行业的红色文化底蕴。

阅读红色文化教材：
- 组织学生阅读民航红色经典的书籍，如《民航精神与红色传承》《红色时刻：中国民航发展史》等。
- 撰写读书报告，并在小组内分享心得，加深对红色文化的理解。

2. 实地考察与红色体验

参观红色教育基地：
- 参观中国民航博物馆，了解民航业的红色历史和发展成就。
- 前往民航革命遗址或红色教育基地，如中国民航先驱的故居、民航历史事件的发生地等，开展沉浸式体验。
- 通过参观烈士陵园、纪念馆等，让学生感受革命先辈的英勇斗争精神。

参观民航企业实践：
- 到国内知名民航企业（如中国国航、中国东航、中国南航等）进行参观学习，了解民航企业的红色文化底蕴和现代发展。
- 参观中国自主研制的民航飞机（如C919）的生产总装基地，感受民航科技进步和民族自豪感。

3. 挖掘与传播红色故事

采集红色故事：
- 组织学生前往红色教育基地或民航企业，采访民航行业的老党员、老员工，挖掘红色故事。
- 整理历史资料，编写民航红色印记的案例集，并在活动中展示。

传播红色故事：
- 通过情景剧、微视频、演讲比赛等形式，将采集到的红色故事进行创作和呈现。
- 在校园内开展红色故事巡回展览或宣讲活动，扩大红色文化传播的影响力。

4. 红色文化的实践与创新

表演红色情景剧：
- 以民航红色历史为背景，组织学生创编情景剧，重现民航行业中的重要历史时刻。
- 通过角色扮演和情景模拟，让学生更深入地感受红色精神和民航文化的魅力。

拍摄红色主题微视频：
- 以"民航红色印记"为主题，拍摄微视频，展示民航行业的红色基因和精神传承。
- 鼓励学生运用创意和技术手段，制作高质量的视频作品，用于校园和社会宣传。

红色文化志愿服务：
- 组织学生参与红色教育基地的志愿讲解工作，或在社区开展民航红色历史宣传活动。

> - 通过志愿服务，提升学生的社会责任感和实践能力。
>
> 四、活动组织实施
>
> 活动时间安排：
> - 理论学习与知识储备：活动初期。
> - 实地考察与红色体验：活动中期。
> - 红色故事挖掘与传播：活动后期。
> - 红色文化实践与创新：活动尾声。
>
> 活动宣传与动员：
> - 利用校园网站、微信公众号等平台宣传活动的内容和意义，吸引学生积极参与。
> - 召开动员大会，明确活动目标和要求，激发学生的参与热情。
>
> 安全保障与应急预案：
> - 制定详细的活动安全方案，确保活动过程中的人员安全。
> - 针对可能出现的突发情况，制定应急预案，并进行演练。
>
> 活动评估与总结：
> - 通过问卷调查、活动报告、作品展示等方式对活动效果进行评估。
> - 召开总结大会，分享活动成果，表彰优秀参与者。
>
> 五、预期成果
>
> 成果展示：
> - 编写民航红色印记案例集。
> - 拍摄红色主题微视频并制作光盘或在线展示。
> - 拍摄情景剧视频，制作成纪录片或短片。
>
> 教育成果：
> - 增强学生对民航红色文化和民航精神的深入了解。
> - 学生团队协作能力、组织协调能力和实践创新能力的提升。
> - 学生爱国情怀、民族自豪感和社会责任感的增强。

总之，数智化劳动资源库建设项目将秉承双师支撑、顶层设计、文化融合、资源整合、课程融合、模式创新等原则，全面赋能学生的综合劳动素质提升。

二、校企联动，开发特色劳动教育资源

当前，高校应紧紧抓住"数字经济"的发展趋势，以"产教结合"为契机，实现劳动教育的"数智化转换"。为此，劳动教育应突破学科与专业之间的界限，根据专业与行业、专业与岗位相结合的需求，加强校企合作，改革教育教

学模式，重新构建专业课程体系。高校要通过改变专业教育模式，使专业人才链、创新链、产业链三者之间形成"无缝衔接"，共同培育具有特殊背景的复合型、跨学科人才。对于行业类院校而言，尤其要构建以提升专业实践能力为导向的人才培养过程，形成"产教深度融合、多方位协同育人"的应用型、复合型、创新型人才培养模式，在专业师资、教学内容、教学方法等方面，努力实现劳动教育数智化重构。一是专业教师要提升数智化的教育和教学能力，对数智化的教育方法进行改革，整合数智化的资源结构，创造数智化的场景，促进学生的数智化综合素养的提高。重点放在建立数智化的思维方式上。二是教材内容保持动态持续更新，知识结构体系应由单个系统向数字系统的跨领域集成和融合。利用数字技术，将传统的纸质教材转变为数字、智能相结合的呈现方式，真正实现教学内容数智化、动态更新，为学生终身学习提供服务。三是数字技术的应用是高校劳动教育的重要组成部分。力争在数智化基础上，将教学流程与数字制造工艺联系起来，为跨学科、跨专业、复合型、创新型的数智化人才提供支持，并在此基础上实现对数智化基础能力的全面开发。

实践教学：走进企业

通过将学生置身于真实的企业环境中，学生可以在实践中将课堂所学的理论知识应用到实际操作中，增强应对实际工作场景的技能和适应性。企业实践活动的设计旨在培养学生的技术操作能力、团队协作能力和创新思维，使其在进入职场前积累丰富的行业经验，缩短工作适应期。

一、实践目标

为学生提供高强度、高标准的真实工作环境。通过参与企业的实际工作流程，学生能够在企业导师的指导下操作企业设备和系统，深刻理解民航行业技术规范与操作流程；培养分析、判断并解决问题的能力；适应企业文化，学习职场礼仪，增强时间管理与任务执行力；获得行业全景视角，并加深对民航服务、技术维护、调度管理等不同职能的理解。

二、实践方案

采用系统化、任务驱动的教学方式，将学生的学习目标与实际工作需求紧密结合。

1. 轮岗实习制度

让学生体验民航企业的多种工作岗位。轮岗制度将学生安排在不同的部门轮流实习，例如航班调度、乘客服务、机务维护等，使学生能够全面了解民航企业的工作流程和技术要求。学生会接受该部门导师的指导和培训。导师会详细介绍岗位的工作职责和安全规范，带领学生参与实际任务操作。通过轮岗制度，学生不仅能够培养多岗位技能，还能够在不同岗位间理解彼此的协作关系，有效增强跨部门沟通与协作能力。

2. 企业项目制实践

将学生置于企业的实际项目中，使其以团队成员身份参与项目开发和执行。项目制实践包含从规划、执行到总结的全流程，使学生在真实项目情境中体验任务的复杂性和操作的标准化。例如，在智能航班调度项目中，学生将在导师的带领下负责分析实时航班数据，协助制定调度方案。导师在项目过程中定期召开项目评估会议，给予学生即时反馈，让他们理解数据分析在航班管理中的实际应用。

3. 企业导师制指导

导师在负责学生日常工作培训的同时，为其提供职业发展方面的建议。导师与学生之间的关系不仅是技术上的传授，更是对学生职业发展的长期支持。一方面，导师要根据学生的专业背景和职业兴趣，与学生共同制定个性化学习目标和计划，并安排合适的工作任务。另一方面，在学生完成特定任务后，导师要及时对其表现进行反馈，帮助学生在实践中不断完善操作技能和工作方法。此外，导师要与学生定期沟通，了解学生个人职业发展目标，并提供相应的职业建议，如课程选择、岗位技能提升等，帮助学生为未来职场做好准备。

4. 多维度评估体系

企业实践活动结束后，企业和院校要对学生的表现进行多维度评估。评估内容包括技术能力、团队合作、问题解决能力和职业素养。评估方式既包括企业导师的日常反馈，也包含最终的实践报告和企业的综合评价。一是根据学生在各岗位的操作准确性、效率和规范性，对其技术能力进行评分。二是对学生在实习期间的工作态度、时间管理和任务执行情况进行评价。三是对于参与项目制实践的学生，通过评估其在项目中所发挥的作用、完成任务的效果，判断其综合能力。四是学生要提交实践报告，包含学习总结、自我反思以及未来改进方向。

三、围绕数智化劳动能力提升，进行立体化劳动课程资源库建设

发展数智时代的劳动教育要以劳动课程思政为抓手，在落实行业精神文化的劳动教育发展理念中坚持多元化的践行机制和导向指标。积极构建数智时代下的高职院校劳动教育协同整合的培养资源和立体化过程，以行业核心素养的培养为重点，推进劳动教育的行业特色课程资源开发，在课程实施过程中坚持建立健全行业特色的劳动教育教学体系，在校企合作的实践基地建设中坚持以学生为中心，正确处理提高劳动技能与关注人的全面发展的辩证关系。

（一）积极构建数智时代下的高校劳动教育协同整合的资源立体化过程

当前，我国正在为发展新质生产力积蓄力量，需要国家在重大科技创新中发挥重要作用，集中科技创新资源，开展原创性、引领性的科技攻关，形成更多"硬科技"。为此，需深入推进产业数智化转型，加强人工智能、大数据、物联网、工业互联网等数智化、网络化、智能化数字技术的推广应用，建立由行业龙头企业牵头，高校院所支撑，各创新主体相互协作的创新联合体，加快科技成果向现实生产力转化，成为高校的时代使命。数智时代的劳动教育要满足高质量发展和新质生产力发展要求，以行业数智化转型为背景，驱动高素质技能型人才培养为课程建设目标，以劳动课程思政为抓手，积极构建数智时代下的高职院校劳动教育协同整合的培养资源和立体化过程。

高校要为满足数字行业发展与学生个体全面发展的需求，综合院校、教师、学生、用人单位、行业主管部门等多元主体协同开发数智化劳动课程资源，积极培养满足企业需求的高素质民航技术应用型人才。项目化形式推进具有行业发展特色的劳动综合素质提升活动、校本劳动教育课程资源项目、劳动课程思政项目等，以项目集合体形式探寻行业特色的劳动教育实践创新路径成为不少院校的选择。

高校劳动教育资源建设要打造与数智时代劳动技能教育及综合职业素养发展需求相匹配的企业产教融合发展特色典范案例，充分发挥行业劳动教育在价值引领与道德培育方面的积极作用，构建数智化、综合性的劳动素质课程资源跨主体共享与系统化整合的教育网络体系。资源库建设要聚焦于强化课程模式与"互联网+"、人工智能等行业新业态的深度适配，通过多元化与人性化建设路径推进项目发展——具体包括依托慕课平台开展在线开放式教学、运用翻转课堂模式实现师生线上线下协同学习、开发微课资源构建多模态精品课程体系等举措，促进数字技术全面融入技能型人才培养全过程，实现课程资源高效共享与师生互动互学。

（二）建立健全具有行业特色的劳动教育课程体系

1. 完善具有行业特色的劳动课程体系

劳动教育要积极开发契合行业发展与学生综合劳动素质提升需求的多元

化劳动教育课程。课程以岗位功能数智化新要求为驱动，推行项目型、活动型、任务型等多形式教学模式，重点在职业综合型、行业通识型等教学项目中融入职业综合素质、劳动精神、行业精神及数智化素质等核心元素。未来，数智化劳动能力将成为学生素质内涵的基本要素，是衡量学生质量与竞争力的重要标尺。

劳动教育课程资源整合

一、劳动课程数智化资源开发

1. 核心课程开发。围绕民航行业需求，设计涵盖飞行技术、机务维修、空中乘务、机场管理等核心专业的劳动教育课程，融合理论与实践，注重职业素养与技能培养。

2. 跨学科融合。鼓励跨学科合作，将劳动教育融入专业基础课、实验课、实训课等，形成互补共进的课程体系，拓宽学生知识面和视野。推进创新创业教育，培养首创精神和创业意识。开设《与创业者面对面》讲座，邀请创业名家、行业专家、优秀毕业生授课。举办《走近行业劳模》系列活动，邀请全国劳模与学生座谈，组织学生到劳模工作现场观摩学习。

3. 数智化资源建设。利用现代信息技术，开发在线课程、微课、虚拟仿真实训平台等数智化资源。开设由校内导师、企业导师、教辅人员组成的第二课堂，包括机器人、智能硬件、智慧交通等领域，实现资源共享与远程学习。

二、劳动技能实践提升

1. 实训基地建设。加强校内实训基地建设，模拟真实工作环境，如模拟机舱、维修车间等，为学生提供充足的实践机会。

2. 校外实习实训。与航空企业、机场等单位建立紧密合作关系，组织学生参与校外实习实训，实现学习与工作的无缝对接。

3. 技能竞赛与展示。定期举办劳动技能竞赛、成果展示等活动，激发学生学习热情，提升实践能力，展现劳动教育成果。

三、校企合作共同研发课程项目

邀请企业专家参与课程设计，确保课程内容与行业标准紧密对接，增强课程的实用性和针对性。突破高校与产业间的壁垒，互通师资、课程、资金等教育要素。尝试将具有丰富实战经验的企业家、投资家引入劳动教育生态圈，通过"教师+""课程+"等机制，使创新数字劳动教育平台配备校外导师，参与教学设计、授课和指导。

四、地域特色资源开发

1. 地方文化融入。结合地域文化特色，开发具有地方色彩的劳动教育课程和活动，如地域飞行器文化、民航历史故事等。

2. 生态环保实践。利用地域生态资源，开展以航空环保、节能减排等为主题的劳动实践活动，培养学生的环保意识和社会责任感。
五、行业劳动文化资源建设
1. 劳动精神的传承。通过师生讲述行业劳模故事、行业先进事迹等方式，弘扬劳动精神，引导学生树立正确的劳动观念。
2. 职业道德教育。加强行业职业道德教育，培养学生敬业乐群、精益求精的职业品质。
六、评价反馈机制
1. 多元化评价体系。建立包括学生自评、互评、教师评价、企业评价等在内的多元化评价体系，全面评估劳动教育效果。
2. 定期反馈与调整。定期组织师生座谈会、企业交流会等，收集反馈意见，及时调整教学内容和方法，确保劳动教育课程设置持续改进。

2. 与行业数智化发展相结合的劳动教育课程改革实践

课程资源案例开发重点是在职业综合型、行业通识型课程中系统融入职业综合素质、劳动精神、行业精神及数智化素质等核心要素。同步推进通用型劳动教育课程建设标准与制度体系的研发工作，构建系统化的学科专业劳动教育标准框架与制度保障机制。教育主体应立足学科专业人才培养目标，在科学完善的体制机制框架下，围绕课程体系建设、教学模式创新、资源开发优化、教师专业发展等关键领域开展实质性、常态化的协同合作，具体包括联合开展课程开发、共同制定教学大纲、协同推进思政教学内容设计与实施、联合开展学生发展质量评估等系列教学活动。

数智时代民航院校劳动教育的实践案例

随着数字技术的迅猛发展，民航领域也迎来了前所未有的变革。在劳动教育方面，劳动教育需积极探索数智时代劳动教育的实践创新。
一、网络安全意识教育
背景：在信息化社会中，民航行业的网络安全问题日益突出，对大学生的网络安全教育显得尤为重要。
实践案例：某大学引入了网络安全意识教育课程，利用多媒体教学设备，向学生展示民航行业网络安全隐患和攻击案例，同时开设网络安全模拟实验，让学生在模拟环境中体验网络攻击和防御的过程，提高网络安全意识。
二、智能化劳动教育系统
背景：传统的劳动教育方式存在诸多限制，如场地、设备、时间等。智能化劳动教育系统通过数字技术解决了这些问题。

> 实践案例：学院积极开发智能化劳动教育系统，通过虚拟仿真技术，模拟多种民航工作场景，学生可以在虚拟环境中进行实践操作。同时，系统还具备数据分析功能，能够实时反馈学生的学习情况，并提供针对性的教学建议。
>
> 三、虚拟现实劳动体验
>
> 背景：虚拟现实技术为学生提供了沉浸式的学习体验，使学生更加直观地了解劳动过程。
>
> 实践案例：利用虚拟现实技术，为学生打造虚拟客舱。学生可以在虚拟环境中体验服务过程。这种教学方式不仅激发了学生的学习兴趣，还提高了学生的实践能力和创新意识。
>
> 四、在线劳动教育课程
>
> 背景：在线教育技术的发展使得劳动教育可以突破时间和空间的限制，为更多人提供学习机会。
>
> 实践案例：开设校本劳动教育系列课程。学生可以在家中通过电脑或手机学习课程内容，并完成相关的实践操作。平台还邀请了经验丰富的老师进行在线辅导和答疑，确保学生的学习效果。
>
> 五、创客与劳动结合教育
>
> 背景：创客教育注重培养学生的实践能力和创新精神，与劳动教育具有很高的契合度。
>
> 实践案例：将创客教育与劳动教育相结合，开设创客工坊课程。学生可以根据自己的兴趣选择项目，如民航旅游项目、数智中的民航精神等。学生需要自主设计、制作，并在过程中学习相关的劳动知识和技能。这种教育方式不仅提高了学生的实践能力和创新精神，还培养了学生的团队协作和解决问题的能力。

3. 积极开发现场任务式案例教学，提升学生的行业专业素养和综合劳动素养

劳动教育案例教学以"开放合作、资源共享、协同发展"为原则，融合民用航空技术研究、人才综合素质培养、课程思政开发等内容，争取在人才培养、平台建设、科研开发、实习基地建设等领域形成标志性成果。具体内容包括劳动道德教育、岗位创新教育、安全责任教育、就业创业教育、爱国主义教育、新时代劳动素质教育等。通过充分发挥行业、企业和院校的人才、资源和市场优势，为学生实习、实训、就业打造坚实基础，提供广阔发展空间，为建设安全、高效的智慧机场和智慧空管等领域提供思想保障和人才支持。

> **开发现场任务式案例**
>
> 一、实景模拟行业企业业务项目的数智化转型过程（以民航旅游中的红色资源开发为例）
>
> 通过情景再现展示转型在全价值链运营、技术系统、组织和人员等方面的实践和影响
>
> 二、制造业标杆案例解读系列
>
> 以中国大飞机为例，深入剖析行业内数智化转型项目体验活动。
>
> 三、体验民航运输中的工业物联网架构基础
>
> 从商业和技术两大角度解读区块链，分享新经济、新业态中的民航运输业的未来趋势。
>
> 四、亲历行业大数据分析的平台与工具
>
> 理解数据如何通过存储平台、加工平台、分析平台转化为洞见的原理过程，包括实战数据收集与预处理。
>
> 五、结合大飞机感悟工业 4.0 时代的人才转型
>
> 分析工业 4.0 转型带来的行业人才和能力的提升与自身未来职业规划。

在工作项目研发中，采用职业情景沉浸式、议题式、角色式、互动式等形式，设置职业劳动素养和行业精神的契合点，涵盖专业技能、行业精神、岗位道德品质等内容。通过这些形式，提升师生的专业技能，增强学生对行业职业的认同感，以及对未来数智时代劳动素质的清晰认知。项目在准确把握产业发展趋势的基础上，与产业形成动态、开放的协同机制，积极创新综合型行业实践教学项目，融入劳模精神、行业精神、数字技术哲学等人文元素。通过数智化劳动教育，引导学生将理论知识转化为实践行动，全面提升综合素质。

在项目教学中，通过师生合作、生生合作甚至人机协作，搭建有效载体，如虚拟舱情景、课程平台、职业树洞等，释放教与学的能量。资源库开发依托学院、行业主管部门及企业等多维协同，激活行业劳动精神的文化基因；利用协同育人平台和课程思政实践研究中心，搭建职业发展心理社、职业体验馆、民航红色传统教育案例库、学校对口帮扶点等平台；开展党建主题的民航百年发展微视频展、"中国梦·民航情"大学生主题实践活动、探寻民航红色印记活动等，让学生感知民航强国的使命，养成传播正能量的行为习惯，固化为行业文化，培育新时代民航强国工作者。

（三）以行业数字化核心素养为重点，推进行业特色的劳动教育实践创新

构建智慧民航是新时期推进创新驱动发展战略、拓展产业发展新空间、提高产业安全发展品质和效率的主要动力和主攻方向，也是构建多领域民航强国的必经之路。学院正在增强专业建设中的"数字意识"，把"数智化"作为逻辑出发点，在智能交通、智慧物流等关键领域，以劳动教育为核心，开展高质量教学改进试验和示范。专业升级和数智化转型紧密结合产业发展，研究最新技术，适应产业数智化、网络化、智能化新模式。高职学院在国家职业教育基础上，满足社会对专业人才的需求，推动专业转型与发展，提升其整体素质和创造力。

1. 构建民航数智化劳动模拟场景

在劳动教育中，结合"职业精神"和"数字综合素质"要素，对提高职业技能水平、就业能力和职业迁移能力至关重要。打造数智化场景下的民航人才劳动模拟场景，凸显技能型人才中"职业精神"和"数字综合素质"要素的结合。

以民航行业院校为例，构建民航数智化劳动模拟场景需细致还原民航关键岗位日常工作，结合最新数字技术，为学生提供真实、高度仿真的训练环境。通过模拟智能调度、设备维护、乘客服务和应急响应等典型场景，学生可在校内体验真实的工作情境，培养跨学科技能，形成良好的操作习惯和决策能力。

民航运输与区块链的市场开发劳动实践教学案例

一、实践背景

随着区块链技术在全球各行业的广泛应用，民航运输业也逐渐引入这项技术以提高航班管理、票务处理和物流追踪的透明性和效率。区块链的不可篡改性、去中心化特征和信息透明度为解决航班信息管理中的信任问题提供了有效方案，尤其在票务管理、货物追踪和乘客数据保护等方面具有广泛应用前景。

为帮助学生深入理解区块链技术在民航运输中的实际应用，通过模拟真实的民航运输作业场景，学生将在实践中运用区块链技术开发创新型市场项目，并为未来的民航企业提供切实可行的解决方案。

二、实践目标

培养学生基于区块链技术设计并开发具有市场潜力的创新项目能力，掌握区块链技术在航班管理、票务处理和物流追踪中的应用。通过模拟航班管理与市场开发的实际场景，提升学生的数据处理、系统操作和创新能力。通过项目开发，增强学

生的跨部门协作和解决问题的能力。

三、实践设计与内容

阶段一：区块链技术基础学习与应用分析

1. 学习目标：帮助学生掌握区块链技术的基本原理、技术架构以及在民航运输中的应用领域。

2. 学习方式：课堂讲解、技术研讨会和案例分析。

3. 教学内容：介绍区块链的工作原理、智能合约、去中心化特点及其优势。讨论区块链技术在票务管理、航班信息追踪、货物物流和乘客数据保护中的应用。通过全球领先航空公司使用区块链技术的案例，如优化票务管理方案等，展示了区块链技术在提高航班管理效率和数据安全方面的效果。

阶段二：实践规划与分工

1. 学习目标：通过团队协作，规划基于区块链技术的创新项目，结合民航运输行业需求开发市场方案。

2. 学习方式：小组讨论、团队协作和市场调研。

3. 项目规划：

（1）学生分组后选择项目主题，如基于区块链的航班票务管理系统、货物物流追踪系统或乘客数据安全保护方案等。

（2）学生分析民航运输市场的需求，识别现有管理流程中的痛点，如票务管理中的信息篡改风险、物流追踪中的透明性不足等。

（3）基于市场需求，学生评估区块链技术的可行性，确定具体的技术实现方案，如通过智能合约实现票务信息不可篡改或通过分布式账本技术实现货物流通的实时追踪。

4. 项目内容：

（1）制定明确的项目目标，解决民航运输行业中的实际问题。

（2）设计区块链应用的技术架构，定义系统如何通过区块链平台实现透明化管理。

（3）分配项目开发任务，每组成员负责不同模块，如系统设计、技术实现、市场推广等。

阶段三：项目开发与原型设计（根据实际情况选做）

1. 学习目标：通过实际项目开发，学生将运用区块链技术设计出适用于民航运输的解决方案，并进行原型系统的开发与测试。

2. 学习方式：实践操作、编程开发和模拟测试。

3. 实践内容：

（1）学生选择合适的区块链平台（如以太坊、Hyperledger等），搭建区块链网络并配置基础设施，模拟实际航班票务或货物追踪场景。

（2）智能合约编写：根据项目需求，学生开发智能合约，实现票务管理中的自动化验证和数据防篡改功能，或设计货物物流的自动追踪与溯源系统。

（3）系统集成与测试：通过整合区块链应用与现有的航班管理系统，测试原型系统的功能是否符合项目要求。学生将模拟航班信息输入、票务交易或货物流通，并测试区块链系统的性能与稳定性。

阶段四：项目展示与评估

1. 学习目标：通过项目展示和成果评估，学生展示其开发的区块链项目，并接受同行和教师的反馈与改进建议。

2. 学习方式：团队演示、项目汇报和市场评估。

3. 展示内容：

（1）团队介绍其项目的市场需求分析、区块链技术的应用方案和市场开发潜力。

（2）展示开发的区块链应用原型，模拟演示票务管理、物流追踪或数据保护的具体操作流程。

（3）提交一份市场可行性分析报告，评估该项目在实际市场中的应用前景、成本效益及推广策略。

4. 评价标准：

（1）创新性：项目是否充分利用区块链技术的特性解决民航运输中的实际问题。

（2）技术可行性：系统的技术实现是否合理，区块链平台的配置和应用是否符合预期需求。

（3）市场潜力：项目是否具备市场开发的潜力，解决方案能否有效提升航班管理效率或客户体验。

（4）团队协作与演示效果：团队成员的协作效率、项目展示的清晰度及项目目标的达成情况。

四、项目时间安排

第1—2周：区块链技术学习与行业案例分析。

第3—4周：项目规划与市场调研，确定开发方案。

第5—8周：区块链系统开发、智能合约编写与测试。

第9—10周：项目展示与评估。

五、预期成果

在项目中掌握区块链技术的应用，每个团队开发出基于区块链的原型系统，如航班管理平台或物流追踪系统，提交完整的项目展示报告，内容涵盖技术实现（选做）、市场可行性和推广策略。

（注：此案例由上海民航职业技术学院马峥老师提供。）

2. 凸显行业文化软实力，打造劳动教育特色标杆

劳动教育的创新路径着力点在于强化课程模式与"互联网+"、人工智能等民航新业态的适应性，项目建设更加多元化和人性化。学校应注重树立和培养学生的职业精神，拓展敬业、勤业、创业、立业等四个方面的职业精神内涵，引导学生在课程建设和实践教学环节积极主动融入综合性职业素养元素，尤其

要强化坚持"以德为本"和"寓德于技"的理念。"以德为本",是要指导大学生正确对待"德"和"技"之间的关系,把"德"的养成摆在首位,并把它当作未来事业发展和实现生命价值的根本保证。"寓德于技"是指要突出"德"与"技"的结合,即通过发掘"德"在"技"的培养过程中的积极因素,以德驭技,以技育德,两者互为补充,形成一个有机的整体,达到劳动教育德技并修的目的,以提高学生的综合素质,促进学生的全面发展。

案例讨论

党的二十大代表:民航劳模工匠风采系列活动示例

"劳模进校园"劳动教育访谈活动

活动宗旨

为充分发挥广大劳模、工匠以及各行各业先进人物的榜样引领作用,现开展"劳模进校园"活动。通过劳模事迹的宣传介绍、访谈等环节,使同学们能更全面地了解劳模们的故事、奋斗经历和成功之路,从而学习劳模身上的奉献精神、拼搏精神和责任感,树立正确的人生观、价值观,以及远大的志向和目标。

专家简介

(一)史志瑛

女,1985年2月出生,中共党员,上海市第十一次党代会、第十二次党代会代表。2020年获"全国劳动模范"荣誉称号。任上海国际机场股份有限公司航站区管理部现场运行科现场运行值班长,企业内训师,高级礼仪培训师。她带领团队先后推出创新服务举措30余项,年均收到中外旅客表扬信上百封,每年培训达到1 000人次,并为内外单位员工讲授服务心得,提升服务品质,成为上海机场服务工作者的代表和典范。她带领班组获得58项荣誉,为展现上海机场形象、推进上海"四大品牌"及民航强国发展增添新动力。

史志瑛带领同事们建设翔音服务创新工作室,编写了厚达161页、共计13万字的《航站区管理部员工手册——现场问讯"翔音"篇》;方圆标志认证机构为"翔音组"现场进行服务认证;"翔音组"完成了从普通问讯台到"旅客服务中心"的升级。2018年,首届中国国际进口博览会开幕,上海机场集团启动了多维度的优化提升工作。她带领同事们梳理了旅客咨询信息、配合机场各方共同充实中心功能内涵,使得最终亮相的旅客服务中心不仅有常规咨询服务,还提供中国手机卡购买、Wi-Fi设备租借、酒店预订查询、手持翻译机等"一站式"服务。

(二)赵红华

航空发动机的"守护者"——上海工匠、东航飞机维修部副总经理赵红华守护"心脏"已有23年。赵红华和母校南航大学民航学院共同开展了《发动机性能预测与维修成本控制》的调查研究,并结合东航机队的实际情况开发了发动机性能预测和成本控制软件，不仅提升了发动机在翼时间，还为发动机送修工作包的制定提供了翔实的数据支持。2015年，赵红华组织团队先后编写了《应急响应工作程序》《航空器应急搬移预案》《应急响应工作单》《飞机受损应急搬移工作单》，填补了东航机务系统应急管控方案的空白领域。同年12月，赵红华组织研发团队，开发出了A330机队引气系统的ACMS报文监控系统。该系统通过预设门槛值，对引气性能衰退的飞机提前采取预防性维修措施，避免空中引气失效进而导致客舱释压。制定了飞机故障级别的处理标准，重新优化空地支援处理流程。他和团队建立了东航主力机型的空地支援群，全面强化与机组的实时沟通，一个在天上，一个在地上，也能轻松分享突发故障的处置经验，使运行效率大大提升。

活动内容：劳模进校园面对面访谈

分享史志瑛和赵红华的奋斗故事、工作经验和成功心得；学生与劳模代表互动交流。

主持人：劳模精神、劳动精神、工匠精神是以爱国主义为核心的民族精神和以改革创新为核心的时代精神的生动体现，是鼓舞全党全国各族人民风雨无阻、勇敢前进的强大精神动力。聆听了赵老师的讲座，相信同学们对劳模精神有了更直观和更深刻的认识。

学生1：很荣幸今天能够跟您相聚在这里，进行面对面的交流。下面，我代表民航学子向您请教一些我们共同关心的问题。您是民航业的前辈，也是我们的榜样。请问赵老师，在校园学习的时光里，最想对同学们说的是什么？

学生2：当今世界，综合国力的竞争归根到底是人才的竞争、劳动者素质的竞争。大力弘扬劳模精神、劳动精神、工匠精神，必须落实到提高劳动者素质上。在新一轮科技革命和产业变革背景下，面对信息革命、数智时代的机遇和挑战，民航维修人员需要具备怎样的劳动素质？具体体现在哪些方面？

学生3：感谢赵老师对民航学子提出的建议。今天，不少同学对自己的专业未来发展有了更加坚定的信心，正好也有了机会能够问出在我心中困惑了很久的问题。作为一名专科学生，不少同学有着这样的困惑，我们是应该先接受更高的教育再进入民航工作，还是应该在工作的同时提升自己的学历？我们需要做什么具体的准备，以更好地适应民航业高质量发展要求？请您对我们民航学子的职业规划提点建议可以吗？

学生4：进入民航后经常能听到的一个词就是民航精神，今天有这么难得的机会和民航业的前辈面对面交谈，我们想听一听您是如何看待民航精神，或者您是如何将民航精神运用到工作中的？

（嘉宾回答略）

3. 以促进学生可持续的职业生涯发展为课程改革目标

在数智时代，民航业正经历着前所未有的变革，从自动化飞行控制、大数据分析到人工智能应用，技术的快速发展为民航院校的学生提供了广阔的职业发展空间。通过引入网络安全意识教育、智能化劳动教育系统、虚拟现实劳动体验、在线劳动教育课程、创客与劳动结合教育等实践教学形式，劳动教育可更有效地实现数字技术推动下的创新与发展。

实践教学

拥抱劳动，自我管理：数智时代职业生涯规划

数智时代个体的自我发展规划变得尤为重要，因为技术迭代速度加快，社会需求不断变化，个人需要不断适应并引领这些变化。职业规划旨在帮助个体在快速变化的环境中保持竞争力，实现个人成长与职业发展，个人价值与行业发展的双赢。

一、自我认知与行业分析

1. 自我评估。明确自己的兴趣、优势、价值观和职业目标。考虑自己是否更倾向于技术研发（如航空软件开发、数据分析）、运营管理（如航班调度、安全管理）、客户服务（如机场地面服务、航空营销）还是其他相关领域。

2. 行业趋势研究。深入了解民航业的数智化转型趋势，包括新技术的应用（如无人机、区块链）、智能化改造（如智能机场）、绿色航空发展等。关注国内外民航政策、市场需求变化以及国际航空标准的发展，确保个人发展规划与行业趋势保持同步。

二、技能提升与学习路径

1. 基础技能。巩固民航基础知识（如航空法规、飞行器原理、航空气象等）。提高英语水平，国际交流在民航领域至关重要。利用在线课程、研讨会、工作坊等学习资源，不断更新和拓展知识体系。关注新兴技术（如人工智能、大数据、云计算、区块链等），以及与之相关的软技能（如创新思维、项目管理、领导力等）。

2. 数字技能。掌握编程语言（如 Python、Java）、数据分析工具（如 Excel、R 语言）、数据库管理以及云计算、大数据处理等技术。深入学习人工智能、机器学习等前沿技术。

3. 软技能。将所学知识应用于实际工作中，通过项目、比赛、志愿服务等方式积累实践经验。培养良好的沟通协调能力、团队合作精神、创新思维和问题解决能力。参加领导力培训、公众演讲等活动，提升个人综合素质。

4. 持续学习。利用在线课程、行业研讨会、实习机会等资源，保持对新技术、新知识的敏感度，不断更新知识结构。

三、实践经验与职业规划

1. 实习与项目。积极寻找与民航相关的实习机会，尤其是在航空公司、机场、航空制造企业或航空科技公司，通过实践加深对行业的理解。参与校内外科研项目，提升解决实际问题的能力。

2. 职业规划。根据实习经历和个人兴趣，明确长期职业目标。考虑是否继续深造、进入职场还是创业。设定短期（如毕业后第一份工作）、中期（如 5 年内的职业发展）和长期（如 10 年以上的行业影响力）目标。基于个人优势和兴趣，设定

> 短期和长期的职业目标。这些目标应具体、可衡量、可实现、相关性强、时限明确（SMART 原则）。
> 　　3. 网络构建。加入民航相关的学生组织、行业协会或专业社群，拓展人脉资源。与业界前辈建立联系，获取职业指导和行业资讯。
> 　　四、适应变化与持续发展
> 　　1. 灵活调整。随着技术进步和市场需求的变化，保持职业规划的灵活性，适时调整职业路径和学习方向。
> 　　2. 终身学习。数智时代知识更新速度极快，树立终身学习的理念，不断提升自我，适应行业变革。
> 　　3. 身心健康。在追求职业发展的同时，注重身心健康，合理安排工作与休息，保持良好的心态和体力。

第五节　搭建数智资源整合下的劳动教育场域

当前民航业正经历百年未有之大变局，对行业院校培养具有开拓性、创造性、专业性的思想政治过硬，专业能力过强的高素质人才提出更高的要求，构建校企融合的长效工作机制与合作模式，将切实助力双方更高质量、更长远的发展。为深化与机场、空管、航空公司等各方在行业师资和学生实习实践等人才培养方面的合作共建，依托现代民航产业建设的大平台，持续深化学生劳动道德和职业道德素养等方面的协作，共同为建设民航强国贡献力量。高校应将劳动教育深度融入校企合作的各项目中。校企合作以课堂思政为抓手，搭建"学校"与"企业"之间的合作平台，实现精准化、点对点、全流程的高效人才服务，充分发挥学校与企业各自育人优势，进一步加强行业人才的思想道德和劳动综合素质教育，为民航建设提供强有力的人才支撑。

一、打造行业一体化数字育人场域的原则

（一）增强使命担当，画出理想"同心圆"

服务社会是校企合作的共同旨归，校企合作不仅仅是技术转化、就业开发、

人才服务等工作，更是履行提升数智时代高技能型行业技术人才培养的必然要求。秉承"开放合作、资源共享、协同发展"的原则，校企合作围绕民用航空技术研究、人才综合素质培养、课程思政开发等方面，以形成标志性结果为目标，在人才培养、平台建设、科研开发、实习基地建设等领域融入劳动教育内容，积极开发劳动道德教育、技术创新教育、安全责任教育、就业创业教育、爱国主义教育、数字劳动素质教育等相关内容。

（二）明晰主体边界，找准合作"公约数"

校企合作是建立在高校、企业以及行业发展之间强有力联系基础之上的，只有各方主体通力合作，密切联系，才能顺利推动校企合作的深度发展。通过校企战略合作，双方发挥各自优势，充分发挥产业带动优势和高职院校人才培养优势，通过"访企拓岗"活动、行业人才标兵示范带教等，切实推动双方在行业培训、协同育人、人才输送和党团建设等方面的合作落地。在企业、学校及学生三方共赢的基础上，在人才精准化培养模式中凸显课程的思想引领和道德教育功能。通过深化产教融合、校企合作，培养满足企业需求的高素质民航应用型人才，打造高等教育与企业产教融合发展的特色典范，形成思政课程资源在不同主体之间共享和整合的教育网络体系。

（三）完善长效机制，提升制度"驱动力"

行业院校的宗旨是培养技术技能型人才，而落实产教融合是推进劳动教育的重要抓手。通过完善校企合作长效机制，校企合作协同劳动育人着眼于全产业链、全岗位端，向深处拓展合作的领域与内容，就专业人才培养、校企合作开发课程、实习就业、建设高水平双师队伍等方面进行交流磋商，进一步夯实校企融合的规范性和可持续性。

通过完善评价机制，构建政府、社会组织、企业、投资机构等主体参与的多元评价机制，健全校企融合创新的第三方评价机制。完善校企协同育人管理机制，并在每一个环节探索深度课程思政第二课堂的合作模式，将课程中的第二课堂的积分作为学生综合劳动评价体系的一部分，不断根据动态评价数据更深入地了解企业需求情况，提高学生一线实战经验、实践能力和思想道德素质与劳动道德水平，更好地服务于行业发展。

二、打造一体化育人场域的创新路径

党的二十大报告指出,要坚持面向世界科技前沿、面向经济主战场、面向国家重大需求、面向人民生命健康,加快实现高水平科技自立自强。在此形势下,行业院校的劳动教育应紧密结合行业产业需求,打造创新型劳动教育实践平台,并以此为依托,将行业精神与产教深度融合。

为了更好地培养人才,学院以校企合作为依托,推进劳动教育一体化实践平台建设,使学生能够更好地融入民航服务类专业的发展需要和岗位技能需求。积极寻求校企合作新模式,成为数智时代行业院校劳动教育的重要特色抓手。

劳动教育作为一种以跨界、整合和重构为基本特征的类型教育,一方面需要提升学生应对数智化场景下工作的专业素质,把握引领行业发展的需求;另一方面需要推进产学研合作发展,从单向服务企业技术研发的单一经济性目标,或仅为学生个体的实践教学提供平台与素材,转向学校与企业、教师群体、教师与学生等多向深入互动,打造技术技能人才培养高地的产学研劳动教育活动。行业院校要与行业内企业开展形式多样的校企合作模式,如订单培养、员工培训与鉴定、共建二级学院实训室或实训基地等。为提高校企合作的内涵深度,突破传统校企合作模式,行业院校积极探索校企合作深度融合模式。

校企合作的实践基地建设结合民航高职院校专业群,形成一个由课程、教授、学习、实践内化全过程,行业、专家、教师和学生等综合主体共同开发的动态化的劳动育人实践基地,以期打造"技术技能型劳动创新服务平台"和"技术技能型劳动人才培养高地"。

(一)三方协同劳动育人模式的优势

在现代民航教育体系中,单纯依靠院校和企业的双边合作已不足以满足行业对高水平综合型人才的需求。随着行业技术的快速发展,引入行业作为第三方力量,形成行业、企业、院校三方协同模式,能够通过行业的引导和标准制定、企业的技术和资源支持、院校的人才培养力量,共同构建更具前瞻性和可操作性的实践基地开发项目。

在三方协同模式中,行业扮演引导和监督的角色。行业组织不仅是企业和院校之间的桥梁,还通过制定行业标准、提供最新行业趋势、保证实践教学的合规性与前瞻性，确保实践基地项目与整个行业的技术发展需求保持一致。行业组织的首要作用是引导技术标准化的实施，设定技术规范，提供统一标准，确保合作项目符合技术要求和安全规范。例如，国际航空运输协会发布的相关规范是民航业的基本要求。行业组织还引领技术趋势，帮助实践基地紧跟行业发展步伐，提供最新的技术动态和应用场景。此外，通过数据反馈与评估机制，行业组织在项目开发过程中发挥指导作用，定期向企业和院校提供反馈信息，调整项目方向和课程内容，使实践基地能够快速响应市场需求，培养符合行业最新要求的人才。

（二）三方协同劳动育人建设模式

在实践基地开发项目中，行业、企业与院校各自发挥不同功能，形成资源共享、优势互补的协同体系。行业作为引领者，企业作为执行者，院校作为培养者，共同推动基地的高效运作。

行业组织负责设计和引导实践基地的标准化培训体系，确保学生所学技能与行业要求紧密对接。在设备维护、飞行调度、乘客服务等领域，行业组织制定统一的技术规范和培训模块，确保院校开发的课程内容具备广泛适用性。行业组织还应与院校合作，针对行业需求开展专项技能培训，制定航空安全管理、智能调度系统应用、区块链技术等新兴领域的培训标准。同时，行业组织整合产业链力量，推动上游技术供应商、下游服务商与企业、院校的协同合作。例如，在航空物流管理的劳动实践项目中，行业组织促成物流技术供应商、物流服务商与民航企业的合作，共同设计物流数智化管理系统的开发项目，学生通过该项目了解从技术设计到物流管理，再到终端用户服务的全流程操作，提升综合运用能力。

三、行业、企业与院校三方协同推进实践基地开发

行业、企业与院校三方协同推进实践基地开发，是新时代劳动教育模式的重要创新，其意义在于打破传统教育边界，实现理论教学与实践应用的深度融合。真实生产场景（行业提供）有利于实现具体劳动与抽象劳动的统一。数智化时代，行业、企业与院校三方协同下的劳动教育基地建设能突破传统教育时空限制，实现三方协同下的劳动教育创新。

传统教育方式	数智时代三方协同下的劳动教育实践基地建设
有限场景模拟	行业真实数据驱动的虚拟仿真实训
资源单向输入	产教数字生态的共建共享
分阶段实施	基于数字孪生的知行同步

图 5　劳动教育实践基地创新

数智技术赋能下，行业数据平台（物质认知工具）、企业工程师（文化载体）、院校导师（认知引导者）构成完整的认知网络，帮助学生实现智力发展（数据分析）、体力发展（人机协作）、社会性发展（远程团队协作）的同步提升，使学生在数字化劳动中既掌握技术操作又理解价值创造。这种协同下的实践基地开发本质上构建了"技术—教育—产业"三位一体的劳动教育新范式，其创新价值在于：通过行业需求数据化（产业端）、企业资源教育化（实践端）、院校课程智能化（理论端），实现了劳动教育从经验传递向智慧共生的范式跃迁。

以民航行业院校为例，大飞机的研制成功是我国深入实施创新驱动发展战略的重大成果，是建设制造强国的重要标志，也是感知中国式现代化发展的重要窗口。学院通过建设"民航强国、制造强国"基地，使学生在劳动教育的研学实践中理解习近平总书记提出的科技强国目标和"四个面向"的战略方向。基地围绕制造强国相关主题，通过系统化课程设计，打造特色鲜明的科技创新、制造强国行业示范劳动教育基地。通过定期举办培训活动，为学生提供实地学习与实践平台，提升学生对科技创新、制造强国的理解感知和实践能力，促进"民航强国、制造强国"基地建设和教学研究资源共享。实践建设项目通过学习、了解和感知大飞机研制的相关情况，帮助学生全面感知大飞机梦是中国梦的重要组成部分，中国航空人的初心和使命就是"让中国的大飞机翱翔蓝天"。基地建设项目将通过与知名行业专家保持密切的研学交流、带领学生走访上海的大飞机创新谷，实地调研多个行业科研项目等活动中领悟、践行国家科技创新的重要意义和实现路径。借助校企合作，学院整合行业教育资源和学校精品课程开发资源，形成标志性的系列微课，如《科技强国、创新驱动》《习近平的足迹——工业之花国产大飞机 C919》《中国制造强势崛起，拒绝卡脖子》等，进一步推动科技强国等领域研究与国情教育融合发展，为后续特色劳动教育课程思政开发提供多专业背景的行业智力支持。

总之，数智化职业素养是未来劳动者必须具备的基本素质。在信息科技与人工智能快速发展的今天，高校劳动教育的首要任务是让大学生更好地发挥自身价值，进行创造性劳动。一方面，行业院校积极发挥自身优势，与校外企业开展更深层次的合作，建立长效的劳动实践基地，为校外劳动教育的开展提供专业性和科学性的活动场所，培养学生的创新意识，提高他们的创新能力，发掘他们的新型劳动精神。另一方面，加强价值导向，让劳动教育向更多样化、更人性化的方向发展，引导学生深入思考职业精神与个人发展的联系，将职业精神融入劳动教育培养中，将职业规划和引导融入劳动就业过程中，帮助学生树立正确的就业观和求职观。

后　　记

　　数智时代，劳动教育旨在培养学生具备现代社会所需的科学技术知识和能力，并将其应用于实际劳动中。劳动教育应以提升学生的劳动知识与能力为基础，通过创造性实践活动，促进科技发展与进步。劳动教育应率先利用科技手段突破传统劳动教育侧重经验生产的局限，重塑学生在劳动过程中的主体地位，突出劳动的全面性，使其在提升大学生身体和精神素质、实现自由创造等方面展现新意义。大学劳动教育应以促进个人认知和数智化能力开发为核心价值观，以培养计算思维、工程思维、人工智能思维等关键思维能力为目标，建立包含数智化技术理念、方法和实践的现代劳动教育知识体系。目前，"专业+劳动教育"的课程模式正逐渐成为主流，高等教育的重要方向是将劳动教育与专业教育相结合。知识生产不仅涉及科学界的精英，更需要广泛的社会参与，以解决实际问题为导向。① 一方面，要在专业学习中培养学生的职业使命感，引导他们将探索客观世界与自身职业发展及社会需求相结合，增强学习动力。另一方面，将专业课程学习置于宏观的劳动背景中，使学生了解相关劳动岗位及其能力需求，增强对所学知识的价值感和认同感。利用前沿科技成果帮助学生构建劳动知识体系，注重新技术和新方法的应用，准确把握数字经济时代的劳动工具，重视云计算、人工智能、物联网等新技术，拓展和完善知识结构，培养互联网逻辑思维，成为适应社会发展的创新型人才。推动数智化环境下的劳动教育改革创新，需在人才培养标准、教育信息化建设、课程与教学改革、教学活动创新、教师专业化发展等多个层面制定战略，推进劳动教育的协同创新和全面升级。

---

① 陈丽等：《互联网+教育的知识观：知识回归和知识演化》，《中国远程教育》2019 年第 7 期。

劳动教育不仅要适应新的劳动形式和社会需求，培养学生适应发展的劳动能力，还要引导大学生应对数智时代的新问题，形成新型劳动观。不同形式的劳动有助于培养热爱劳动的意志和精神品质，激发自由创造潜能，增强劳动创造力。数智时代劳动教育改革的逻辑合理性体现在清晰的内容体系和可行的实施途径上，以充分发挥各类劳动形式的教育功能和价值，完善全面发展劳动教育的逻辑体系。习近平指出，"人世间的美好梦想，只有通过诚实劳动才能实现；发展中的各种难题，只有通过诚实劳动才能破解；生命里的一切辉煌，只有通过诚实劳动才能铸就"①。当前，数字技术下的劳动教育应在人的主体性前提下走向技术实践的超越，使学生获得"自由而全面"的发展机会。习近平还指出，"从自己做起、从身边做起、从小事做起，一点一滴积累，养成好思想、好品德"，因为"每个人的生活都是由一件件小事组成的，养小德才能成大德"②。勤奋劳动、诚实劳动、创造性劳动是社会主义国家劳动者的鲜明特征，也是加强大学生劳动教育的理论与社会基础。数智时代，在大学培养优秀人才的品德和能力谱系中加强劳动教育指标，有助于不断推动劳动教育改革创新有助于端正学生的学习态度，激发其学习热情和创新精神，为其未来走向工作岗位、实现全面发展奠定坚实的思想和技能基础。

本书在学界现有研究基础上，力图对数智时代高校劳动教育改革的一些基本理论问题和现实问题加以具体分析，以期深化数智时代劳动教育问题的讨论和研究。由于作者理论视野和研究水平所限，有些最新研究成果和研究动态没有被充分吸纳和反映进来，恳请读者批评指正。

本书是2023年度上海高校哲学社会科学研究专项——习近平关于劳动的重要论述引领下的数字时代高职劳动教育［2023ZSD027］的研究成果，本书出版得到了上海社会科学院出版社的大力支持，亦得到上海民航职业技术学院及相关行业单位的大力支持，在此一并表示诚挚的谢意！

2025年6月

---

① 习近平：《在同全国劳动模范代表座谈时的讲话》，《人民日报》2013年4月29日第2版。
② 习近平：《从小积极培育和践行社会主义核心价值观——在北京市海淀区民族小学主持召开座谈会时的讲话》，《人民日报》2014年5月31日第2版。

图书在版编目(CIP)数据

数智时代高校劳动教育的哲学反思与实践创新 / 马蕾著. -- 上海：上海社会科学院出版社，2025.
ISBN 978-7-5520-4810-0

Ⅰ．G40-015

中国国家版本馆 CIP 数据核字第 202516Y92N 号

数智时代高校劳动教育的哲学反思与实践创新

著　　者：马　蕾
责任编辑：周　萌
封面设计：黄婧昉
出版发行：上海社会科学院出版社
　　　　　上海顺昌路 622 号　邮编 200025
　　　　　电话总机 021－63315947　销售热线 021－53063735
　　　　　https://cbs.sass.org.cn　E-mail:sassp@sassp.cn
排　　版：南京展望文化发展有限公司
印　　刷：上海颛辉印刷厂有限公司
开　　本：710 毫米×1000 毫米　1/16
印　　张：14.5
字　　数：250 千
版　　次：2025 年 6 月第 1 版　2025 年 6 月第 1 次印刷

ISBN 978－7－5520－4810－0/G·1427　　　　　定价：98.00 元

版权所有　翻印必究